财富灵感

陈亚辉◎著

清华大学出版社

北京

内 容 简 介

创造财富不仅需要努力奋斗,还需要灵感来起到点石成金的作用。本书介绍的一些创业思路、故事和经验总结能给想创业的人带来灵感与启发。

一提到创业,人们想到的是必须要有大额资金投入,殊不知小成本甚至零成本也可以创业。本书介绍了 80 个具有可操作性、实用性以及低成本的创业项目,具有很强的参考价值。本书在每个创业故事后面都有点评,给人们以提醒和警戒,提醒人们既要创业,也要懂得规避风险。

本书分为四章,第一章介绍大学生兼职创业的故事;第二章为白手起家的创业故事;第三章为点子创业故事,介绍了发现绝妙点子并开始创业,取得成功的故事;第四章为技术创业,主要介绍一些新潮的具有可操作性的技术创业故事。

本书适合所有想通过自力更生创业、就业,通过劳动创造财富改变自己命运的人士阅读。

图书在版编目(CIP)数据

财富灵感/陈亚辉著. --北京:清华大学出版社,2013
ISBN 978-7-302-32823-0

Ⅰ. ①财… Ⅱ. ①陈… Ⅲ. ①职业选择—通俗读物 Ⅳ. ①C913.2-49

中国版本图书馆 CIP 数据核字(2013)第 136637 号

责任编辑:田在儒
封面设计:文 子
责任校对:刘 静
责任印制:王静怡

出版发行:清华大学出版社
    网 址:http://www. tup. com. cn, http://www. wqbook. com
    地 址:北京清华大学学研大厦 A 座 邮 编:100084
    社 总 机:010-62770175   邮 购:010-62786544
    投稿与读者服务:010-62776969,c-service@tup. tsinghua. edu. cn
    质量反馈:010-62772015,zhiliang@tup. tsinghua. edu. cn
    课件下载:http://www. tup. com. cn,010-62795764
印 装 者:北京市清华园胶印厂
经 销:全国新华书店
开 本:170mm×240mm **印 张:**17.25 **字 数:**277 千字
版 次:2013 年 8 月第 1 版 **印 次:**2013 年 8 月第 1 次印刷
印 数:1~3000
定 价:49.00 元

产品编号:053745-01

　　或许您已经到了而立之年，却一无所有；或许您不甘心为别人打工，想干一番自己的事业；或许您早已有创业的想法却找不到方向。别沮丧，先看下面一则故事。

　　20世纪70年代，我国恢复高考后，一个农民高兴得手舞足蹈。别人笑他说："恢复高考关你什么事啊？你小学没毕业，斗大的字没识几个，难道你也要去参加高考不成？"那个农民笑而不语。他发动亲朋好友查清所有大学的地址和邮编，给每所大学的校长都写了一封信，希望为他们制作校服。大学刚开始招生，领导们正在为几千人的校服发愁。接到信件后，校长们马上就回信同意让他们制作校服。毫无疑问，那位农民狠赚了一笔。

　　看完这则故事，您会有什么感想？没错，您肯定佩服这位农民的眼光。他能够大胆地把恢复高考和赚钱联系起来，灵感在刹那间闪现，便想到了校服的商机。作家灵感闪现时，挥笔便可写出传世名篇；画家灵感来了，挥毫泼墨，一气呵成绝世佳作。商海沉浮，同样需要灵感和想象力。古往今来，许多有名商人的名气并不只在于其财富的多少，还在于其赚钱手法、手段的独特，令后世景仰、模仿。

　　成功是一门艺术，读完本书介绍的故事，您或许会灵感闪现，发现一扇通往财富的大门。

第四章　发挥自身优势,特殊技艺成揽金高手   173

第一章　创业要趁早,大学校园里商机无限

如今,大学毕业生越来越多,就业压力越来越大。很多有远见的大学生,在不影响学习的情况下,开始尝试创业。这种历练能够为他们今后自主创业积累经验。一般来说,一所大学学生人数都在万人以上,这可是个不小的市场! 里面隐藏着不少商机!

卖情侣对讲机,让爱情不再占线

在大学校园中,热恋中的情侣经常煲电话粥,一聊就是十几分钟,甚至更长。可学生宿舍里只有一部电话,于是出现了为了争电话而吵闹甚至打架的情况。如果用手机或小灵通打电话,打多了费用又很高,一般的学生承担不起。一名大学生看出了这里面隐藏的商机,做起了情侣对讲机的买卖,开始了自己的创业之路。

欧同学是一名大四学生。大二上学期的时候,他追到了中文系的小芳。两人都是初恋,因此爱得很投入,每天一起去打饭,一起上图书馆,形影不离。晚上两人还必须通一下电话,说说情话才放心。他俩家庭条件都不是太好,那时还买不起手机或小灵通,只能打宿舍的电话。可宿舍的电话只有一部,为了打电话,他俩没少和室友闹别扭。

一天晚上,欧同学突然发起了高烧。他想打电话告诉小芳,明天去不了图书馆了,让她不要等他。可他连续拨打了半个小时小芳宿舍的电话,却一直打不通,对方的电话老是占线。于是,他放下电话,想等一会儿再打。他刚放下电话,几个室友就排起队,等着打电话,而且也都是打电话与女友谈情说爱的。欧同学向室友提出让他先打,室友不满地说:"兄弟,我女友考试挂了,我得安慰她一下,否则她肯定不理我了,你还是先排排队吧。"结果,一直等到12点多才再次轮到他,当他拨打小芳宿舍的电话时,

她们已经拔掉电话线休息了。

第二天,小芳久久等不到他,大发脾气。欧同学百般解释,她才消了怒气。后来,类似的事情又出现了几次,欧同学苦恼不已。小芳和他商量买手机或小灵通,可两人每月只有200元左右的生活费,手机和小灵通的话费较高,即使买了,也用不起。

一天下午,欧同学和小芳散步到校门口时,看到学校一名保安正拿着对讲机和别人通话。欧同学眼睛一亮,如果买一副对讲机,自己和女友不是可以免受等电话之苦了吗? 欧同学把自己的想法告诉小芳。小芳也高兴地说:"你的想法很好,只是不知道对讲机贵不贵,咱们能不能买得起。"欧同学说:"咱们去了解一下吧。"

周六早上,欧同学和小芳到通信器材城逛了一圈,可人家卖的都是手机,根本看不到卖对讲机的。好不容易才在蓝天路找到了一家卖对讲机的小店,一问价格,他俩顿时雀跃了起来,一副对讲机才120元! 欧同学马上掏钱买了一副。

有了对讲机,他俩的沟通方便多了,任何时候想和对方通话,只需轻轻按一下开关就可以了。而且用对讲机通话不用担心话费,想说多久都可以。

晚上9点半,刚下晚自习回到宿舍,几个室友就排起队打电话。室友阿龙排在最后。心急的他不断地催促着排前面的室友"速战速决",可那几个家伙跟女友说情话早已入迷,完全忘记了后面排队的室友。阿龙急得直跺脚。此时,欧同学却躲在被窝里,用对讲机和女友说着悄悄话,再也不用受等候打电话的苦了。

最初,同学们得知欧同学与女友买对讲机通话时,都笑话他说:"大家都在追逐潮流,你这是在复古啊!"可当尝尽了排队打电话的苦和承担高昂的电话费后,他们才羡慕起欧同学来。

一天晚上,室友阿介想打电话给女友,可苦等1个多小时还没轮到他。他气得把玻璃杯摔到了地上。欧同学安慰了他一番,然后建议说:"要不你也买副对讲机吧。"阿介说:"我也想过,可这对讲机的通话距离有限,两人隔远了就联系不上了。"欧同学说:"你说得没错,可我们都是学生,大部分时间都在学校,对讲机的有效通话半径为2000米,完全可以满足通话需求,而且你还不用担心话费呢。"阿介觉得欧同学说得很有道理,便让他帮忙购买了一副。

后来，在阿介的影响下，又有好几个同学找欧同学帮忙购买对讲机，并且用了之后都很满意。精明的欧同学想："既然对讲机能够满足同学们的需求，得到了大家的认可，我何不进一些在学校里卖呢？这可是个不小的市场呢！"

欧同学找到对讲机的经销商，与对方商定，做他们的校园总代理，对方以每副100元的批发价给欧同学供应对讲机。接着，欧同学利用课余时间，在校园里"扫楼"，即到每个男生宿舍推销对讲机。

最初，他遭到不少白眼，人们对对讲机根本不接受，都认为跟不上潮流。欧同学不在乎别人的眼光，每到一间宿舍推销，即使没人买，他都会耐心地介绍用对讲机的好处。终于，在他的不懈努力下，一名大一男生掏钱购买了一副对讲机，欧同学赚了20元。虽然不是很多，但对他来说意义重大，因为他终于迈出了第一步。

后来，在那名大一男生的影响下，他的好几个同学也找欧同学购买对讲机。那个月，欧同学赚了200多元。

11月的一天，欧同学向法学院一名大二的男生推销对讲机时，对方说："听了你的介绍，我很想买一部，可是你的对讲机样子太土了，拿在手上很不好看。要是有外形像手机的我就买。"欧同学觉得他说得很有道理。第二天，他到经销商处了解有没有款式好看些的对讲机，结果令他很失望，那些对讲机的款式都很土。欧同学于是决定联系厂家，看看能不能说服对方生产一些款式新颖的对讲机。

他从经销商处拿到厂家的联系方式，然后写了一份建议，指出他们生产的对讲机款式太土，如果把对讲机的外观设计得更新颖时尚些，肯定会大受欢迎。建议书发给厂家后第二天，欧同学就收到了回复，厂家采纳了他的意见。

1个月后，第一批外观新潮的对讲机送到了经销商处。这些对讲机小巧玲珑，五颜六色，有的是翻盖的，有的甚至还是彩屏的，拿在手上根本分辨不出是手机还是对讲机。12月3日，欧同学拿着样机到学校推销，结果大受欢迎，当天就卖出了8副，赚了近200元。

为了尽快打开市场，欧同学印刷了一叠精美的传单，介绍这些时尚的对讲机，还美其名曰：情侣对讲机。接着，他挨个到男生宿舍散发，女友小芳也帮忙在女生宿舍散发。很快,找他买对讲机的人多了起来。他每月的收入有 3000 多元。

后来,欧同学把业务扩展到其他学校。可由于他的功课太多,根本没那么多时间去推销。于是,他在每所学校都发展了 1 个代理商,帮他推销对讲机。由于这些对讲机外观漂亮时尚,加上满足了家境不是很好的大学生的需求,因此在其他高校销量良好,每所高校每个月能卖出 20 副左右。欧同学的月收入高达 7000 元。

可在卖对讲机的过程中,欧同学也遇到了一些问题。2007 年 6 月的一天,几名即将毕业的大学生找到欧同学问他是否回收对讲机。他们说:"我们毕业后,对讲机就没有什么用处了,丢掉又很浪费。"但欧同学不敢回收对讲机,觉得二手对讲机不好卖。

一个周末,欧同学和女友逛街时,在一家手机美容店看到,工作人员根据顾客的要求,在手机背面喷上顾客的照片。他的脑海里突然闪过一个想法:如果在对讲机上喷上情侣们的照片,他们就可以留着做纪念,舍不得卖掉或者丢掉了。

于是,每当有毕业生要欧同学回收二手对讲机时,他就建议对方喷上照片,留着做纪念。对讲机见证了大学生们的爱情路程,因此,他们觉得欧同学的想法很有创意,都纷纷喷上自己和女友照片,留着做纪念。

不久,小芳在网上开了店,欧同学让她同时试卖情侣对讲机,没想到生意也很好,一个月能卖出 40 多部。

由于他销售对讲机的业绩突出,厂家决定让他做所在的城市的总代理。寒假里,当许多同学忙着制作简历、联系单位时,欧同学已经有了自己的事业,他筹划着如何把对讲机的生意做得更大。

财富启示　　如今手机种类越来越多,价格也越来越便宜。对讲机之所以能在大学校园有生存空间,是因为它节省话费,这对家庭贫困的大学生来说很有吸引力。对讲机能满足他们的需求。此外,很多单位都给保安配备对讲机,这也是个大市场。因此,想创业的大学生朋友首先要找准需求,有针对性地去做才会更容易成功。

视频简历，新潮求职开启成功之门

大学生找工作必须要有简历，一般来说，他们的简历都是在计算机上排版制作好后再打印出来。但是一名大学生竟突发奇想，制作视频简历，走出了一条不同寻常的创业道路。

大学毕业后，张强南下广州求职。凭借着自己出色的计算机知识，他很快被一家文化传播公司录用。这家文化传播公司在广州具有较高的知名度，其主要业务是为各大企业制作广告创意片。张强在公司的工作就是负责一些影像资料的加工和包装。

公司的业务很多，张强每天都忙得团团转，有时还加班到深夜。为了放松自己，张强加入了广州一家户外运动俱乐部。每到周末，张强就背上背包和一大帮朋友到野外游玩。

一个周末，张强和朋友到野外烧烤。闲聊中，张强和一位新认识的朋友聊到了工作。张强告诉对方，自己所在的公司最近将要为一名大客户制作广告片。无意中，张强还把广告片中的一些细节透露给了对方。

几天后，张强所说的那名客户撤单，理由是别的公司有更好的创意。张强所在的公司调查后发现有人泄露了公司的秘密，并最终追查出来是张强所为。张强立即被公司开除。

失业后，张强在人才市场转了2周，始终没有找到如意的工作。后来，张强干脆在网上找工作，他在网上搜索适合自己的职位，然后把个人简历一一发送给对方。但发出去的简历如石沉大海，根本没有回音。张强于是打电话过去追问，招聘单位回答说："我们每天收到那么多的简历，根本没时间看。"

必须有一份与众不同的简历才能引起对方的注意。张强突然灵感闪现，为什么不做一份视频简历呢？自己以前做过那么多的影像包装，制作一份视频简历简直就是小菜一碟。

张强立即行动，把自己的成绩单、个人学习工作经历、获得的荣誉等，在计算机中制作成动感的幻灯片，同时把自己生活和工作中的一些照片加进去，这样用人单位可以更加全面地了解自己。接着，张强对着计算机的摄像头,自己录制了一段中英文的个人能力阐述和职场观念、态度演说。最后,张强运用自己的专业技能,把这段录像进行包装加工,很快一份精美的视频简历就完成了。用人单位只要打开文件就可以像观看电视那样观看他的简历。

张强对自己的视频简历很满意。他在网上找了13家适合自己的用人单位,记下它们的电子邮箱,然后把自己的视频简历一一发送过去。第二天,13家单位全都打电话给张强,其中的5家甚至让张强次日直接来上班。一份视频简历竟然这么管用,这完全出乎张强的意料。这5家单位该选哪家呢?张强犹豫起来。

仔细考虑后,张强的决定却是,哪家都不去。张强想,每天都有那么多人求职,既然视频简历这么管用,它肯定有市场。张强决定出来创业,开发视频简历这个空白的市场。

创业之初,资金是个大难题。注册公司,张强没有足够的钱,他只好注册了一个工作室。制作视频简历要添置一些设备,张强拿出自己打工的积蓄,购买了计算机、摄像机、打印机、扫描仪、传真机等设备。一切准备就绪后,张强身上的钱所剩无几。

为了拉到业务,张强每天都顶着烈日到人才市场散发传单。可一个星期过去了,张强竟然没有拉到一笔业务。付出了那么多,却没有一点回报,张强体会到了创业的艰辛。为了了解求职者的想法,张强每发出一份传单都要问对方对视频简历的看法。很多求职者都说:"视频简历听起来不错,只是太贵了。"

张强想想也是,求职者制作一份普通的简历只不过10多元钱,自己把视频简历价格定为每份100元确实有点高。张强把价格降低到80元。但一个星期过去了还是无人问津。张强询问求职者,大多数人还是说价格贵。张强于是把制作视频简历的价格降到50元一份。可还是拉不到业务。张强很困惑,价格都这么低了,还是无人问津,问题到底出在哪里呢?张强的好友李集纳劝他说:"你还得把价格再降低些。"张强很困惑:"我总不能把价格降到制作一份普通简历的水平吧?"

最终,张强不但不降价,反而把制作一份视频简历的价格提高到150元。好友很不解:"你疯了?50元一份都没有人愿意做,150元一份不把人吓跑才怪。"张强却满怀信心,他说:"花150元能找到一份称心如意的工作并不贵，关键是求职者对花了钱能否找到工作没有信心。"为此，张强决定，先期免费为求职者制作视频简历，求职者找到工作后才收钱。

这次，张强抓准了求职者的心理，很快就接到了业务。第一笔业务，张强为一名来自成都的名叫韦度的大学生制作视频简历。张强让韦度穿着整齐的西装，对着摄像机发表了一段激情洋溢的个人能力介绍和职场观点，然后把他的个人经历和获奖证书制作成幻灯片，最后进行剪辑包装。整个视频简历，张强打包成一个文件，用人单位只需在计算机上轻轻一点，即可像观看电视节目一样观看韦度的简历。

凭借着视频简历，韦度很容易地找到了一份工作，而且薪水远高出韦度的期待。签下劳动合同的那天，韦度如约把150元付给张强并对视频简历赞叹不已。

之后，张强又连续得到业务，为50多名求职者制作视频简历，其中40多名求职者凭借视频简历成功找到工作。那个月，张强赚了6000多元。

一天，张强为一名求职者制作视频简历时，该求职者抱怨说："视频简历是很不错，但只能在网上投递。去人才市场找工作就不管用了。用人单位怎么收简历？把简历装在U盘里再交给对方吗？万一对方弄丢了怎么办？"

这是个很现实的问题，但难不倒张强。为了使视频简历在人才市场大有作为，张强推出了一项新服务，即代投简历。每次人才交流会上，张强都派人把用人单位的联系方式记下来，然后与对方联系把求职者的简历发送过去。这样可以使求职者省时省钱。服务一推出，就受到了广大求职者的欢迎。来找张强制作视频简历和代投简历的人络绎不绝。张强的月收入突破了万元。

正当张强准备在新的一年里大干一场时，张强的业务第一次出现了下滑。这可是个不好的兆头，张强调查后找到了原因。原来，在制作的视频简历的过程中，求职者都是像新闻播音主持人一样念完自己的经历，太呆板，许多用人单位开始不买账了。张强制作的视频简历是先期免费制作，求职成功后才收费。求职者找工作失败，就意味着张强生意亏本。

张强赶紧想方设法改进。为了使视频简历具有美感，张强把求职者带到公园或者海边拍摄。这样用人单位在浏览求职者的简历时，还可以欣赏到美景。让求职者讲述自己的特长、爱好太空洞乏味。张强改为让求职者

进行个人才艺表演,求职者的特长爱好可以生动形象地展示给用人单位看。

改进后的视频简历大受欢迎,求职者凭借新简历很快找到工作。张强的生意顿时回升。

5月的一天,张强正忙于生意,一家企业的负责人给张强打来电话,该企业的负责人告诉张强:"你为求职者制作的视频简历很有创意。能不能帮我们企业制作一份'企业视频招聘名片'?"

原来,该企业一直苦于招不到优秀人才,于是想制作一份能够全面展示企业形象的"视频招聘名片",在人才市场和网络上播放,以吸引优秀人才加盟。张强爽快地答应了对方的要求。

张强派出摄影师到该企业拍摄了一些影像资料。接着,张强构思了宣传语,再找专配音人员配音,最后对影像资料进行包装。一周后,一份精美的"企业视频招聘名片"就制作完成了。该企业付给张强1000元的劳务费。

该企业把"视频招聘名片"播出来后,吸引了很多求知者投放简历,很快就招到了合适的人才。

经过这件事后,张强发现为企业制作"视频招聘名片"也是个不小的市场。于是张强把自己的业务扩大到为企业制作"视频招聘名片"。

此项业务一推出,立即大受欢迎,许多企业都找到张强,要求张强为它们做视频招聘名片。张强的收入也迅速增加,月收入已经突破了2万元。

财富启示   找工作必须要有简历。传统的简历都是纸质的,很难把一个人的优点及形象展示给企业。视频简历之所以受到欢迎就是因为它弥补了这个缺点。它能够把一个人的简历像放电影一样放给用人单位观看,非常形象生动。因此,如能把一些呆板的事物艺术化、形象化,也是一种成功。

DIY餐厅,自己动手其乐无穷

远离家乡到外地上大学,很多人吃不惯学校食堂。毕竟,大学食堂供应的饭菜以当地的口味为主。有什么办法呢? 到外面下馆子? 太贵! 自己做? 条件不允许。一名大学生看出了里面的商机，开起了DIY餐厅。

孙昭月到南方上大学后，愁眉不展，整天闷闷不乐。原来，来自北方的她根本吃不惯食堂里南方口味的菜，每次打饭回来，她都是只吃了几口就吃不下去了。由于吃不饱饭，她打不起精神，课上到一半就听不下去了，心里想的全是家乡的美味菜肴。

两个多月后，她瘦了10多斤，脸色非常苍白。更可怕的是，由于听不进课，她的考试有2科不及格。继续这样下去，她不但搞垮了身体，还将因为多门功课考试不及格被学校开除。可是有什么办法呢？学生来自四面八方，饮食上各有各的口味，食堂根本不可能做到满足每一个人。校外倒是有许多饭店，但她家经济条件很一般，只能偶尔去一次。

后来，孙昭月买了酒精炉、小铁锅和油、盐等材料，在宿舍里自己炒菜。每天放学后，同学们都奔食堂打饭去了，她匆匆到学校旁边的菜市场买回菜，忙活开了。当同学们都吃完饭回来休息时，她才刚刚做好饭。吃饭时间虽然晚了些，但由于菜是自己做的，口味非常适合自己，孙昭月吃得饱饱的，从此不再挨饿。

然而，在宿舍做饭毕竟违反了校规，加上多少对其他舍友造成影响，有人告到学校后勤管理处，孙昭月的做饭用具全被没收了，她还差点被处分。无奈之下，孙昭月只好到学校附近以120元的月租金，租了一个单间当厨房，每天到那里做饭吃。虽然每月多花120元，但她毕竟可以吃饱饭，吃好饭。

最初，同学们都很不理解她，干吗费那么大劲儿去做饭，到食堂吃不是更节省时间吗？可是，他们也很快吃怕了食堂的饭菜。一天，来自东北的好友符娜丽问孙昭月："我也吃不惯食堂的饭菜，我与你合租那间房做饭好吗？"孙昭月当即答应了。有人与她合租，能减少房租负担，她求之不得呢。

后来，又有几个人与孙昭月她们合租房子做饭，那个十几平方米的单间摆了好几个煤气炉，每天下课后，那里非常热闹，大家边做饭边说笑，非常开心。细心的孙昭月想，学校一万多人里，肯定还有很多人像自己一样，吃不惯食堂的饭菜，假如租一间房子，低价给他们提供炉具，让他们自己做饭，他们肯定很乐意，这样自己还能赚点钱呢。

孙昭月把自己的想法告诉符娜丽，符娜丽也有这样的想法，两人一拍即合。她俩利用周末的时间分工合作,孙昭月去找合适的房子,符娜丽去购买炉具。孙昭月找了一个上午,终于在学校后门左侧以800元的月租金,租了一间120多平方米的平房。符娜丽则批发回了10套煤气炉。

接着,她俩到工商、卫生防疫、消防、税务等相关部门办理了执照,还起了个好听的名字:月丽DIY餐厅,DIY即Do It Yourself的缩写,意思是自己动手做。只要花8元钱,即可在DIY餐厅做一次饭,包月更优惠。

所有的准备工作做好后,10月23日,孙昭月和符娜丽在校园网和学校公告栏发布了DIY餐厅开业的消息。为了迅速提高知名度,她俩决定第一个星期到DIY餐厅做饭的顾客全免费。一时间,DIY餐厅里人满为患。

来自陕西的张海云今年上大二,到现在还吃不惯食堂里的饭菜,得知孙昭月开了DIY餐厅后,抱着试试看的态度来做饭。当走进DIY餐厅时,她发现这家餐厅装修非常雅致,做饭的用具、各种酱料一应俱全。她仿佛回到了家里,动手做了一顿丰盛的陕西菜,吃得满嘴流油。她说:"这里环境很不错,价格又合理,以后我会常来的。"

随着来DIY餐厅做饭的人逐渐增多,孙昭月发现了一个问题,很多人都抱怨说:"来这里做饭好吃又充满乐趣,只是我们还要自己出去买菜,太麻烦了。我们还要上课呢,哪有那么多时间去买菜啊?"

孙昭月想想也是,他们做菜本来就费时间了,如果再去市场挑三拣四地买菜,多烦啊!她与符娜丽商量后决定,两人轮流一大早起来,到市场买一些同学们常吃的菜。为了保鲜,她们还咬咬牙,买了一台冰柜,把菜冷冻起来。解决了买菜难的问题后,来DIY餐厅做饭的人更多了。

由于刚创业,孙昭月和符娜丽经验不足,餐厅缺少什么,该买什么,她们考虑不够周全。一天,她俩正忙着招呼同学们,突然一名女同学惊叫了一声,从厨房冲出来说:"这下惨了,我的衣服被弄得满是油渍,可能再也洗不掉了。"原来,该同学炒菜时,不小心把油溅到衣服上了。她抱怨孙昭月,干吗不准备些围裙?孙昭月和符娜丽这才猛然想起。第二天,她们买回了十几条围裙。

11月25日,一对情侣慕名来DIY餐厅做饭,男孩打下手,给女孩洗菜,女孩掌勺,两人俨然一对小夫妻。饭做好后,两人面对面地做着,男孩夹菜直接伸到女孩嘴巴里。因餐厅里人较多,女孩一直很羞涩,脸红红的。饭毕,男孩对孙昭月说:"你的餐厅很不错,要是在大厅里设一些小的包间就更好了,哪怕多花点钱,我们也愿意。"

孙昭月觉得这个主意不错,大学校园里卿卿我我的情侣可不少呢。如果设置小包间,就可以给他们一些私密的空间,任他们谈情说爱。她当即和符娜丽忙活起来。为了省钱,她俩自己到装修材料行买回一些胶合板,找人锯成合适的尺寸,然后在餐厅里隔出了 5 个小包间。凡是有选择包间吃饭的,多收 10 元钱。令孙昭月和符娜丽欣喜的是,自从有了包间后,来 DIY 做饭的情侣陡然增多。

孙昭月想,情侣之间,男孩经常给女孩送花,如果进一些花在餐厅里卖,不是可以多赚点外快吗?说干就干,她到批发市场批发回了许多玫瑰花,5 毛钱进价的一枝玫瑰花,她卖 1 元钱,竟然每天能卖出 50 多枝。

自从开了 DIY 餐厅后,孙昭月和符娜丽每天忙得不可开交。其中,她们最烦的就是洗碗了。每次同学们吃完饭后,她俩必须得洗完一大堆碗才能回学校,稍微休息下,就匆匆赶去上课。两人曾考虑过,请一名洗碗工,但考虑创业不容易,咬咬牙,还是坚持了下来。

一天中午,一个名叫冯刚宇的同学问孙昭月:"包 DIY 餐厅做一次饭多少钱?"原来,那天是冯刚宇的生日,班里大部分同学都给他送了生日礼物,他想请同学们到饭店吃一顿。可请这么多人到饭店吃饭,得花上千元,甚至几千元。后来他想,如果请同学们到 DIY 餐厅,自己动手做饭,既可以节省一大笔钱,还可以充满乐趣呢。

听了冯刚宇的情况,孙昭月当即以 400 元的价格让冯刚宇包场。那晚,包场费和买菜钱,冯刚宇只花了 600 多元,效果却非常好。男女同学都踊跃地报名做菜,争相展露自己的厨艺,吃得也很开心。

受到启发的孙昭月想,大学里有很多聚会,比如生日聚会、老乡聚会等,如果好好利用,既可以扩大生意,同时也能够提高 DIY 餐厅的知名度。她马上印刷了一些传单,上面写着,如果来 DIY 餐厅聚餐,价格更优惠。传单散发出去后,果然吸引了不少人来聚餐。

随着来 DIY 餐厅做饭的人越来越多,每天临近吃饭时间,餐厅里挤满了人。晚来的人根本没多余的炉具给他们做饭,他们只好排队等待,于是抱怨声此起彼伏。孙昭月意识到,120 平方米显然已经不能满足营业需求了。她和符娜丽商量后,决定开分店。但开分店事务更多,光她俩根本忙不过来,只好招了 2 名有勤工俭学意愿的大学生来当帮手。

2008年3月12日，她们的第一家分店终于开业了。与总店不同的是，分店的营业场所不是平房，而是一套5楼的3房2厅，面积130平方米。由于总店早已名声在外，借助总店的影响，分店开业后，生意也很好。令孙昭月和符娜丽感到惊喜的是，DIY餐厅甚至还吸引了一些白领来就餐。

4月15日，在广告公司工作的李小姐携男友前来"DIY"，男友洗菜、炒菜全包，还给她舀饭夹菜，把她当公主似的侍候着。饭后，李小姐向孙昭月提议说："DIY餐厅里应该放点音乐，这样可以缓解顾客的压力，使他们的身心得到放松。"孙昭月觉得李小姐说得很有道理，立即买回了一套组合音响和一些轻音乐碟片。每到营业时间，她都播放婉转的音乐，让顾客在轻松舒缓的氛围中做饭、吃饭。

这一点很能满足一些白领的小资情调，他们在紧张的工作之余，不时地和心上人来此做饭、吃饭，体会准夫妻的生活。相对而言，白领的消费能力更强，为了开发白领市场，孙昭月印刷了一叠精美的传单，雇人在上下班的时间到海口各个写字楼门口散发。很快，分店的生意红火起来，赢利与总店不分上下。还没毕业，孙昭月和符娜丽开DIY餐厅的月收入已经过万元。

财富启示 　日常生活中最重要的事莫过于吃饭了。饭菜不合口味，谁都会苦恼。DIY餐厅提供环境和设备给人们自己做，人们爱吃什么就做什么，绝对不会存在不合口味的情况。更重要的是，自己动手做饭也是种乐趣。DIY餐厅成功的秘诀在于，它把主动权交给了顾客。

 ## 夏日"冰心"，给爱情解渴

人们大都感念冬天里的一把火，因为它使人感到温暖。冰块却鲜有人在意，但谁说冰块无情呢？谁读懂了冰块里的情，谁就找到了财富秘诀。

2007年，林寸绥不可抗拒地爱上了中文系的赵丝青。那时，他大四，赵丝青大一，两人都就读于海口某大学。林寸绥爱得很深，情书雪花般飞向赵丝青，可赵丝青就是无动于衷。她觉得林寸绥不够浪漫。

海南的夏天来得特别早。4月2日，太阳已火辣辣地暴晒着大地，气温高达 36 摄氏度，寝室像蒸笼。赵丝青和室友热得汗流浃背，喉咙冒火。"要是每天都能喝上几瓶冰冻的饮料该多好啊！"室友阿花咂咂嘴说。但她们都来自普通家庭，谁能每天喝上几瓶冰冻饮料呢？更何况，碳酸饮料喝多了对身体不好。

就在大家"想梅止渴"的时候，隔壁寝室的阿丽走进来，递给赵丝青一个袋子说："这是林寸绥送给你的。"赵丝青打开一看，里面装着一些冰块。原来，林寸绥是海口本地人，今天天气这么热，他猜想来自东北的赵丝青肯定受不了，于是从家里带了一些冰块送给赵丝青，让她降降温。

几个室友一看到冰块，欢呼着围上来，每人抢走了一块。赵丝青竟一点都不生气，林寸绥并不是她中意的人，他送的东西对她来说自然没有意义。几个室友把冰拿在手上把玩，直呼凉爽过瘾。有的干脆把冰含在嘴里，感受冰冷带给喉咙的刺激。看到赵丝青无动于衷，室友责怪说："你简直就像冰块一样，冷酷无情，林寸绥这么体贴的男人你都拒绝，你会后悔的。"

从那天开始，林寸绥每天都从家里带来冰块送给赵丝青。可每次，赵丝青都慷慨地让室友"瓜分"。这事传到林寸绥的耳朵里，林寸绥竟然没有丝毫的发怒，说："只要她高兴，怎么都行。"

6 月 5 日这天，天气格外热。晚上 9 点半，赵丝青上完自习，刚回到寝室，阿丽又提着一个大袋子走进来。不用说，肯定又是给大伙送冰块来了，室友一哄而上。阿丽却往后一退，说："这次的冰很特殊，得先给丝青。"

袋子打开后，室友顿时尖叫起来，原来，林寸绥送给赵丝青的是一颗冰冻成的心。只见这颗"冰心"晶莹别透，中间还有用木瓜片雕刻成的英文：I LOVE YOU！"他太浪漫了！"室友激动地说，"丝青，你再不接受人家，我们可要抢了。"

这次，赵丝青终于收下了林寸绥的"冰心"，她让"冰心"在她的手里慢慢融化。快融化完时，她才把雕刻成"I LOVE YOU！"的木瓜片放进嘴里，轻轻一咬，冰爽的木瓜香甜到心里。

林寸绥送了 9 颗"冰心"后，赵丝青终于和他牵手并肩走在一起。这时，她才知道，"冰心"是林寸绥找来一个心形塑料盒子，装满水，中间夹一片雕刻好字的木瓜后，放在冰箱里冷冻成的。"只要你喜欢，我每天送你一颗。"林寸绥说。"谁要你那么'多心'？我只要一颗。"赵丝青调皮地说。

　　林寸绥追到赵丝青后,每天都给赵丝青送"冰心",却不再给她的室友送冰块。室友非常不满,责怪她"重色轻友"。赵丝青只好让林寸绥同时给室友带冰块消暑。其他寝室的女生得知消息竟然也过来抢。看到大家如此爱冰,赵丝青说:"干脆咱们制作冰来卖得了,这么炎热的天,肯定畅销。"林寸绥也觉得这是个不错的商机,便同意了。

　　卖冰首先得有足够的冰,为此,除了菜,林寸绥把自家冰箱清空,用塑料槽装上凉开水,放到冰箱里冷冻,一次可以制作几百块小冰块。每天晚上,他骑单车把冰块拉到学校,然后和赵丝青分头行动,各自在宿舍挨个推销。由于海南的夏天非常热,加上冰块价格便宜,每块才1角钱,买冰块的人很多。有的买来拿在手上玩,有的则含在嘴里,给喉咙以冰冷的刺激。一个晚上下来,两人卖冰块竟赚了50多元。

　　一天晚上10点多,林寸绥正卖冰,一名外语系大二男生问他:"你干吗不卖冰心呢?你不是很会做冰心吗?"林寸绥很吃惊地想:"他怎么知道我很会做冰心呢?"后来他才知道,他用冰心追到赵丝青的故事已经在校园传开了。该男生说得不错,大学校园中有多少痴男怨女啊!"冰心"肯定可以为他们增添浪漫。

　　第二天,林寸绥抽空到超市买回20多个心形塑料盒,装满水,然后放到冰箱里,冻成一颗颗"冰心"。然而,当他拿着"冰心"到男生宿舍推销时,根本无人问津。怎么会这样呢?难道"冰心"并不像自己想象中那么浪漫吗?林寸绥百思不得其解。后来,政治系一位大三的男生给他分析了原因,他才恍然大悟。男生买"冰心"大都是送给喜欢的女生,需要事先想好送的时间和地点。林寸绥带着"冰心"临时推销,他们没有准备,根本没法送。

　　了解了原因后,林寸绥推出了定做"冰心"业务,凡是想定做"冰心"的,可以提前一天打电话预订。林寸绥做好"冰心"后,负责送货上门。为了满足一部分人向心上人表达心声的需求,林寸绥还特别推出"表白冰心",即在"冰心"中间,用水果片雕刻顾客想要对对方说的话。

　　定做"冰心"的业务推出后,林寸绥的电话响个不停,光6月13日就有15人定做"冰心",体育系大四的一名男生定做了一颗"玫瑰冰心"。林寸绥买来2朵玫瑰,放进心形塑料盒子里,然后装满凉开水。十几个小时后,"玫瑰冰心"做成了,只见"冰心"晶莹透亮,里面的玫瑰格外鲜红。当该男生把"玫瑰冰心"送给他喜欢的女生后，该女生脸上顿时出现了两片红晕，娇羞而又激动地收下了。女生的室友又赞叹又羡慕，女生虚荣心得到极大的满足，很快和体育系的男生走到了一起。

因定做"冰心"的人很多，林寸绥不再做冰块，专门做"冰心"。此时，他家里的冰箱已经无法满足制冰要求。林寸绥和赵丝青商量后，用卖冰赚来的钱买了个大冰柜，专门用来制冰。有了大冰柜，林寸绥制作的"冰心"更多了，他的"冷"生意也逐渐做出规模。

暑假来临后，为了扩大销量，林寸绥还与海口一些礼品店联系，让他们代为推广定做"冰心"服务。由于林寸绥的冰心很有浪漫情调，社会上定做的人也很多，"冰心"的销量也很喜人。

很快，冬天来了，卖冰生意自然也停止了。林寸绥和赵丝青仔细算了之后发现，短短几个月卖冰，竟赚了2万多元。小试成功使他们对来年的生意充满了自信。

2008年4月天气转热后，林寸绥租了个10平方米的小铺面作为营业场所，然后到各个宿舍散发传单，先"攻下"校园市场。接着，他在报纸和海南一些著名的网站做广告，扩大在社会上知名度。由于准备很充足，加上有了经验，"冰心"生意就打开了局面，定做"冰心"的人逐渐多了起来。

但不久，林寸绥遇到了难题。4月12日，在中学当老师的张先生想给他女友送一份特别的礼物，可当他看了林寸绥做的"冰心"后，说："你的想法很不错，只是'冰心'的种类老是那几种，人们送多了就没有什么新鲜感了。"张先生的话使林寸绥意识到，想要把"冰心"生意继续做下去，必须不断创新。

经过几天的琢磨后，林寸绥决定增加"冰心"的种类，以满足不同人的需求。因各种果汁有各自不同的颜色，林寸绥便用果汁做成不同颜色的冰心，比如用西红柿汁加水做成"红冰心"等。这些色彩斑斓的"冰心"一推出立刻受到人们的追捧。

6月10日，在外企工作的李先生预订了一个"冰心"，想送给女友。可当他收到"冰心"时，却不满地说："'冰心'倒是很好看，就是包装太糟糕了。"原来，林寸绥做好"冰心"后，都是用塑料袋装着送给顾客，用塑料袋装"冰心"，哪有什么美观可言？

林寸绥对李先生的抱怨非常重视。为了使"冰心"的外包装更好看，同

时使"冰心"不容易融化,林寸绥购买了一批泡沫塑料盒,专门用来装"冰心"。"冰心"装进泡沫盒子后,林寸绥还用漂亮的包装纸来包装。包装后的"冰心"更美观、便携,深受顾客的称赞。

在某政府部门工作的柯先生,今年已经45岁。9月23日是他和太太的结婚纪念日。他预订了一颗用99颗葡萄加水冻成的"冰心",寓意携手到永久。"葡萄冰心"做好后,林寸绥细心地进行了漂亮的包装。柯太太收到礼物时,以为这礼物应该跟以往差不多。可当她打开包装看到"葡萄冰心"后,激动得连声说:"这是他送给我的最有特色的礼物了。"

冰本来是价格低廉的物品,林寸绥做成色彩各异、能够表达不同感情的礼品后,深受欢迎,它的价值成倍地增加,林寸绥也狠狠地赚了一笔。

 热恋中的人都很傻,只要是浪漫的事物,恋人们花起钱来一点也不心疼。"冰心"正是由于满足了情侣们对浪漫的需求,才受到恋人们的追捧。因此,如果你想到一个浪漫的点子,或许你就找到了一条成功的路。情能动人,因此,创业者不妨多在顾客的情感需求上动动脑子。

多动脑筋,小小打字复印店也来钱

大学校园里,每天复印资料的人很多,尤其是临近考试的时候,复印店往往人满为患。因此在大学校园里开打字复印店的人不少,怎样才能赚到钱呢?

2005年年初,小赵是一名大三学生,还有一个学期他就要毕业了。他班上的许多同学都已没心听课,开始经常外出投自荐书,找工作。小赵也制作了精美的自荐书到人才交流市场投递。可面试了很多单位,要么没有结果,要么所面试的单位给的工资太低,他没法接受。小赵对找工作失去了兴趣和信心,他开始琢磨着自己做点小生意,但他又不知道做什么生意。经过几天的观察思考,小赵认为开家打字复印店比较适合自己,一是投入的资金少,风险也小。二是自己懂得打字,可以不用另外花钱招人。

一天,小赵走过校园生活区时,看到有一家小店铺贴出招租广告。小赵进去问了店面的老板,老板告诉他,铺面的月租是900元。经过多次的砍价，老板同意以每月 800 元的价格把铺面租给小赵。小赵把自己的想法告诉了家人，得到了家人的支持，家人为他筹了 3 万元，第二天就给他汇过来。小赵马上签了合同，交了半年的铺租 4800 元。接下来，为了节省开支，小赵到旧货店里淘宝，买回了计算机、打印机、传真机、扫描仪等设备。复印机质量好的价格很高，为了节省开支，小赵跑了很多家旧货店，磨破了嘴皮子，最终花了 5000 多元买回了一台二手的复印机。购齐设备、拿到营业执照后，小赵只剩下 5000 多元了。

小店开张后，小赵既当老板又当员工，一个人张罗着店里的大小事务。为了多赚点钱，小赵每天早早就开门营业，晚上要到 11 点多才关店门。可即使如此，小赵第一个月没有赚到钱也没有亏钱，收支相抵。这样下去自己岂不是要白干了？小赵感到了从未有过的压力，他开始思考着如何把业务扩大。小赵决定打价格牌，别家复印一张 A4 纸要 2 角，他只要 1 角。别家打印一张 A4 纸要 4 元，他只要 3 元。这一招果然奏效，小店的生意开始火起来。第二个月，小赵赚了 800 多元。小赵很高兴，他开始体会到成功的快乐。

一次去买打印纸时，遇到一个也是开打字复印店的同行，交谈中对方说他的店每个月能有 2000 多元的收入。小赵很吃惊，自己一个月辛苦下来才赚几百块，对方是怎么赚到 2000 多元的呢？小赵找一个同学帮忙看店两天，他自己跑了很多地方，细心地观察了多家打字复印店。他发现很多店承揽很多业务，比如制作名片、刻章、刻字、课件制作、绘图等。而且很多店和一些大的公司保持很好的关系，这些公司有打字复印的活都交给他们去做。要扩大业务，仅靠自己是忙不过来的。经过几天的物色，小赵出700 元从另一家店挖了一个业务熟练的工人，把店里的许多事都交给她打理，店里的业务也扩大到了名片制作、刻章、水晶影像制作等。雇了工人以后，小赵有了很多的空余时间，他开始联系一些杂志社、出版社和一些大公司，承揽了许多打字业务。3 个月后，小赵的打字复印店每月的收入也有2000 多元了。

在忙生意的同时，小赵没有放松自己。在业余时间，他报名参加平面设计培训班，给自己充电。这样，小赵在联系到平面广告的业务后，又多了一条赚钱的路，一个月下来，除去各种费用，他的打字复印店月收入有3000 多元。

> 财富启示　　打字复印是很微利的生意,如果单单靠打字和复印维持一个店面是很困难的。小赵的成功在于,他充分利用店面,增加了其他业务。因此,在经营好主要业务的同时,不妨多思考一下,增加一些业务。

6. 卖考研教材,落榜考生卖出滚滚财源

随着就业市场竞争加剧,越来越多的大学毕业生加入到考研队伍中,而考研前前后后需要投入一笔不小的花费。有人从中看出商机,做起了跟考研有关的买卖。

彭军是湖北一所高校历史系大四的学生。大四上学期,班里同学纷纷为工作而忙碌。然而,前来招聘的单位少之又少,且不是什么好单位。许多同学铩羽而归,无奈地摇头叹息。见形势如此不妙,早就有考研打算的彭军决定放弃找工作,专心考研。

彭军把目标定在中国人民大学。彭军比较喜欢文学,决定报考该校。他找的导师在该学科领域很有造诣,他指定的专业课教材在武汉的几个书店都买不到。为此,他托北京的一名同学帮他搜集他所报考专业的专业书。那同学找遍了北京几家大书店也没买到。最后,那同学只好到人大找到该系的学生高价购买。

不幸的是,彭军没考上研究生。彭军将自己不容易买来的这套教材放在网上出售。他赌气地把价格开得高出原价10%。令他十分吃惊的是,不到一天那套教材卖出去了。之后几天,仍有很多人询问那套教材有没有卖。彭军就想开了,报纸上说,每年考研人数超过100万人。其中有很多人是跨专业跨学校考研。每所学校每门专业课指定的教材都不相同。而要想考上研究生,必须找齐导师指定的教材。对身在异地的考生来说,这是件难事。考研教材这么好卖,可见这是个大市场。

彭军不再考研,也没找工作,专心做考研教材买卖。他在网上把各个高校每个院系每个专业所罗列的考研专业课教材名录给打印出来,然后分门别类整理好。如此众多的书目,想要一下子找齐显然不大可能。

彭军先把目标瞄准自己所在的城市，武汉市。他到武汉各个高校张贴广告购买教材，还在各所高校的校园BBS发帖子求购。不到一个星期，他就收购到了2000多本教材。这些教材大都是高校毕业生低价甩卖的，售价不到定价的1/3。即便如此，这2000多本教材花光了彭军大学4年打工的积蓄10000多元钱。彭军看着出租屋里堆积成山的旧教材，心里隐隐地担忧。这些书要是卖不出去，他的努力就白费了。

但事实就像他之前所预料的那样，这些教材卖得很火爆。他把这些教材放到自己的淘宝网店上，当天就卖出了5套。每套赚20元，5套赚了100元。为了快速卖出教材，彭军还到各大考研网站和各个高校的BBS论坛发卖教材的帖子。很快，生意渐渐火爆。每天能卖出上百套教材，收入近500元。那2000多本教材不到一个月就卖完了。

后来，彭军干脆自己办了个网站，在每所高校找一名学生做代理，让学生帮忙收购和推销教材，业务范围还扩大到考研笔记买卖。彭军的生意恰好满足了考研一族的需求，每年都很红火，月入好几万元。

> **财富启示** 媒体报道，我国已经连续8年考研人数超过百万。每个考生参加考试都要付出一笔不小的花销。其中最大的花销在于购买教材、参考资料。公共课的教材(即英语和政治)很容易找，但是专业课就很难了。专业课不找齐导师指定的教材，通过的概率很低。如果有人替他们找齐教材，他们当然很乐意购买。有购买有出售，也就有了市场。更何况这还是一个很大的空白市场。找着了空白市场便等于发现了一座金山！

集腋成裘，校园租书也来钱

一本书价格也就二三十块钱，谁都可以买得起。市场上有人出租房子，出租汽车，毕竟这些是大件商品，价格昂贵，一般人买不起。谁会想到，有人竟然做出租图书的生意，而且生意还很红火？

2008年，赵庆考上河南某大学。赵庆平时最大的爱好就是看书。每天晚上熄灯之前，他习惯看一会儿书才睡觉。他家藏书很多，不愁没书看。

可是上了大学之后就不一样了。虽说大学有图书馆可以借到书,但图书馆的书太旧,图书更新跟不上市场的步伐,一些新书出来,图书馆要好久才上架,而且好书借的人多,去晚了就借不到。他只好跟同学交换书看,他发现很多同学都像他一样,在空闲时间喜欢看书。

校园里有个生活区,里面有两条小街道卖各种商品。一天,赵庆经过那里,看到一家小店面贴出转让广告,转让费才5000元,店面月租金仅800元。赵庆父亲是个生意人,从小受父亲的影响,他比较有经济头脑。这铺面的位置很好,盘下来绝对能赚钱。

当天,他便从生活费中取出5000元,盘下了店面。店面盘下的第二天就有个人找上门来,愿意出7000元要他转让店面,赵庆不干,他想自己练手。

赵庆调查了几天,不知道该做什么生意。后来,他想到自己喜欢读书却借不到书的经历,于是决定做租书的生意。一个同学得知他的想法,劝说道:"一本书只不过二三十块钱,租书能赚到什么钱?"赵庆笑而不答,仍坚持自己的想法。

赵庆先花了10000多元,买了600多本最近一两年的畅销书。他给这些书制作了塑料套,套住书的封面,以防因为过手次数太多而导致破损。在对小店进行简单装修后,他的租书店开始正式营业。每本书每天的出租价格是5角钱,当天就租出去了300多本,营业额近200元。

慢慢地,租书店在学生中口口相传,前来租书的人越来越多。那600本书根本满足不了需求。很多人想租诸如金庸武侠、琼瑶言情等曾经流行一时的书都没租到,为此他们抱怨不已。这类书若花钱买,成本较高。赵庆为了降低成本,花20000多元从网上进了2000多本二手书。书到了之后,他先进行消毒再上架。由于这些书切中人们的需求,出租率很高,一天能租出去1000多本,日营业额近千元,纯利润有500多元。才两个月,赵庆便收回了成本。

赵庆并不满足于现状,他继续把赚来的钱买进更多的好书,武侠、言情、漫画,但凡是畅销书,他店里都有。仅半年,赵庆的租书店图书藏量便增加到60000多本。后来,赵庆还在小店增加了公话、饮料销售等服务。平均下来,他每月纯利有2万元左右。生意扩大后,赵庆怕影响功课,花钱雇了两名员工帮他打理小店。他赚到的钱不仅能支付自己的学费和生活费,还存了不少钱,成为同学中的"富翁"。

财富启示　　租书看似很薄利，但能多销，也能赚到钱。赵庆的成功在于他瞄准了市场需求。一所大学几万人，学生大多爱看书，在校园里租书，不愁没人租。有了目标客户，生意也就自然红火。

学习用具倒爷，倒出大笔财富

随着人们生活水平的提高，学生用具也越来越高档，很多学生都配备有电子词典、手提电脑等。这些学习用具价格少则几百元，多则几千上万元。正因为价值不菲，它们才有倒卖的空间，给有目光的人创造财富的机会。

2009 年，大二学生符华兵就读于南京某大学计算机系。6 月的一天，同系大四的师兄赵远志说，他马上要毕业了，计算机和电子词典都用不着了，带走又太麻烦，以后工作有钱了肯定要换新的，这些留着没什么价值，想低价转让给符华兵。符华兵那时刚好做了几个月的家教，赚了 3000 多块钱，他觉得售价便宜，没多想就答应了。最终，赵远志以 2800 元的价格把他那原先售价高达 6000 元的东芝笔记本电脑和诺亚舟电子词典卖给了符华兵。

当晚，符华兵拿着电脑和电子词典回到宿舍，舍友王立刚问他："买这两样花了多少钱？"符华兵让他猜。王立刚说："即便是二手的怎么着也要 3000 多吧？"符华兵开玩笑说："3300 卖给你要不要？"王立刚眼睛一亮说："要，当然要！"符华兵没想到自己一句玩笑，王立刚竟当真，非要缠着他卖给他。符华兵考虑到这笔买卖不亏本，便忍痛割爱卖给了王立刚。

这么轻松就赚到 500 元，符华兵兴奋之余，觉得倒卖这类学习用具利润可观。他家庭条件不太好，一直想找机会兼职赚钱。正好目前还没找到新的兼职工作，不如当倒爷倒卖学习用具试试。符华兵把自己的想法告诉女友朱慧，得到了朱慧的支持。

两人先是到大四学生寝室挨门问人家有没有计算机和电子词典、收音机等学习用具要出售。许多毕业生，尤其是工作已经有了着落的毕业生大都不想带走这些物品。毕竟这些物品对他们今后的工作没有什么帮助。虽说计算机可能用得上，但计算机更新换代很快，他们手中的计算机用了

几年,全都过时了。将来,他们肯定要更换,过几年再卖,肯定更不值钱。

不到一个星期,符华兵便花了近万元收购到一部台式计算机、两台笔记本电脑、五部电子词典和三台多波段收音机。他和朱慧分头到各个宿舍推销。然而,两人忙活了一个星期,只卖出去了两台电子词典。计算机一台都没卖出去。符华兵急坏了,计算机要是卖不出去,这笔生意铁定亏本!

一天,符华兵在外语系男生宿舍推销计算机时,一个同学对他说:"你的计算机是二手电脑,谁知道质量有没有保证?万一坏了,我的钱岂不打了水漂?"符华兵才恍然大悟,计算机卖不出去是因为售后没有保证。此后,符华兵带上自己的学生证上门推销计算机。一旦有人有意向买,他就拿自己的学生证给对方看,还跟对方签订协议书,计算机保修3个月。符华兵懂一点计算机知识,这些计算机在收购时,他都反复检查没有故障才下手,质量一般不会有什么问题。在符华兵推出保修协议后,仅一个星期,计算机和电子词典、收音机全都卖出去了。符华兵净赚2000元。

符华兵将赚到的钱和原先的本钱继续投入到倒卖学习用具生意中。在他和女友的努力下,倒卖学习用具的生意越做越大,他们那10000多元钱的本钱很快滚到十多万元。后来,他们还找品牌厂家合作,当他们产品的校园总代理,成了名副其实的小老板。

> **财富启示**　　计算机、电子词典等学习用品对家庭条件较好的学生来说是必需品,而家庭条件一般的学生想拥有却买不起。符华兵的成功之处在于,他看到家庭条件一般的学生对这类学习用品有需求以及他们的购买能力,即他们只能买得起二手的。需要注意的是,从事这项买卖必须要精通计算机,否则收购到坏计算机只会赔本。找准了市场卖点,也就找准了成功的方向。

 篮球高手,打篮球也能玩出财富

打篮球是体育运动,能跟财富挂上钩吗?能!只要多动脑筋就行!

施展飞身高一米九二,从小喜欢打篮球。中学时代,他一直是学校篮球队最出色的前锋。2008年,施展飞以篮球特长被某大学特招。之后,施展飞成为该校篮球队的主力前锋。

大二上学期的一天，一家大公司的老总舒俊找到施展飞，开出一天500元的价格请他去打篮球。原来，舒俊他们公司有一支篮球队，每年参加总公司的篮球比赛几乎都拿冠军。去年，他们公司过关斩将，拿到了决赛权，和广州分公司争夺冠亚军。凭他们的实力，他们完全可以战胜广州分公司，谁知，广州分公司请了外援，将他们打败。今年的比赛马上要开始了，舒俊打听到广州分公司还要请外援，他不甘心落败，也要请外援。舒俊是施展飞一个同学的哥哥，施展飞顾及那同学的面子，答应了舒俊。一个月后，施展飞替舒俊的公司出了口气，大获全胜。他总共打了10天球，拿到5000元的报酬。

经舒俊介绍，施展飞又替别人打了几次球，赚了几千元。他干脆把学校的球队拉出去，让队友和自己一起发财。他们利用课余时间替有比赛的单位打球。可是好景不长，后来有人揭发他们是大学生，而不是请他们的单位的员工。他们的生意渐渐冷淡，没什么人再请他们打球。但是施展飞却有了想法：人们生活水平提高后，参与各种文体活动的欲望越来越强，但是除了唱歌、跳舞、看电影，似乎没有什么别的节目了。如果组织篮球比赛，肯定有人观看。

施展飞联系了一家体育馆，以体育馆的名义举办了一次当地篮球争霸赛。施展飞联系了5家公司，拉到50万元的赞助。他在媒体发布广告，此次篮球争霸赛奖金冠军10万元，亚军3万元，季军1万元。同时对外售票，每张票价格从3元到10元不等。广告刊出后，先后有十几支球队报名参赛。这十几支球队展开激烈角逐，每场比赛观众人数都超过1万人。除去各种成本，这次篮球比赛活动赚到30多万元。施展飞拿到8万多元的分成。

尝到甜头后，施展飞继续组织足球、排球、乒乓球、羽毛球等比赛，不但锻炼了自己的能力，还赚到几十万元钱。大学毕业后，施展飞没有找工作，而是成立了自己的体育文化公司，代理销售体育用品，同时组织、举办各种体育赛事。

财富启示　　人们生活水平提高后，对生活质量的要求也越来越高。而健康是高质量生活的根本，体育运动更是根本中的根本。体育用品和体育活动大有市场，机遇只垂青有眼光的人。

临时工人才市场，为人牵线搭桥给自己赚钱

有的人想利用周末赚钱却找不着临时工作，而有的公司和个人想周末请人干活却找不到人手。周彬为求职者和用人单位架起桥梁，自己也赚了个盆满钵满。

周彬考上大学后，不想花家里的钱，便拼命做家教。最多时，他同时做3份家教。这种拼命打工的方法使他疲惫不说，还严重影响他的学习。有没有更好更轻松的赚钱方法呢？周彬冥思苦想终于找到了，那就是做家教中介。

周彬到处发小广告，寻找家教工作。但是，联系到家教工作后，他自己不做，而是以20元一份的价格转给别的同学。短短一个月，他批发出去几百份家教工作，赚了6000多元。可是，他贴的广告很快被清除掉，他手头的家教活儿越来越少，收入又慢慢地减少。

正在周彬为此苦恼之时，同寝室一个哥们的话提醒了他。那哥们无心地说："要是有个人才市场专门提供临时工作机会就好了，咱们想打工就去那里。"周彬眼睛一亮，校园里想打工挣外快的人很多，而外面肯定有很多公司和个人想找临时工。如果开办这么一个临时工人才市场应该有利可图。

周彬大胆敲开校长办公室的门，把自己想举办临时工人才市场的想法告诉校长，并请学校把一个会议厅租给他。勤工俭学学校向来都很支持，校长不但答应他的请求，还表扬了他。

周彬以月租仅300元的价格，租到了学校一个会议厅周末的使用权。紧接着，周彬在媒体刊登广告，若有单位或个人想招聘在校大学生周末兼职，可以前来他的临时工人才市场挑选。不过，前来招人的单位或个人必须缴纳20～100元不等的费用，费用多少要看招什么样的人才、做什么工作。广告刊出后，不但引起了众多公司的注意，媒体的记者还采访了他。这等于给周彬免费做广告，短短几天便有200多家公司和30多人打来电话报名参加。确定了招人的公司、个人和工作种类后，周彬在校园公告栏里张贴招聘广告，想找工作的同学可以免费进入临时工人才市场。

第一期临时工人才市场举办很成功，偌大的会议厅挤满了人。当天，有近300名同学找到了兼职工作。后来，一些公司职员得知消息也来参加，对这些已经有工作还想兼职的人，周彬收取他们2元的入场费。除去各种成本，周彬举办临时工人才市场月入好几千元。很多同学在给公司打临时工的过程中，得到了公司的赏识，毕业后直接进入了该公司。

财富启示　　路是走出来的！周彬当家教中介的经历培养起了他的市场意识，使他看到了临时工人才市场的商机。他的临时工人才市场切中供需双方的需求，给别人带去好处，给自己带来了财富。生活中，但凡是能帮人们解决困难、带去好处的项目，大都很容易成功，关键是我们要善于发现这样的项目。

复印资料，考试临近钱也来了

复印一张A4纸的价格一般是两毛钱，可是如此薄利的生意却也能来钱！

2010年6月底，期末考试马上就要到了，曹云平时上课不爱记笔记，他软磨硬泡，一位女同学答应把笔记给他复印。曹云拿着那本带着淡淡香水味的笔记屁颠屁颠地来到系里的复印室，却见外面排起了长队，全是那群像他一样不专心记笔记的"坏蛋"。曹云不想排队，便到校外找了一家复印店复印。那家复印店的设备很先进，可就是业务量太少，店里没几个人复印资料。曹云复印完毕，付款时，他惊讶地发现，这里的复印价格比学校的还便宜。曹云总共复印了300多张，才花了30多元，省了近一半的钱。那家店主告诉他，要是复印1000份以上，还可以优惠。平时，同学们图方便大都在学校里复印资料，没几个人会为了省那么一点钱而跑到校外。

当天，曹云回到寝室后，挨个到每间寝室推销他的便利复印服务：他负责帮忙把资料拿去复印，价格跟学校复印室一样。男生大都是懒汉，更何况现在是复印笔记的高峰期，到学校复印室排队是苦差事，谁不想轻松？曹云很轻易地接到了二十几笔活。

第二天，曹云用书包背着厚厚一沓笔记到校外那家复印店复印。他总共复印了7000多张，店主给他优惠至9分钱复印一张。这笔生意让曹云赚了700多元。曹云干脆印了一盒名片,上面写着:复印资料,找曹云,取货送货上门,为您节省时间!拿到名片后,曹云挨个到每间寝室散发。

很快,曹云手机响个不停,找他复印资料的人很多。他买了个大塑料袋来装复印的资料,还买了一辆自行车代步。全校仅他一人在做这项业务,平时每天能印近2000张资料,能赚100多元。临近考试的时候,一天能复印上万份资料,收入近千元。

> **财富启示**　　同一件商品、同一项服务,在不同的店面有不同的价格。只要有差价,便有利润空间。曹云的成功在于他发现了差价并抓住了男同学偷懒的心理,推出取货送货上门的复印服务。同样的价格,男同学可以免去去复印室排队的等待之苦,他们当然愿意把资料给曹云复印,曹云不愁没生意做,不愁赚不到钱。

12. 生日吧,别人生日我赚钱

年轻人生日总喜欢叫上一大群朋友开PARTY,尽情地玩耍。对于生日PARTY的花销,人们总是很大方。既然有人大方花钱,当然也就有人赚钱。

葛鸥就读于成都某大学。大一上学期的一天,葛鸥女友过生日。葛鸥想找个地方,叫上一群好友好好happy一番。可学校附近的酒吧和KVT规模都很小,全都没有包厢。最终,葛鸥在一家小KTV给女友过生日。那家KTV音响很差,没有什么好的酒水供应,而且收费还很高。葛鸥和朋友们玩得很扫兴。

葛鸥于是和女友商量,一起开一家生日吧,专门为学校过生日的人提供服务。女友起初很反对,说:"学校周围都有那么多酒吧和KTV了,竞争那么激烈,你开生日吧是自寻死路。"葛鸥仍固执己见,他分析说:"只要我的生日吧服务周到、价格实惠,肯定能打败它们。"女友将信将疑。

葛鸥不顾女友的反对,迈开了创业的步伐。他以2000元的月租金租了学校附近的一套三室一厅的商住两用房。这套房有100多平方米,葛鸥对房间进行简单装修后,作为营业场所,到工商所、税务局等部门注册,拿到了开业许可证。接着,葛鸥花了2万多元购进一套颇为高档的音响,再找人做了个广告牌，挂在窗口，他的生日吧就这么简单地开张了。第一个月只有他的同学和老乡光顾，除去各种成本，没赚到什么钱。

后来，葛鸥印制了传单到各个寝室散发，还到校园网论坛发帖子。此外，他还发动同学和老乡帮他拉客户。每拉来一批客户，他就给予10～80元不等的报酬，视人数而定。由于他的生日吧收费比较便宜，而且还提供纸牌、KTV、跳舞等多种服务，很快吸引了不少客户，生意慢慢地好转起来。

一般生日晚会都有10人以上，一批客户举办生日晚会消费总额在500～1000元之间，甚至更多。在女友的建议下，葛鸥还推出代订蛋糕和鲜花以及高级生日派对策划服务。这些业务推出后，不但方便了客户，还增加了收入。随着客源逐渐稳定，葛鸥还推出会员服务，凡是注册为会员的客户下次举办生日晚会可享受8折优惠。

在葛鸥和女友的精心打理下，生日吧生意渐渐上了轨道，在学校的知名度越来越高。全校有几万名学生，几乎每天都有人过生日，不少人闻名而来，在葛鸥的生日吧开派对。正如葛鸥预期的那样，他的生日吧打败了学校周边的小KTV和小酒吧，生意非常红火。好的时候，月入过万元。

> **财富启示**　生日对每个人来说都很重要，在生日派对上花钱，大多数人都不会心疼。只要服务周到，哪怕价格高点，人们也都乐意。葛鸥推出专门服务过生日一族的生日吧，针对性地推出各种贴心服务，让过生日的人玩得开心，生意自然好。开生日吧要注意控制成本，铺面租金很高，租商住两用房可以降低成本，而降低成本等于变相赚了钱。开业之初也要注意宣传推广，否则默默无闻只会加速倒闭。

数码产品美容，低成本生意也来钱

如今，几乎每个大学生都有自己喜欢的数码产品，如手机、数码相机、电子词典、笔记本电脑等。在使用一段时间后，这些数码产品多少会有磨损，外表看上去很旧，使用者会觉得很没面子。一名大学生看中了这个商机，当起"数码产品美容师"，赚到了不少钱。

2010年，许夏宏考上广州某大学。像不少数大学新生一样，父母给他

配备了手机、笔记本电脑、数码相机等好几种数码产品。许夏宏是个毛手毛脚的大男孩,平时不爱护这些数码产品,随便放置。没多久,他的银白色笔记本电脑和数码相机外表便掉了漆,像是衣着褴褛的乞丐。

一天,班里同学出去郊游,许夏宏拿出自己的笔记本电脑和数码相机时,一女同学问他:"你的电脑和数码相机是二手的吧?"许夏宏说:"不是二手,我刚买还不到半年。"那女同学讥笑说:"二手就二手嘛,干吗死要面子?"许夏宏窘得涨红了脸。

第二天,许夏宏上街,想找人将自己的笔记本电脑和数码相机翻新一下,可他逛了好几条街都没找到这样的店铺。许夏宏沮丧之余,却又暗暗高兴。如今拥有数码产品的人很多,数码产品美容大有市场,可满大街都是卖数码产品的小店,却没有人提供数码产品美容服务,这难道不是个很好的机会吗?

许夏宏立即着手准备起来。他买来一台烤漆机以及一些清洗设备,先给自己的笔记本电脑美容。经过清洁、抛光、喷漆等一系列工序后,他的笔记本电脑和数码相机焕然一新,像新买来的似的。

在掌握了翻新技术后,许夏宏在学校附近的一条热闹商业街租了个小摊位,专门提供数码产品美容服务。服务内容包括清洁、喷漆翻新、贴膜、贴各种个性时尚图案等。

他所租的小摊附近有几所高校和不少写字楼,是大学生和白领的集中地,这类人几乎每人都有数码产品。许夏宏提供的服务正是他们所需要的,生意刚开张便很红火,每天美容的数码产品有上百部。美容一部数码产品的价格从1~10元不等,一天下来,许夏宏竟有五六百块钱的收入,月纯利过万元。还没毕业,许夏宏的收入便超过了不少白领,成为校园小老板一族。

随着科技的发展,数码产品层出不穷。一部新近流行的数码产品少则几百块钱多则上万元,消费对象大多是年轻人。初次创业者可能没有那么多的本钱投资销售数码产品,但是,提供数码产品美容服务这样的小本多利生意却很容易上手。但前提是必须掌握美容技术,且营业位置四周必须有大量大学生、都市白领等目标客户。

女大学生开服装厂，有梦想就了不起

她是一个文弱女孩，在身无分文的情况下，她硬是筹集了 30 万元，开起了服装厂。创业过程会遇到什么挫折呢？她能成功吗？

林月萍是山东人，父母都是普通职工。2004 年 8 月，林月萍以优异的成绩考取了海南某大学中文系。一进大学，林月萍明显感觉到了就业的压力：高他们一届的师哥师姐，找到的工作很一般，月工资普遍很低，有的甚至还在焦头烂额地奔波于人才市场。看着师哥师姐们脸上黯然的表情，林月萍不想重复他们的道路，她决定自己创业。早创业，早出成绩！

经过一番调查，林月萍发现精品服装行业有市场。半年后，她和另外两名同学说服各自的家长，筹集了 30 万元购置了设备，开办起服装厂。

然而，日子一天天过去了，林月萍的服装厂迟迟没有接到业务。员工工资、水电费、场地租金每天开销很大，林月萍感到前所未有的压力。

为了尽早拉到业务，她和王文茜、杜笑全一起出动，当起了业务员。他们顶着烈日"扫街"，挨个问人家："需要定做工作服吗？"

2005 年 9 月中旬，他们终于拉到了一笔业务。一家制药厂给 100 多名员工定做工作服。谈好了价格、款式、颜色、尺寸后，林月萍跟对方签订了合同，规定 1 个月内交货。林月萍高兴地把合同交给生产组组长，叮嘱他一定要严格按照合同上的款式、颜色、尺寸等来制作工作服。组长信誓旦旦地说："林总，您放心吧，不会出错的！"

才几天，工人就把 100 多套工作服生产出来了。谁料，顾客看到工作服时，大发牢骚说："你们怎么不按合同来制作呢？"林月萍仔细看了合同，再看服装，果然发现有出入。合同规定，必须在工作服背面上方印上制药厂的名称，林月萍的工人却把名字印在了中间。虽然问题不是很大，但毕竟违反了合同。林月萍只好向顾客道歉并重新修改。

事后，林月萍大为恼火，想狠狠地将生产组长训一顿。最终，她还是忍住了，耐心地跟他讲道理。生产组长主动承认了错误，保证以后绝不再犯类似的错误。由于返工，这笔业务没赚到什么钱。

渐渐地，在全体员工的努力下，公司接到的业务越来越多，生意慢慢有

了起色。林月萍他们三人喜上眉梢,照此下去,公司很快就可以盈利了。然而,事情却突然出现了转折。

12月的一天,一个名叫阿军的员工走进林月萍的办公室,向她提出辞职。林月萍感到很费解,这名员工技术不错,她给他开的工资也挺高。他为什么还要辞职呢?"你能说说你辞职的理由吗?"林月萍问。"没什么特别的理由,反正就是不想干了。"阿军说。林月萍不再追问,同意了他的辞职请求。

让林月萍没有想到的是,接下来的日子里,竟然又有多名技术工人提出辞职。问他们辞职的理由,他们同样不肯说。林月萍一气之下,将他们全打发走了。她想,现在工作那么难找,不愁招不到工人。

她亲自出马到人才市场招人。出乎意料的是,几天下来,她竟然招不到人。前来应聘的人倒是不少,但都没技术。此时,林月萍才明白,员工辞职是想趁年底出现招工荒、业务忙的时候,胁迫她加工资。林月萍气不打一处,她给他们开的工资已经够高了,他们竟然还不满足!公司接了那么多业务,如今却招不到工人,该怎么办呢?交货时间很紧迫,到期无货可交,公司不仅赚不到钱,还得根据合同赔偿给人家违约金,那样可就亏大了。那段时间,林月萍焦头烂额,吃不下睡不香。

一个月过去了,林月萍还是没招到熟练的技术工人。无奈之下,她只好跟顾客商量,把交货时间延长。多数顾客见她态度诚恳,都答应了她的请求。个别顾客有意刁难她,无论如何都不答应。林月萍只好赔钱给他们了事。

2006年3月中旬,公司一下子接到十几笔业务。林月萍急需资金购买原料。但由于春节前积压的业务还没消化完,不能及时回款,加上刚给员工发了工资,资金周转出现了困难。四处借款碰壁后,她只好用机器做抵押,向海南省小额担保贷款中心贷了5万元。贷款到账后,终于解了林月萍的燃眉之急。

厂房的机器快速运转,工人忙碌地赶工。4月底拿到公司财务报表时,林月萍万分激动,公司终于实现盈利了!

5月初,越南一家企业有意向林月萍的公司定做工作服。林月萍让设计师设计了几款服装,网上传给对方,对方看了之后很满意。林月萍随后让工人做了几件样品,邮寄给对方。对方收到后,觉得款式很漂亮,当即向林月萍公司下了订单。这是林月萍接到的第一笔海外订单。虽然金额不是很大，但让她对开发海外市场有了信心。

一天，海口一家酒店的负责人向林月萍定做工作服时，问林月萍："你们回收旧工作服吗？我们酒店以前定做的工作服，现在已破旧，丢掉了可惜，还污染环境，留着又没用。"林月萍灵光一闪，觉得旧衣服洗干净后，可以重新缝制成衣服，捐给落后山区。或者，把旧衣服撕成长布条，做成拖把。她当即以较低的价格，收下了那家酒店员工穿过的旧工作服。

此后，林月萍跟顾客谈生意时，都明确地告诉对方，今后工作服破旧了，她愿意以售价5％的价格回收。怕顾客不相信，她答应顾客，可以把这项条款写进合同中。顾客见林月萍考虑如此周到、讲信用，都很乐意把生意给她做。

5月份，林月萍公司继续保持盈利。6月，公司发展势头依然良好，接到很多单子。此时，林月萍的制衣厂已有工人30多人，日生产服装近400套。同行得知林月萍开办服装厂，不到一年就实现盈利，感到很吃惊。一家服装厂的老板说："当初我是带着两三名工人，从手工作坊做起，几年后才发展壮大。林月萍不到一年时间就把服装厂办成规模，还实现了盈利，真的让我刮目相看。"

天津一家具有上千名工人、规模超亿元的大型制衣厂的老板得知林月萍的事迹后，辗转联系到林月萍，想跟她合作，对她的厂注入千万资金，帮她扩大生产规模。林月萍和合作伙伴商量后一致认为，跟对方合作虽然可以迅速提高公司的生产能力，但他们也必将让出更多的股份。他们对公司的经营、管理行为将受到很大的约束，甚至没有自主权。最终，他们放弃了合作。

如今的林月萍，戴着一副黑框眼镜，看上去虽然学生气未脱，却已经是一名地道的生意人。与顾客谈判、签合同，非常老练，一点都不含糊。她说，能够解决30多人的就业问题，很有成就感。

财富启示　早起的鸟儿有虫吃，凡事越早准备越有利。林月萍不像别的大学生，进了大学只顾埋头苦学，不闻窗外事。危机感很强的她，很早就试水创业，自己创办服装厂。在开厂之初，她没有经验，遇到了很多挫折，这是难免的。但是挫折不等于失败！她从挫折中吸取了教训，为她今后的成功打下了基础。

课余练摊手，我是这样月入五千

路边的小摊很不起眼，摆摊是难登大雅之堂的小打小闹。但如果选对了要卖的商品以及路段，练摊也能小富。

2010 年对就读于长沙某大学外语系大二的陆雅来说是很不幸的一年。这一年，她父母先后失业，家里经济状况顿时窘迫。原本一直努力想毕业后考研的陆雅打消了这种想法，开始四处找兼职。她先后干过服务员、家庭教师等工作。这些工作辛苦不说，工资还很低。陆雅开始考虑利用课余时间做点小生意，可又不知道做什么。

9 月的一天，她去一个已经毕业的师姐家做客。师姐丈夫是个生意人，从事小家电批发生意。闲聊中，师姐告诉她，有许多小商贩是她丈夫的客户，经常从她丈夫那里进货，而且卖得不错。做得好的，每月赚好几万块钱，差的也有好几千。陆雅怦然心动，告诉师姐她想摆摊卖小家电。师姐惊讶地看着她说："摆摊很辛苦的，别的不说，光汽车扬起的灰尘，你天天呼吸着，受得了吗?"陆雅笑笑说："这没什么!"

见陆雅如此执著，师姐说服丈夫，先赊货给陆雅试试。陆雅要是卖不出去，可以全部把货物退回给师姐丈夫。

那天晚上，陆雅刚好没课。陆雅早早来到校门口附近的小街边摆摊，主要卖台灯、收音机、小电扇、充电器、插头、插座等小电器。开始的时候，陆雅很迫切地想开单做成生意，于是眼巴巴地盯着过往的行人看。可行人来来往往，愣是没什么人光顾。后来，陆雅才明白过来，自己这么看着行人，行人就算是想买什么东西也不好意思过来。

陆雅不再盯着行人看，而是埋头摆弄她的小家电。果然，没过多久，行人三三两两过来围着她的小摊挑选货物。陆雅摆摊 3 个小时，卖出去两台收音机、一盏台灯、几对电池，赚了 60 元。这钱赚得较辛苦，而且相对做家教还要低些。但陆雅很满足，自己毕竟迈出去了成功的第一步。她自信满满，以后生意肯定会慢慢好起来的。可是，一个星期过去了，她摆摊的日均收入在 50 元左右，老是增长不了。付出和得到不成比例，陆雅有点泄气了，一度想放弃。

后来,她在附近转了几次,用心分析,终于找到了问题的根源。原来,她摆摊的位置虽然是路口,但这里大都是车辆穿梭而过。少部分人从这里过去是到对面的车站坐车。要想摆摊卖出货物,最好的路段是"休闲路段",即那段路休闲散步的人较多。

陆雅变换了摆摊的位置,将摊点转移到校门左边的几百米外的一条街道。那条街道附近有个生活区,饭后来散步的人很多。位置一变,生意果然红火,当天就卖出去 30 多件小商品,收入 150 多元。陆雅不再赊货,拿赚到的钱进了更多的小家电,使她的小摊看上去货物品种繁多,这样更容易吸引顾客。在陆雅的精心经营下,小摊生意很稳定,月收入在 5000 元以上。

财富启示　　不论做什么生意都难免会遇到挫折,如果因为挫折就放弃,那将是真正的失败。唯有仔细思考、分析,找到问题症结所在并针对性地改变才能取得成功。摆摊谁都会,但如果在错误的位置摆摊,生意不会好到哪里去。在正确的位置摆摊,瞄准了目标客户,生意自然好起来。

第二章 一无所有不可怕,敢想敢做
空手也能套白狼

有这么一个故事,一名男子找工作屡屡失败后,身无分文,生存成了问题。上午9点多,他经过公园时尿急,便走进厕所小便。该厕所免费对外开放,游客如厕不用交钱。男子小便出来后,突然来了灵感。他搬来一张破旧桌子和凳子,坐在厕所门口,当起了老板,向进厕所的人收钱。人们都以为厕所开始收费了,都乖乖地交钱。男子在那个厕所收了半个月钱后才被管理人员发现轰走,但此时,他口袋里已有了几百元。这个故事虽然有点滑稽,但它告诉我们,只要动脑筋,在两手空空的情况下也能赚钱,当然前提是不能违法。

空手租店面

人们常常感慨生意难做,看完下面的故事,你对做生意是不是有了新的认识呢?

李浩飞出生在河南省一个贫穷的山村,从小就很顽皮,爬树、下河、骂人、打架无一不会。他因此不少挨父亲的棍子,但顽皮依然没有改变。

小时候的李浩飞颇具生意头脑。上小学时,他把一张大白纸裁成许多小块,然后用线订成本子卖给同学赚几分钱。他还从树上折下许多小树枝去掉皮、晒干,把它磨圆滑,中间钻个孔,插上圆珠笔芯,制成漂亮的圆珠笔卖给同学。最让他记忆犹新的是小学五年级时,他偶然从某路人处学会用纸折各种小动物。回家后,他折了许多小猫小狗,再拿到学校卖给同学赚到5角钱。当时5角钱可以买到好多东西呢。

上了高中以后,李浩飞依然贪玩。有时觉得老师上课的内容很无聊,他就逃课到外面和别人打牌。尽管如此,凭他的小聪明,他的成绩一直在班里前5名。上了高二以后，李浩飞迷上了各种电器，尤其是无线电。他很好奇，为什么收音机、电视机能收到节目？他经常在课余时间跑到市集上的家电维修中心看人家维修电器，也学到了不少电器知识。高二物理课本中有许多关于电子方面的知识，他学得如痴如醉，物理成绩不用说，每次在班里都是第一。他打算高三毕业后报考电子科技大学。

可高二毕业后，厄运却降临到他的头上。李浩飞搞建筑的父亲在一次施工时不慎从3楼摔下，摔成重伤，下身瘫痪。李浩飞的家庭本来就贫穷，下面还有两个弟弟一个妹妹。父亲是家里的顶梁柱，现在瘫痪了，整个家庭就陷入了经济危机。

父亲瘫痪后，为了弟弟妹妹能够继续上学读书，李浩飞只好辍学外出打工。1999年，他向亲朋好友借了300元，踏上了开往广州的火车。由于高中时学到一点电子知识，他很容易地在一家电子厂找到一份工作，主要是焊接各种电路板。工资是根据工作量来算，完成任务多，工资就高。李浩飞每月辛苦下来能够挣到1000元左右。他把大部分工资寄回家供弟妹上学，只给自己留下很少的一部分。最初，李浩飞以为自己喜欢电子，会长久地把这份工作做下去。后来才发现，每天工作都是一样的，那就是不断地焊接电路板。长久下来，李浩飞觉得这样的工作很枯燥、乏味。于是李浩飞产生了离开的念头。

一天，一个高中时的同班同学打来电话跟李浩飞叙旧。这位同学得知李浩飞想换工作后，对他说："我有一位同学的父亲是做铝矿生意的，我同学可以安排你进他父亲的厂里工作。"李浩飞二话没说，到财务处领了工资后就踏上了旅途。

李浩飞进了同学所说的矿业公司后，因为没有什么文化，被安排在办公室，主要负责接待客人、发传真、接电话，工作很轻松，每月1200元。李浩飞很满意这份工作，第一个月拿到工资就请同学撮了一顿。

可干了几个月后李浩飞发现这个家族企业管理很混乱。公司里的员工大部分是老板的亲戚，没有人来管他们的上班时间，早上都10点多了，还有人没来上班。财务开支也很乱，老板的亲戚可以随便到财务处取钱，可以随便报销。李浩飞在公司里总感觉自己是外人，做事得小心翼翼，任何一个人都得罪不起。一次，李浩飞正在发一份传真，有客人来了，坐了一会儿没人倒水，老板的外甥女正在电脑上打游戏打得起劲。老板进来看到没人给客人倒水，不分青红皂白，冲着李浩飞就大骂："要你来吃白饭的吗？看见客人来也不懂得招呼一下客人。"李浩飞不敢吭声，只好停下手中的工作去给客人倒水。老板的外甥女却依然在入迷地打着游戏。

最让李浩飞受不了的是公司里的人对他的提防。公司开会从来不让他参加。一次，老板的侄女进来汇报工作，老板毫不客气地把李浩飞"赶"出办公室，关上了门。用人方面，老板只重用自己人，他的亲戚一个个都被安排到财务、采购、销售等重要部门去学习锻炼。李浩飞做事再怎么勤快都没人注意他。在他们的眼中李浩飞是来这里混饭吃的。

一天，老板的一个远房亲戚到办公室找老板，一进办公室，办公室里老板的亲戚都围着他问长问短，只有李浩飞一人傻坐着。他们仿佛是一家人，只有李浩飞自己感觉被一堵无形的墙隔在外面。

李浩飞实在受不了这种寄人篱下的感觉，工作半年后就炒了老板的鱿鱼。没有了工作，李浩飞整天一个人在街上晃荡，心中有着许多的落寞。日子一天天过去，李浩飞口袋中的钱也越来越少。不能再这样下去了，李浩飞心中暗暗着急。他把自己关在出租屋里苦想了一整天，决定自己做点小生意，但自己没有本钱不知道能做什么。

第二天他在大街上边逛边想着该做什么生意。走过文明路时，他看到一间铺面贴出招租广告。李浩飞暗想，不妨去看看，说不定是个机会呢。他找到店铺老板询问："这间铺面租金多少钱一个月？"老板看了看他说："1600元，你租吗？"李浩飞脑筋高速地转动了一下，说："当然租，而且我要租两年，现在就可以签合同。"老板不禁喜出望外，因为这个铺面的位置不太好，好多人问了价格后，都嫌贵。"但是，"李浩飞接着说，"租金每月付一次，而且是月底付。""这，这怎么行？"铺面老板有点犹豫不决，他怕李浩飞骗他。李浩飞看透了他的心理，底气十足地说："你好好考虑吧，有钱我不怕租不到好的铺面。"留下电话后，李浩飞大摇大摆地走了。

几个小时后，铺面老板打来电话同意按李浩飞的条件把铺面租给李浩飞。原来铺面老板考虑他的铺面位置有点偏，好不容易有个大方的"老板"来租，他怕失去机会。再说了，如果李浩飞月底交不出租金，到时候再把他赶走也不会损失什么。

合同很快就签好了，铺面也有了。可这时，李浩飞口袋里没有什么钱。他焦急地想着下一步该怎么走。逛了几回这条街，李浩飞发现这条街所处的社区有许多外来人口，但整条街没有一家旧货店，开一家旧货店肯定赚钱。可自己没有本钱，怎么办？李浩飞想到自己的朋友和老乡有一些用不上的旧家具和旧电器，不如跟他们说说先赊给自己。李浩飞找到这些朋友和老乡，跟他们说了之后，他们都愿意把自己的旧货赊给李浩飞，有几个朋友还慷慨地把一些旧的家具送给了李浩飞。李浩飞把这些旧的家具、电器摆到店里，然后用红纸写了"旧货店"几个大字贴在门口。没想到，第一天开张，竟卖了三张桌子、两张椅子、两台电视、一台风扇、一台录音机，除去还朋友和老乡的钱，李浩飞还赚了300元。

李浩飞很高兴，他把赚来的钱赶紧拿去收购旧货。他骑着自行车在各条小巷里穿梭，大声喊着收旧货。这个小区向来没有什么人收旧货，每天李浩飞都能以很低的价格收到不少旧货。他把这些宝贝摆到店里出售，由于没有竞争对手，他的生意出奇的好。一个月下来李浩飞不仅付了租金，手里还有5000元的流动资金外加一屋子的旧货。李浩飞花了几百元到工商局注册，办齐了手续，拿到了营业执照。

为了多收些旧货，李浩飞雇了两名工人，给他们各自配了一辆旧自行车，让他们到其他住宅区收购旧货。由于当时几乎没有什么人上门收购旧货，那两名工人每天都能收到一大堆旧"宝贝"。有了充足的货源，李浩飞的生意日益红火，腰包也逐渐鼓了起来。但他不满足于现状，他思考着如何扩大业务。经过几天的打探观察，李浩飞发现有许多大企业、大单位经常会淘汰许多办公设备，而一些新开张的小店面、小公司为了节约成本喜欢到旧货店淘宝。李浩飞赶紧招了几名业务员，他把这些业务员分成两组：一组专门到各个大企业、大单位收购旧货；一组专门打探有哪些小店、小公司开张，然后向他们推销旧货。由于瞄得准、信息灵通，李浩飞做成了许多桩生意。

两年过去了，李浩飞买卖旧货赚了30多万元。这时，李浩飞的员工看到李浩飞赚钱后，开始不安分起来。有两个员工辞职出来在同一条街上开了两家旧货店。竞争也激烈起来。为了收到更多的旧货，各自都提高收购价格，在卖的时候为了吸引顾客都降低价格，买卖旧货变得很薄利。赚到第一桶金的李浩飞果断地抽身出来，把店转了出去做建材生意。一年后，李浩飞赚到了他人生中的第一个100万元。

租空地开夜市,没钱也当老板

多数人都习惯白天工作和赚钱,少有人在意夜晚的商机。细心的张晓雄发现夜市很受人们的欢迎,于是他租空地开起夜市,后来又在热闹的夜市附近卖夜宵,生意一直很红火。他也挖到了人生的第一桶金。

23岁的张晓雄出生在陕西一个普通农民家庭。2003年高中毕业后,张晓雄应聘到一家药业公司当业务员。2006年6月,张晓雄的一名客户在收到张晓雄发出的价值2万多元的药品后,突然失踪。公司对此大为恼火,第二天,张晓雄就接到了解雇通知。

失业后的张晓雄在人才市场转了几个星期,都没有找到工作。7月15日这天晚上,张晓雄一个人漫无目的地在街上乱逛。一个多月过去了还没找到工作,张晓雄已经对找工作失去了信心。他打算自己出来做点小生意,哪怕是去摆摊也行。可此时,他口袋里只剩下400元钱了,400元钱能够干什么呢?

8点多钟,张晓雄逛到夜市,想了解一下在夜市摆摊最少得花多少钱。问了在夜市摆摊的人后,人家告诉他,一个5平方米左右的夜市摊位每月的租金要500元钱。张晓雄顿时像泄了气的皮球,失望到了极点。

10点多钟,张晓雄回出租屋。走到小区大厦时,张晓雄突然停下了脚步。大厦前面有一块空地,附近有几个居民小区,人流量很大,要是在这里摆摊卖东西生意肯定很好。张晓雄眼睛一亮,他想到了一个赚钱的好方法:把这块空地租下来,再分成许多小块租给别人做夜市摊位。

第二天,张晓雄把自己的想法告诉好友周宗,并劝他和自己一起去创业。周宗笑他说:"你别做白日梦了,那块空地有好几百平方米,你那几百块钱谁会把场地租给你?你还是赶紧去找工作吧,否则你的钱花光了可别来找我。"

好友不动心，张晓雄只好单干。他找到大厦的物业管理公司，表明了来意。物业公司负责人赵经理一听大厦前面的空地还能出租赚钱，很感兴趣。他问张晓雄："把场地租给你可以，但是你要租多久呢？租金怎么算呢？"张晓雄说："我租一年，只在晚上 7 点到零点租，整个场地的月租金你报个价格，合适我就租。"赵经理沉思了一会儿说："这样吧，整个场地每月租金 2000 元钱，租金半年付一次。"

张晓雄想，那块场地面积有 200 平方米左右，2000 元钱的月租金并不贵，于是爽快地答应了。签合同时，张晓雄对赵经理说："我现在跟你签合同，但是前半年的租金，我两个星期后再付给你。"其实，签合同时，张晓雄很心虚。此时，他身上只有 400 元，根本没能力付半年 12000 元的租金。他想让对方多给他一点时间。没想到，对方竟爽快地答应了。

出来后，张晓雄心里又喜又急。喜的是终于拿下这块空地了，急的是那半年 12000 元钱的租金去哪里找？张晓雄的朋友都是吃了上顿愁下顿的普通打工仔，根本没钱借给他，家里经济状况很差，就更别指望了。无奈之下，张晓雄到银行贷款。银行负责人问他："你用什么做担保呢？"张晓雄张大了嘴，答不上来。负责人只好把他"请"了出去。

两天过去了，张晓雄还是想不出筹钱的办法，他急得连饭都吃不下。这天早上，张晓雄刚起床，房东就敲门催张晓雄交房租，张晓雄让他缓几天。送走房东后，张晓雄突然乐得跳了起来，是什么事使他这么高兴呢？原来他想到了筹钱的好方法。

第二天，张晓雄花 100 元钱，在当地一家报纸的分类广告栏里做了个小广告：现有少量位置极佳的夜市摊位出租，有意者请速联系。广告登出来后，张晓雄的小灵通就响个不停。许多人争着要来看看张晓雄的夜市摊位。当天上午，张晓雄带了 30 个有意租夜市摊位的人看了场地。上午 11 点多看完现场地后，张晓雄对他们说："这个夜市附近的人流量很大，位置是很好的，每个摊位的月租金只有 400 元，想租就早点决定，晚了就没有了。"很快，有 20 人当即决定要租张晓雄的夜市摊位。跟他们签订合同时，张晓雄说："合同签订后 3 天内，你们每人都要预付半年 2400 元钱的租金。"令张晓雄感到意外的是，他们竟全都同意了。其中一名中年女子说："半年租金才 2400 元钱，这没问题。"

3天后,张晓雄竟然陆续把24000元钱的租金收齐。张晓雄把12000元钱的租金付给了大厦的物业管理公司,自己净赚12000元钱。张晓雄高兴地到一家高档饭店美美地吃了一顿,好友得知消息后惊讶不已,他们都对张晓雄佩服得五体投地。

8月3日晚上,大厦前面空地的夜市终于开张了。20名摊主摆上不同的商品做起了生意。由于夜市附近人口密集,夜市的生意很火。然而有谁能想到,这个夜市幕后的"大老板"竟是张晓雄这个普通的打工仔呢?

尝到甜头后的张晓雄并不满足于现有的成绩,他想,肯定还有许多这样的空地,如果把它们全都租下来做夜市,自己不是可以大赚一笔吗?说干就干,张晓雄花1000多元买了辆电动车到处转。

9月5日,张晓雄又以每月1000元的租金租了下一块空地,然后把它划成7个摊位,每个摊位以300元的月租金租了出去,赚了6000元钱。张晓雄兴奋不已,继续物色下一个目标。

然而,就在张晓雄准备大干一场时,一些意想不到的情况出现了。9月10日晚上,张晓雄正骑着车转悠,夜市的摊主打来电话说,城管工作人员不许他们卖东西。一名摊主甚至向张晓雄怒吼道:"你这个骗子,我要报警抓你。"张晓雄马上掉转车头赶到现场。城管工作人员对张晓雄说:"你在此开夜市没有经过批准是属于非法的。你必须写申请得到批准才行。"第二天,张晓雄只好垫钱把相关手续办齐。

有了这次教训,张晓雄在开发夜市时,事先都办好相关手续。到11月20日为止,张晓雄已经租了4块空地做夜市。平均下来,他的月收入已经突破了万元。而且这样的生意做得很轻松,他只需与别人谈判。签下合同后,他就几乎什么都用不着插手了。

不久,别人发现了张晓雄赚钱的秘密,也到处找空地租,生意已经饱和,想要再增加已经很难。

12月18日晚上11点多,张晓雄看完电视后觉得肚子有点饿,于是出来想吃点夜宵。但是走完了整条街,竟然没有一家饭店卖夜宵。张晓雄只好到小卖部买面包充饥。第二天,张晓雄在一家饭店吃午饭时,问饭店的肖老板:"你们晚上为什么不卖夜宵?"肖老板说:"我们白天已经忙得团团转了,晚上吃完晚饭已经累得一塌糊涂了,哪里还有精力卖夜宵?"原来如此,难怪昨晚吃不到夜宵。

听了肖老板的话，张晓雄就思考开了。大厦前面的夜市热闹到 12 点多钟，如果晚上卖夜宵肯定有很多人光顾。张晓雄对肖老板说："老板，要不你把你的店租给我卖夜宵吧。"肖老板听了眼睛一亮，高兴地说："可以啊，怎么个租法呢？"张晓雄说："每天晚上 10 点到凌晨 1 点，你把你的店租给我，我每月给你 1500 元钱的租金。"

肖老板沉思了一会儿说："可以是可以，只是，我店里的许多设备较贵重，万一你不小心损坏了，你能负责吗？"肖老板毕竟是个生意人，考虑得如此周到。张晓雄一拍胸脯说："你放心，不要说贵重的设备，即使是打破你的一只碗，我都赔给你。"肖老板当即答应把饭店租给张晓雄卖夜宵，他想，反正自己晚上也没空卖夜宵，既然有人租，自己每月多增加 1500 元钱的收入，何乐而不为呢？

第二天，张晓雄与肖老板签订了合同，并当场付给他 3 个月共 4500 元钱的租金。紧接着，张晓雄花钱在报纸上打广告，招聘厨师和服务员。12 月 25 日，张晓雄的夜宵生意开张了。为了做到大众化，张肖的夜宵主要卖面条、瘦肉粥、肥肠粉和烧烤等，每份的价格在 3～5 元之间。开业当天，张晓雄估计不会有太多的人光顾，因此并没有准备太多的夜宵。但结果出乎意料，因整条街只有张晓雄卖夜宵，来吃夜宵的人非常多，才 11 点多，张晓雄准备的面条、粥等就全都卖光了。一名顾客甚至因为吃不到夜宵而恼怒不已。张晓雄算了一下，当晚卖出去 25 碗面条、12 碗粥、10 碗肥肠粉还有一些烧烤啤酒，除去原料成本，他赚了 100 多元钱。

第一天的成功使张晓雄放开了手脚，第二天，他大胆准备了充足的夜宵。结果照样很好卖，凌晨 1 点多收工后，张晓雄清点战果，当天卖了 45 碗面条、38 碗粥、40 碗肥肠粉还有不少烧烤和啤酒。除去原料成本，张晓雄赚了 200 多元钱。

由于没有竞争对手，张晓雄的夜宵生意一直很红火，除去租金、人员工资和原料等各种成本，月收入 5000 多元。

财富启示　　说夜市是晚上最热闹的地方也不为过，夜市卖的商品因为价格低廉很受人们的欢迎。但是谁能想到，张晓雄空手也能当夜市老板呢？因此，当某种生意火爆时，不妨也动动脑，探清其操作手法。

替人摘椰子，爬树也来钱

在海南，到处都有高耸入云的椰子树。椰子汁清甜、肉香嫩。但椰子好吃难摘。椰子树很高，树干没有枝，很滑，爬上去很困难。一次偶然的机会，打工仔马洋发现为别人摘椰子也能赚钱。于是，他辞掉工作，专门给别人摘椰子。两年下来竟赚了100多万元，他也从一个普通民工变成了一个小老板。

2006年3月3日，马洋和同乡的5个年轻人来到海南打工。刚到海口，马洋就被街道旁的椰子树迷住了。街道的绿化带上种了很多成排的椰子树。那些椰子树矮的有一层楼那么高，高的有五六层楼。椰子树上结满了鲜绿的椰子，一串一串的。每个椰子有皮球那么大。走在人行道上，马洋很小心，边走边抬头看，生怕上面的椰子会掉下来砸到头上。后来跟别人说起这件事，别人都笑他。因为椰子挂在树上很牢固的，即使是刮台风椰子也不会轻易掉下来。

在海口转了几天后，马洋的几个老乡都找到了工作，因为他们都懂些手艺。只有马洋因为没有什么文化，也不会什么手艺，还没有找到工作。身上带的钱越来越少了，马洋只好像别的民工一样，站在路边等着别人叫他去做些零碎的苦活，赚些钱应付生活。

3月15日，马洋的老乡王弟找到他说："我所在的工程队要到文昌建一栋楼，现在缺一个搬运工，你如果想做就跟我一起到文昌。"有工作做是马洋求之不得的事，他赶紧收拾行李到文昌干活去了。马洋的工作主要是搬运水泥到施工现场，老板给他的工资是每月1500元，包吃住。对马洋来说，这样的工资是很高的了。每个月领了工资，马洋只给自己留下200元零花钱，其余的全部寄回家。

文昌是椰子之乡，每家每户都种有椰子。马洋所在的工程队施工地旁边就种有一大片椰子，一棵棵挺拔的椰子树上挂满了累累的椰子。来海南快两个月了，马洋还没有吃过椰子。路边倒是有不少卖椰子的。每个椰子2元钱，马洋舍不得买。看着一个个皮球大的椰子，马洋很想尝尝是什么味道。

一天中午马洋吃完饭后和几个工友坐在一棵椰子树下休息。看着挂在树上的椰子,马洋自言自语道:"这椰子是什么味道的呢? 好不好吃哦?"旁边的一个工友听到了对他说:"当然好吃了,椰子汁很清甜的。"马洋听了直流口水。工友看到马洋贪婪地看着椰子,就逗他说:"你上去摘一个下来尝尝不就知道了。"

正在这时,旁边的一间瓦房里走出一名50多岁的男子,男子对马洋说:"你如果帮我把树上的椰子全摘下来,我送10个椰子给你。""真的吗?"马洋有点不敢相信。"真的。"中年男子很认真地说,然后转身进屋。还没等男子出来,马洋就脱掉鞋子,抱住椰子树,蹭蹭地往上爬。不一会儿,马洋就爬到了树顶。坐在树顶上,马洋突然感到很恐怖,因为近10米高直挺的椰子树在海风的吹拂下晃来晃去,好像快要倒下去了。伸手摘椰子时,马洋才知道摘椰子确实不是件容易的事,因为椰子挂在树上很牢固,用手拧半天都拧不下来。马洋只好用脚端,这才把椰子端掉下去。可椰子一掉到地面就裂成两半了,里面的汁也流干了。男子从屋子里出来看到马洋这么摘椰子,就大喊道:"你不能这样摘椰子,赶快下来带上刀和绳子。"白忙活了一场,马洋只好下来。男子告诉马洋,摘椰子不能一个一个地摘,要带上刀,一串一串地割,然后再慢慢垂吊下来。

惊恐未定的马洋对摘椰子已感到害怕了,但想到那10个椰子,马洋又来劲儿了,他带上刀和绳子,第二次爬上椰子树。忙了二十几分钟,马洋终于把树上的8串椰子全摘下来了。这8串椰子,每串长有六七个椰子。男子很讲信用,让马洋随便挑了10个椰子。

马洋终于尝到椰子的味道了,椰子汁很清甜,真的很好喝。难怪那么多人喜欢买椰子。喝完椰子汁,马洋准备回房睡觉,这时,中年男子走过来对马洋说:"我还有几十棵椰子树,不知道你愿不愿意替我摘椰子。如果愿意,你每摘完一棵椰子树上的椰子,我给你15元。"摘椰子还能赚钱? 而且价格还挺高。摘一棵15元。如果摘10棵,那不就是150元了吗? 这比当搬运工轻松多了。马洋突然来了兴趣,他答应了中年男子的请求。当天中午和下午放工后,马洋为中年男子摘了7棵椰子树上的椰子,赚了100多元。在与中年男子的聊天中,马洋了解到,现在是椰子的收获季节,有很多人来收购椰子。每个椰子的价格从5角到1元不等。中年男子告诉马洋,文昌每家每户都种有很多椰子,全文昌的椰子年产量有近亿个。听了中年男子的介绍,马洋隐约感觉摘椰子有市场。

经过再三考虑,6月7日,马洋终于辞掉搬运工的工作,专职做起替别人摘椰子的生意。马洋向老乡借了个小灵通,花几元钱买来几张大白纸,切成许多小块,在每块小纸片上面写着:"替别人摘椰子,电话:××××"然后,马洋把这些小广告到处张贴。下午马洋的小灵通接连不断地响起,许多人都打来电话让马洋去替他们摘椰子。

6月9日那天,马洋摘了15棵椰子树上的椰子,赚200多元。但连续不断地爬树,一天下来,马洋也非常累,回到住处吃完饭,顾不得一身汗,躺在床上就呼呼大睡。一个月下来,马洋竟赚了6000多元。但马洋也付出了很大的代价。由于经常爬树,马洋的肚皮摩擦得红红一大片。晚上躺在床上,肚皮在发烫,还火辣辣地疼。为了避免肚皮过度摩擦,此后,马洋摘椰子时都穿上一件厚厚的军大衣,这样摩擦起来就不会伤到肚皮。

7月13日上午9点多,马洋在文昌东郊镇的一个村庄给别人摘椰子。正当马洋快爬到树顶时,突然从树顶上飞出一只鸟,马洋被吓了一下,那只鸟飞出椰子树时抖落一堆枯叶的碎末。一小粒碎末掉到了马洋的眼睛里,马洋顿时感到眼睛疼痛无比。稍微一走神,他竟从近10米高的树上摔下来,手被摔断了,幸好摔到的地面是软泥,否则性命难保。椰子树的主人把马洋送到医院丢下300元钱后就离开了。马洋只好打电话给要好的老乡王弟来照顾自己。为了筹医疗费,马洋挨个给老乡打电话借。几天下来,马洋借了5000多元钱,加上自己打工的一点积蓄才把医疗费付清。

出院后,王弟劝马洋说:"你还是去找份工干吧,别再胡思乱想瞎折腾了。"可一连几天马洋都没有找到工作。家里的债务还没有还清,自己又在海口欠下别人的钱,而且还失业了,这些债什么时候才能还得清啊?马洋愁闷不已。想起摘椰子的经历,马洋心有余悸。但回头一想,摘椰子真的赚钱很快。如果没什么意外,只要摘几个月的椰子就可以把债还清了。马洋决定还是去摘椰子。王弟得知马洋还要去摘椰子后,生气地大骂马洋:"你连命都不要了是不是?"最终王弟还是没法说服马洋。

满山遍野高高耸立的椰子树令许多人望而生畏,没有几个人愿意去冒险摘椰子。马洋自然整天忙得不可开交。刚为这家人摘完椰子,另一家人马上就拉着马洋要他赶紧去摘椰子。马洋每天都能赚到200多元。

后来,他赶到海口,以每天80元的工资招了30名20~28岁之间的身强体壮的民工带到文昌摘椰子。这30名民工一到文昌就被别人争着拉去摘椰子了。这些年轻力壮的民工大约每天能摘20棵椰子,每摘一棵椰子树上的椰子得到的报酬是15元。这样每个民工一天摘椰子能赚到200多元,扣除每天80元工资,马洋能从每个民工身上赚到130元左右。10天时间,马洋就挣了近40000元,一下子就把欠下的债务还清了。

马洋用赚来的钱在海口租了个铺面,做起了椰子批发生意。由于经营有方,马洋的椰子批发生意做得很红火,个人财富早就突破了100万元。

财富启示 摘椰子看起来是件很小的事,为什么也能做成大生意呢?关键在于规模,摘一个椰子肯定没什么钱赚。但如果摘上百万个,可就不是小数目了。因此,别小看一分钱。

借鸡生蛋,利用好身边的资源

年仅37岁,他拥有千万家产,而他仅仅初中毕业,他是如何成功的呢?

天福1979年出生在贫困山区,是家里的第二个儿子。因家境贫困,父母便给他起了个名叫天福,意即希望老天爷给他赐洪福。天福自小就很懂事,经常帮父母干农活。每天放学后都要放牛,喂鸡、鸭、鹅,周末还帮父母做饭、炒菜。村里的大人都夸他是个好孩子。

在学校,天福是个品学兼优的学生,每次考试成绩都在年级前5名,拿回家的奖状贴满了墙。但学费的问题经常让他父母头疼。天福还有一个哥哥在上初中,下面还有弟弟和妹妹上小学。为了几个小孩的学费,天福父母经常向别人借钱,有时借不到只好欠学校的学费。13岁那年,天福考上了县重点中学,他的哥哥也从镇中学考进省重点高中。弟兄俩同时考进重点中学,这在当地并不多见。父母把家里值钱的东西都拿去卖了,还向邻居借了钱才凑够弟兄俩的学费和生活费。在学校,天福很节约,打饭时他从不跟别人一起去,等别人差不多吃完了,他才去食堂打了饭,就着从家里带来的萝卜干送饭。这样下来,每月的伙食费可以省下许多。天福用省下来的钱给自己和弟妹买文具。

转眼间,天福上初中已读到初三,成绩一直在班上名列前茅。班主任说,这样下去上省重点高中绝对没问题。能上省重点高中就意味着半只脚

已经跨进了大学校门。可天有不测风云,不幸降临到了他的头上。

一天晚上,天福正在上晚自习,班主任把他叫到外面说有人找他。天福出来一看是母亲。母亲告诉他,父亲被毒蛇咬了,现在昏迷不醒。天福赶回家,只见父亲躺在床上,被蛇咬的那只脚肿得很大,整只脚像木炭一样黑。母亲告诉他,父亲砍完柴后,在回家的路上被一条眼镜蛇咬到,村里的人用一些草药给他敷在伤口上,他一直昏迷到现在。天福不相信什么草药,他叫母亲和伯父赶紧送父亲到医院。伯父和母亲这才连夜把父亲送到医院。由于救治及时,父亲暂无生命危险,但医生说,被蛇咬到的那只脚会残废。

这个消息好像一声惊雷在天福家人头上炸开。父亲是家里的顶梁柱,父亲的残疾无疑给本来就贫穷的家庭雪上加霜。哥哥表示要退学外出打工。哥哥正在上高三,马上要高考了,无论如何都不能退学。天福毅然做出决定,弃学到外面打工,赚钱供哥哥上大学和补贴家用。天福的提议遭到家人的反对。但倔强的他留下一封信后,一个人偷偷跑到省城打工。

从家里出来后,身无一技之长的天福找工作处处碰壁。最终,当他问一个工地的管工要不要工人时,管工问他为什么不读书而出来打工,天福把自己的经历告诉了管工。管工同情他,把他留下来当小工用。

天福的工作就是每天给工人提水泥。瘦小的他提着几十斤重的水泥很吃力,但他从不喊累,从不偷懒。每天收工时,他都会累得像一摊烂泥。晚上,身子一贴床板就呼呼大睡。没几天,天福的手上就起了许多个大水泡,疼得他汗水直流,但他依然咬紧牙继续干工,因为他知道这份工作来之不易。干体力活劳累不用说,天福还经常遭到工友的欺侮。其他工友看他年纪小,经常逼迫天福给他们洗衣服,如有不从就遭到打骂。瘦小的天福只好把泪水往肚子里吞,默默地忍受着。

一次,一个工友在外面喝酒,醉醺醺地回到工地,脱下衣服,大声吼叫天福为他洗衣服。天福顶了他一句,"我为什么要给你洗衣服?"那家伙二话不说,把天福狠狠地揍了一顿。天福被打得鼻青脸肿,却又无处申诉,只好自认命苦。

天福平时很节省。他把打苦工挣到的钱一部分寄给已经在读大学的哥哥,一部分寄给家里。

一晃三年过去了,天福已经是19岁高大英俊的小伙子了。由于一直干苦活,他的体格相当健壮,那些苦活对他来说已是小菜一碟,工友也不敢再惹他了。逐渐成熟起来的天福经常思考一个问题,自己不能一辈子干这种苦活,干这种苦活一辈子都没有出息。

在这个强烈愿望的驱使下,天福跳槽到一家饲料公司当业务员。老板给的底薪是 300 元外加提成。刚刚从干体力活转到销售,天福没有一点经验,前两个月,一袋饲料都没有卖出去。老板给他下了通牒,这个月再没有成绩就走人。天福这下急了,他暗想为什么不到自己家乡去试试看,镇里不是有许多人养猪吗? 于是他回到自己的家乡,挨家挨户地推销饲料。别的业务员都是跑经销商,他却直接做终端客户。甭说这招还真有效。由于价格比店里便宜,许多养猪户纷纷找他买饲料。这样一来,经销商坐不住了,找到天福要求经销他的饲料。歪打正着,天福乐开了怀。他又把这个方法复制到其他镇,均取得了很好的成绩。结果,第三个月,天福的业绩排第一。老板和同事都对他刮目相看。当月天福拿到了 2000 多元的提成。第一次拿到这么多的钱,天福惊喜得不得了。他到一家好点的饭馆美美地吃了一顿,然后把剩下的钱寄给哥哥和家里。

第一次销售成功使天福喜欢上了销售工作。为了扩大销售,他变换采用了许多方法,如死缠烂打、拉关系、送小礼物、帮别人干活等,加上他的勤奋,他的业绩远远超过其他同事。第五个月时,他的业绩达到了 30 万元,按照最初的承诺,老板应该给他 2 万元的提成。但老板这时候却反悔了,只给了天福 6000 元。眼看着自己辛苦的付出却没有得到应有的回报,天福非常愤怒地炒了老板的鱿鱼。

失业后的天福把自己关在出租屋里几天,思考着下一步该怎么走。一周过去了,天福一点头绪都没有。

这天他毫无目的地走在大街上,突然一辆奔驰 350 悄无声息地停在他的身边,车门打开了,一个中年人探出头来:“怎么了? 小伙子,几天不见就变得无精打采了。”天福一看,原来是李老板,他原来的一个客户。李老板是个台商,租了许多农场,搞种植和养殖,曾一下子买了天福 20 多万元的饲料,听说身家过亿。天福把自己的经历告诉了李老板。李老板对这个勤快、踏实的小伙子颇有好感,听了他的遭遇后,李老板说:“如果你愿意,明天就到我公司上班吧。”

绝处逢生,第二天天福卷起铺盖投奔李老板。天福没有什么文化,也没有学会什么技术,刚到李老板办公室竟无所事事。李老板便出钱叫天福去学开车。几个月后,天福当上了李老板的司机。天福较善解人意,除了当好司机,还帮李老板打理公司的一些事务,深得李老板的器重和信任,许多重要的事均委托他去办理。

一次,李老板回台湾了,公司的事交由天福打理。李老板刚走不久,他的农庄就遭遇蝗虫灾害,各种农作物正面临灭顶之灾。天福急忙打电话给李老板,要他把钱打过来,买农药灭虫。李老板在台湾心存疑虑和担忧,把钱打过去,万一天福把钱卷走怎么办?可庄园的农作物真的有虫害,那他的投资就会打了水漂。经过权衡之后,李老板把100万元钱转了过来。钱到之后,天福抓紧时间跟农药供应商谈判,以最低的价格购进了农药,然后迅速送往各个市县的庄园灭虫,解决了一场迫在眉睫的危机。李老板回来调查清楚事实后,对天福大加表扬,还给了天福丰厚的物质奖励。从那以后,李老板把公司的财务大权交到天福手里。公司有个账户,里面常有流动资金几百万元人民币,李老板把账户密码告诉了天福,天福随时可以去提款用于支付公司的各种费用。李老板的奔驰车只有天福才可以随便开。无形中,天福成了公司的二老板。

李老板由于生意上的需要,经常回台湾。2002年的一天,李老板告诉天福,他要回台湾一个多月才回来。

开着奔驰车,天福把李老板送到了机场。回来的路上,天福的一位朋友打来电话,邀他出来喝茶。在茶艺馆,闲聊中朋友告诉他,现在三轮摩托车很畅销,卖三轮摩托车的人都赚到了钱。说者无意,听者有心,天福感觉到这是个绝佳的商机。

第二天,天福开着大奔特意绕了整个城市一圈后,发现朋友说得不假,摩托车真的很好卖。在城市打车太贵,一小段路走路又很累,如有三轮摩托车会大大方便人,三轮摩托车有生存的空间。天福作出了他人生中最大胆的决定,倒卖三轮摩托车。

天福从李老板的账户里分批次取出了200万元伙同他人从外省购进500辆三轮摩托车。货到时已是8月16日,还有十多天李老板就要回来了。天福只有在这十多天里把车不亏本地卖出去才能收回本钱、存入李老板的账户而不被发觉,否则后果不堪设想。天福没日没夜地到处联系买家。由于这是个空白的市场,被许多商家看好,天福的三轮摩托车卖得很快，8月26日天福已把本钱全部收回，不到一个月，天福赚了二十几万元。

几天后，天福向李老板递交了辞呈。李老板一而再地努力挽留也无济于事。出来后，天福开始走上了自己创业的道路。天福跑过饲料业务，有销售的经验，跟李老板打工时，他看到了正在蓬勃发展的农业，意识到做农药生意大有赚头，于是开了一家农资贸易公司。经过跟好几个厂家的艰苦谈判，天福终于拿到一知名品牌农药的经销权。第一批农药送到后，为了节约运费，他自己踩三轮车送货给店铺，实在太远的，他就花少量钱雇拖拉机拉。一年下来，天福卖农药挣了30万元。

天福没有满足现状，为了扩大业务，他买了一辆货车，把剩余的钱全投入进货，还借了不少钱。辛勤的付出得到了丰厚的回报，第二年，天福赚了100多万元。天福继续扩大经营。如今，他的公司已购进大货车10辆，代理了国外和国内好几个知名品牌的农药，业务范围也扩大到了化肥、种子等，资产已有5000多万元，而天福今年才37岁。

> **财富启示** 每个人都希望生命中遇到贵人，但有贵人相助就一定能成功吗？不一定，关键还是要看个人，贵人是外因，自己才是内因。每个人的贵人其实是自己。

5. 吓出来的商机——卖宠物笼小赚一把

如今，养宠物的人越来越多。宠物给我们带来快乐的同时，也给我们带来很多麻烦。譬如，带着宠物狗上街，饿了想找个地方吃饭，这个时候问题来了，总不能抱着宠物狗一起吃饭吧？怎么办？有人从这个难题里发现了商机……

经济危机袭来，公司大裁员，曲力元不幸被辞退。到人才市场转了一个月，他还没找到工作，钱已经光了，生存成了问题。

这天，曲力元在报纸上看到一则新闻：一名女子带着一条宠物狗到一家饭店吃饭。狗闻到别桌饭菜的香味后，跳到正在就餐的一名男子身上。男子被吓了一大跳，精神受到刺激，于是向饭店提出索赔。饭店则要求女子负责，女子反驳说，饭店并没有贴不准带狗进来的标语，也没有提供宠物笼，她只好带进来。三方闹到法院，最终饭店败诉。

"这家饭店要是有个宠物笼就不会发生这样的事了。"曲力元想,"街上有那么多饭店,假如把宠物笼卖给他们不是有赚头吗?"他立即到街上转了一圈,结果令他惊喜不已,大多数饭店都没有准备宠物笼。

曲力元把那篇报道整整齐齐地剪下来,然后找到卖宠物笼的小店,拿了一些宠物笼传单,问清了价格,接着到其他饭店联系业务。

一家高档饭店的经理听完曲力元的介绍后,摆摆手不耐烦地说:"我们不需要,你走吧。"曲力元拿出那篇报道递给他说:"经理,您先看完这篇报道再做决定吧。"这一招果然有效,经理看完,语气马上软了下来,问道:"多少钱一个?""100元。"曲力元边说,边把宠物笼的传单给他看,上面有宠物笼的图片。"你给我拿2个过来吧。"经理很爽快地说。

曲力元马上打电话给卖宠物笼的小店:"你立即送两个宠物笼过来,我在门口等你。"宠物笼送到饭店门口后,曲力元告诉对方:"你在这里等一会,我找财务给你结账。"几分钟后,曲力元拿着200元从饭店出来。他付了100元钱给对方,自己赚了100元。

那篇报道的作用很大,曲力元凭借它在2个月内成功卖出了几百个宠物笼,赚到了2万多元。利用这2万多元,曲力元租了个柜台卖女孩饰品,挖到了人生的第一桶金。

> **财富启示** 如今养宠物的人不少,很多人爱带宠物去逛街,进饭店时,宠物看管显然成了问题。宠物狗惊吓顾客的事可能很多人看过之后不会放在心上。这恰恰是一个很好的商机,但它只偏爱对它敏感的人。

6. 许以好处——木匠翻身变老板

冯雄华是一家木工厂的打工仔,在打工的过程中,他得知贩卖木材很赚钱,但需要的本钱很多,没有钱这生意能做吗?

一天,冯雄华上门给顾客安装家具,顾客无意中透露一个信息,他们单位在建房,急需一批木料。

冯雄华马上找到木材场谈价格,由于他很熟悉各种木材,因此很容易拿到各种木材的最低价。接着,他以业务员的身份找到那家单位的负责人推销木材。负责人告诉他："我们单位需要一大批红木。"冯雄华于是把红木的价格报给了他。经过一番讨价还价，该负责人答应，购买冯雄华25万元的红木。这批红木的成本是20万元，做成这笔生意，冯雄华可以赚5万元。

可是去哪里筹20万元本钱呢？冯雄华急得团团转。无奈之下，他找到木材场老板，问对方能不能先把木材拉过去，几天后才付钱。木材场老板说："你至少付5万元我才给你拉。"

5万元对冯雄华来说也是个很大的数目，他根本拿不出。情急之下，他只好找到朋友的父亲张先生借。冯雄华说："我只借10天，10天后连本带利，还你55000元。"朋友的父亲向他投来怀疑的目光。冯雄华于是当场写了借条，摁了手印。朋友的父亲才把钱借给他。

拿到钱后，冯雄华让木材场把木材拉到那家单位。2天后，那家单位履行协议，付给他25万元的货款。冯雄华赚了4万多元。

后来，他利用这笔钱又做成了多宗木材生意，从一个普通打工仔变成了老板。

> **财富启示**　　谁都想赚钱，但机会来临时，很多人往往想揽为己有，不愿与别人分享。这样的人，没有人愿意助他一臂之力。因此，生意有利可图时，别忘了与帮助你的人分享。

7. 卖人气，凑热闹人多钞票多

店家开业的那天，都希望自己的店面热闹非凡，人气旺盛，毕竟谁不想开门红？但是，新开业的店面由于知名度还没培育出来，因此，少有商家开业当天就吸引来大批顾客。一次偶然的机会，纪勇发现了这个颇具潜力的市场，走上了创业之路。他能成功吗？

今年28岁的纪勇出生在山东一个普通家庭。大学毕业后，纪勇就职于一家广告公司，职位是客户经理。

纪勇是颇具经商头脑的人，大学时代，他就经常进一些小电器在校园里推销，赚了不少钱。参加工作没多久，纪勇发现自己对朝九晚五的工作根本没有兴趣，总想出来闯一闯。一天，纪勇在报纸上看到一则广告，内容是一家超市将于 10 月 3 日开业,开业当天市民可在该超市免费吃糖果。纪勇从小就是喜欢热闹的人,10 月 3 日这天,闲着没事干,纪勇来到那家超市,真的免费领到了一小包糖果。

自那以后,纪勇开始关注起刚开业的商店,看看是否有"免费大餐"。10 月 16 日,纪勇经过解放路时,看到一家刚开业的珠宝店,纪勇走进去瞧瞧店家有没有免费赠送小礼物,或者有没有低价促销商品出售。走进店里,纪勇才发现,没有礼物赠送,也没有特价商品出售。纪勇正准备跨出店门,店里两个人的对话引起了纪勇的注意。一名女子对一名 50 多岁的男人抱怨说:"今天开业,你应该多叫些人来凑凑热闹,图个吉利。你看现在这么冷清,真是不像话。"男子说:"你说得很对,但是在这里,我认识的朋友不多,而且他们不一定有空。"女子说:"要不,你花点钱去找一些人,明天来店里凑凑热闹,聚一下人气?"男子皱起眉头说:"这些天我忙得晕头转向的,哪有时间?而且也不知道去找谁。"

听了他们的对话,纪勇想,凑热闹根本不费力,是很容易的活,这有什么难的?纪勇走上前去,对男子说:"老板,你开个价,我帮你找人来凑热闹。"男子上下打量了一下纪勇,说:"我需要十几个人,你能找到吗?"纪勇自信地说:"能,你开个价格吧。"男子想了想说:"明天早上,你给我找 12 个人来凑热闹,我每个人付 40 元酬劳。"纪勇当场就允诺,明天一定把 12 个人带来。

走出那家珠宝店,纪勇马上打电话给公司的同事说:"我有个好朋友的珠宝店刚开业,能不能帮个忙?明天过来热闹一下?"纪勇平时和同事的关系处理得很好,同事很爽快地答应了纪勇的请求。很快,纪勇就找到了 12 个同事来凑热闹,赚了 200 元。

见凑热闹能赚钱,纪勇干脆辞掉工作,专门从事凑热闹的生意。他印了一盒名片,花 60 元买了一辆二手的自行车,然后每天在大街转悠,看看哪里有新店开业。

11 月 5 日,纪勇经过国贸路时,看到一家即将开业的服装店。纪勇马上停下自行车,走进店里找老板谈业务。该店老板听了纪勇的来意后,当场就拒绝了。他说:"我已经在报纸上打广告了,开业那天肯定会有很多人来店里购物的,我用不着浪费钱。"

纪勇没有灰心,他对店老板说:"现在的广告多如牛毛,你打的广告未必能引起读者的注意。广告的效果并不是像你想象的那样,一登出来马上就见效的……"店老板听了纪勇的分析后有些动摇。纪勇干脆直接告诉他："我刚刚从广告公司出来。如果广告登出来后，没有效果，开业那天，你的店里冷冷清清，多么不吉利！"最终，纪勇说服了服装店老板，拉到了创业的第一笔业务，服装店老板让他于11月7日那天，找20人来店里凑热闹，聚集人气。纪勇开的价是每个人一个上午40元。

这次纪勇已经辞职了，不能再叫同事出来凑热闹了。纪勇于是又打印了几十张招聘广告，但这次纪勇不是在大街上贴，而是到大学校园的发布栏里贴。纪勇想，现在的大学生都想在外面找兼职工作做，来赚取学费、生活费。凑热闹这样的短活最适合他们了，他不愁招不到人。果然，招聘启事贴出去不久，就有许多学生前来应聘。当纪勇告诉他们，工作只是到服装店转两个多小时，报酬是20元时，学生都很惊讶，有这么容易就赚到钱的工作吗？纪勇很快就招到了20人。

11月7日早上9点，20名大学生准时来到服装店。他们装作顾客，在服装店里挑选衣服，与服务员讨价还价。与街上的其他商店相比，这家服装店显得异常热闹，人气很旺盛。路人看到此情景，纷纷走进店里逛，服装店的人气非常旺盛，开业第一天，销量非常可观。店老板非常高兴，竟当场决定，让20人第二天继续来店里凑热闹。除去付给学生的工资，这笔生意，纪勇赚了800元。

纪勇心里很高兴，但他还是不满足，他想，要想把这个生意做大，必须要拉到很多业务才行。为此，他让这20名大学生利用课余时间为他跑业务，拉凑热闹的生意。这些大学生都想赚点外快抵学费和生活费，都很努力地去跑业务。纪勇的生意很快红火起来，月收入有几千元。

财富启示　人气是商家赚钱的秘诀之一。但新开的店面很难一下子聚集人气。因此，凑热闹自然有存在的市场空间。它带给我们的启示是，要从为对方解决问题中找商机。

护工开老人院，我把爱心变成财富

报纸报道，我国人口老龄化日益严重。如何养老、护老成了人们关心的话题，而老人市场潜力也非常巨大。抓住了这个商机，等于抓住了一笔财富。

34 岁的张鹏平只有初中文化。2008 年，他来到南京后，干过保安、看管员等多种工作。9 月的一天，经一个老乡介绍，张鹏平去市医院当护工，看护一个姓黄的老人。他给那老人端屎端尿、洗澡换衣服，毫无怨言。黄姓老人出院后，多给了他 10% 的工资。同病房的其他 3 个老人的家属见张鹏平工作如此认真和细心，都要他护理他们的亲人，每个人都开出很高的工资。张鹏平感到很为难，不知道该接下谁的聘请。他干脆向 3 个老人的家属提出，他同时护理 3 个老人，工资在原来的基础上优惠 10%。3 个老人的家属知道他是个责任心很强的人，不会马虎敷衍，全都同意了。张鹏平忙活了 3 个月，将 3 个老人护理得很周到。3 个老人中，两个康复出院，另一个老人病情加重，住进了 ICU 病房。

在护理完这 3 个老人后，张鹏平已经被更多的老人亲人认识，找他护理老人。张鹏平干脆自己当老板，找来几个没有工作的老乡护理老人，他负责当监工。谁如果偷懒，他会毫不留情地批评，而对于干得好的老乡，他大加表扬，还给予一定的物质奖励。

张鹏平护理的老人病情不太轻也不太重，比如轻微脑梗塞、肺炎等。病人普遍反映不想住在医院，毕竟医院人来人往较吵闹且空气不好。张鹏平了解到老人的心理需求后，萌生了开老人院的念头。他试探性地把自己的想法跟老人家属交流，得到了老人家属的支持。老人家属中，有一个是做生意的，自己盖了一栋五层民宅，刚完工不久，还没出租出去。他说，张鹏平要是开老人院，他愿意租给他。张鹏平表示，自己还没那么多钱付租金。对方说："你可以先用着，等赚到钱再付租金。"

就这样，张鹏平开起了老人院。那栋房子所处的位置很靠近市医院且很安静，非常有利于老人休息。张鹏平聘请了专人给老人们做菜、洗衣，还聘请了护士专职护理老人。护理老人的收费每月 1500 元包括所有的费用。对于患病的老人，张鹏平随时跟老人的医生保持联系，老人一旦有状况，张鹏平马上打电话叫医生上门或者将老人送到医院。

第一个月，张鹏平护理了 70 多个老人。除去各种成本，张鹏平净赚 2 万多。几个月后，慕名而来的老人家属越来越多，他们都很想把自家的老人托付给张鹏平护理，可惜老人院的床位已满。

张鹏平没有满足于现状，他找到一家投资公司融资。那家公司实地考察他的老人院后，提出跟他合作，给他注资几千万，拿下一块地，准备开发一家大型老人院。张鹏平从一名普通护工，一步步走出了自己的一片广阔天地。

> **财富启示**
>
> 　　三百六十行，行行出状元。很多人在挑选工作时挑三拣四，非要找所谓体面的工作，殊不知，那些看似卑微的工作照样有前途。护理工作在一般人看来很低贱，但是张鹏平却从中挖到了大金矿。他的经历告诉我们，干一行，爱一行，善于思考，大胆行动，同样会成功。

不偷不抢，落魄打工仔这样空手赚到百万财富

当你身无分文的时候，如何在高消费的城市生存下去？相信很多人会找家人要钱渡过难关，然后找份工作。可是一个打工仔却不向家里要一分钱，不但渡过了难关，还走出了一条辉煌的道路。

　　唐明杰高中毕业后，只身到福州打工，在一家电子厂当焊接工。一天，唐明杰突然闹肚子。上厕所的时候，他错将电烙铁放在木桌上，引发了火灾。所幸同事发现得早，没造成什么损失。但唐明杰却因此丢了工作。更要命的是，唐明杰遭窃，带来的钱全被偷光。唐明杰曾想过向家里要钱，却开不了口，家里早已捉襟见肘。再说，他不想父母知道他失业，不想他们为他担心。

　　唐明杰决定自力更生。在公园流浪了两天后，他发现公园游人不少。他向同事借了20元，批发了二十几份报纸到公园叫卖。每卖一份报纸，他只赚3角钱。一天下来，他只赚6元钱。唐明杰每天花2元钱买馒头吃，其余的钱攒起来第二天进更多的报纸来卖。晚上，他厚着脸皮到老乡的出租屋混睡。如此一个月后，唐明杰积攒了100多元。

　　在卖报纸的过程中，唐明杰发现公园厕所虽然是免费的，但却没人卖纸，而厕所又很热闹。唐明杰便不再卖报纸，而是用本钱去进纸巾来卖。5角钱一包纸巾，他卖1元钱，每天下来能赚60多元。两个月后，唐明杰赚了3000多元。他用这3000多元去水果批发市场批发水果在街边叫卖。他不但白天卖，晚上还要到几个住宅小区门口卖，一天下来能赚近200元。3个月后，唐明杰买了一辆二手小货车当做摊车，天天拉着水果到处叫卖。

相对手推摊车，小货车摊车更省时省力，而且拉的水果也多。平均下来，唐明杰一天能赚500元左右。两年后，唐明杰开了两家水果专卖店以及一家书店，年收入上百万元。

 有的人遇到困难挫折便慌张、焦虑、沮丧，仿佛世界末日已经来临。厄运降临的时候最能考验一个人。如果沮丧颓废，那将很难走出低谷，因为一个人眼里如果只有黑暗，即便地上有钱，他也不会看到。相反，乐观的人，他知道自己处在波谷，同时也看到波峰。他所要做的就是不断往上爬，这时候，每一步对他来说都是前进。

10. 农村娃都市卖蚯蚓，无本生意卖出即获利

很多地方都有蚯蚓，只要拿把锄头随便一挖都能挖到。可是谁能想到，这随处能得到的东西也能来钱？

赵文富来自山西农村。2009年，赵文富和几个老乡到海口打工。赵文富小时候经常和伙伴到附近的河里钓鱼，对钓鱼有浓厚的兴趣。工作之余，赵文富喜欢自己拿着自制的钓竿和野外挖来的蚯蚓到美舍河边钓鱼。

一天，他在河边看到几个老者也在钓鱼，便过去搭讪。老者告诉他，他们钓鱼用的蚯蚓是买来的，5元一斤。赵文富不禁哑然失笑，蚯蚓在野外到处都有，拿把锄头随便一挖就能挖到，还用买？老者告诉他，他们都是退休老干部，钓鱼纯粹是娱乐，不会为了省几块钱而亲自到野外挖蚯蚓。再说，他们年纪又大，干这活儿多累人！赵文富觉得老人的话很有道理。毕竟，生活水平提高了，谁会为了省几块钱而亲自去挖蚯蚓？几百上千钱的钓鱼竿人们都舍得买，这几元钱的蚯蚓算什么？那天，赵文富没钓到什么大鱼，却意外发现一个赚外快的门路，那就是卖蚯蚓。

赵文富买了把小铁铲，利用业余时间挖蚯蚓。一个上午能挖十几斤，他把挖来的蚯蚓分别装进十几个袋子，每个袋子装一斤。装好之后，赵文富给钓鱼认识的那几个老者打电话说要把蚯蚓卖给他们，要他们别去店里买。那几个老者都答应了。赵文富去钓鱼的时候顺便把蚯蚓带上，在河边完成交易，赚了二十几元钱。

经那几个老者介绍，赵文富把手头剩下的蚯蚓卖给钓鱼协会的其他会员。这笔无本生意，赵文富竟赚了100多元。赵文富干脆印了一盒名片，只要见到钓鱼爱好者就散发。慢慢地，他有了一批稳定的客户，每月挖蚯蚓卖蚯蚓能赚1000多元。

一天，赵文富向一钓鱼爱好者卖蚯蚓时，对方一下买了两袋。赵文富问他："为什么买这么多？"对方说，他家种的花泥土很硬，他想给花盆里放些蚯蚓，让蚯蚓帮忙松松土，他好给花浇水施肥。赵文富心头一喜，他正为如何扩大蚯蚓销量而苦恼呢，这不是一条很好的路子吗？赵文富找到近郊的一家种花农户，向他们推销蚯蚓。一些农户所租的土地坚硬、贫瘠，听了赵文富的介绍，有点心动，他们买了一点尝试之后，效果果然不错。不论是浇水还是施肥，花苗都很容易吸收。他们开始大量购买蚯蚓松土。赵文富的生意出奇的好。赵文富见买蚯蚓比打工还来钱，干脆辞职挖蚯蚓卖。

在积累了一定的资金后，他还开起了一家小渔具用品店，在郊区承包一块地种花。他做梦都没想到，小小蚯蚓能引领他走上自主创业的道路。

财富启示 每个人都有爱好，而一个人的爱好有时能成为他事业的起点。因为你对你的爱好很了解，知道怎么做赚钱。而你从事你爱好的活动时积攒的人脉也会成为你事业的助力。

11. 巧用楼顶，舞坛高手开露天舞厅赚得大笔财富

走在街道上，多少人看着耸立的高楼迷茫彷徨？可是有一位爱跳舞的打工仔，却这样玩转城市的楼房，赚得盆满钵满！

鲁照英来自内蒙古，中专毕业后，他只身南下到广州打工。鲁照英读中专的时候学会跳交际舞，而且舞技还不赖，并由此痴迷上交际舞。到了广州后，他应聘进一家环保袋厂工作。

每到周末，鲁照英都约工友去跳交际舞。可广州的舞厅收费较贵，男士每个人收门票10元，还不包饮料。鲁照英工资本来就低，上几次舞厅，这个月的工资就所剩无几。鲁照英没办法，只好将跳舞的想法压制在心底，不去想它。

又到了周末夜晚,鲁照英没地方可去,只好和工友到厂房楼顶喝啤酒。鲁照英喝了几口,感叹说:"要是有个便宜的地方跳舞就好了!"一个工友说:"这儿不就是一个好地方吗? 你想办法弄一套音响,放上音乐,随便你跳个够!"鲁照英眼睛一亮:"对啊,这楼顶上千平方米呢,这么宽阔的地方是个跳舞的好地方呢!"

第二天,鲁照英咬咬牙,花了 2000 多元到旧货市场淘了一套音响。晚上,他将音响搬到楼顶,接上电源打开音乐,几个人跟着音乐跳起来。光几个光棍跳还不过瘾,鲁照英打电话把几个年轻女工叫过来一起跳。那晚,他们玩得很尽兴。

后来,厂领导知道鲁照英私接电源跳舞,要他交电费。鲁照英干脆和厂里签订合同,以月租金 800 元租下楼顶的晚上使用权。接着,鲁照英去办理了各种营业执照,他的露天舞厅就这么开张了。为了吸引顾客,他对女士免费,男士只收 3 元。为了烘托情调,他还借钱购买了满天星灯挂在边上。到了晚上,他的露天舞厅开张,不但有音乐还有闪烁的霓虹灯。跟其他的舞厅相比,他的舞厅收费更低,空气更好。有月亮的晚上,人们还可以边跳舞边欣赏月亮。此外,鲁照英还进了一些啤酒和饮料来卖,以增加收入。

起初,光临舞厅的是厂里的工友。后来,鲁照英四处散发传单,客人越来越多。顾客口口相传说这个舞厅收费低,慢慢地,露天舞厅热闹起来。每晚来跳舞的人都超过 100 人。门票加酒水收入日均有 600 元左右。

在积攒了一笔资金后,鲁照英又到别处租楼顶开露天舞厅,相继开了 5 家。如今的鲁照英已经成了月收入 3 万元以上的小老板。

财富启示 很多人都爱跳舞,开舞厅是个不错的项目。但是,城市里的房租普遍都很高,如果租黄金地段的房子,租金更吓人。而且租金高了,投资成本必然高,收费也必须要高才能有利可图。可收费太高会吓跑顾客。但是租楼顶就不用太高租金。很低的价钱可以租到楼顶,在楼顶开露天舞厅的成本非常低廉,利润非常可观。鲁照英的成功看似偶然,但他若不细心思考、大胆行动,成功也不会光顾他。需要注意的是,楼顶开露天舞厅必须选低楼层的板楼,选高楼会吓坏有恐高症的人。

老年人活动中心，赚乐活钱

很多老人退休后无处可去，天天待在家里看电视。可电视看多了，对身体不好。城市里提供给老人的活动场所和项目太少，很多老人只能在小区里走走。一个物业经理看出了商机，开起老人活动中心，走上了创业的道路。

崔华丰是南宁一家物业公司的物业经理。他所在的小区有不少老人，平日里，这些老人有事没事到物业管理办公室扎堆聊天。有的老人甚至带来象棋在办公室里下棋。崔华丰起初不在意，毕竟老人是业主，物业管理就是为业主服务的，他能说什么？

后来，公司老总来检查工作，看到值班室里挤满了老人，不禁大发雷霆，骂崔华丰把办公室搞得乌烟瘴气，还扣了他当月的奖金。崔华丰没办法，只好禁止老人来办公室闲聊和下棋。小区老人对此颇有微词，却又无可奈何。

一天，一位业主卖掉房子搬到了别处。但是该业主所买的车库没有一起卖掉。与此同时，隔壁车库的业主将车库出租。崔华丰想到小区那么多老人，却没有一个下棋娱乐的地方，于是大胆地以1000元的月租将那两个车库租下来。崔华丰跟两个业主一下签订了长达5年的租赁合同。接着，崔华丰用木板将车库后面和左右挡住，将两个车库隔成了一个小房间。他购置了桌椅、象棋、跳棋、军棋以及麻将、纸牌等，一个老人活动室就这么诞生了。来活动室娱乐的老人每下一盘棋收费1元钱，麻将打一手1元钱。另外，他还兼卖一些饮料。小区里有近50个老人，白天晚上都有不少老人到活动室里娱乐。平均下来，崔华丰每天能赚到近300元钱，月纯利4000多元。

崔华丰觉得这一行有利可图，于是辞掉工作，到别的小区开活动室。有的小区没有车库，他便租一楼的房子改成活动室。短短3个月，他就在4个小区开了4家老人活动室。他自己分身乏术不能管理这么多活动室，于是把在家待业的妹妹和堂弟、表弟等叫上，帮他打理。

如今，崔华丰已经开了10多家老人活动室，月收入高达几万元，腰包渐渐鼓了起来。到各个小区跑多了，崔华丰还收集到不少房屋出售信息，

干脆还一边倒房,赚了不少。凭借他的聪明机智,崔华丰短短两年便买了房买了车,还有了一笔丰厚的积蓄。

 替人接送小孩上学放学,好信誉带来好收入

　　家里有孩子上小学的家长最头疼的事莫过于接送孩子上学、放学了。作为父母,他们自己也要赶时间上下班,很难分身。有的年轻父母干脆把接送孩子的任务交给父母。可是看着年迈父母满头的银丝,他们心中又不忍。一名打工仔为这类父母分忧解难,专门替人接送小孩并做出了事业。

　　2008年,王龙安南下东莞打工,借住在表哥付东家。付东9岁的儿子付国兴在东莞市新沙小学读三年级。付国兴平时上学放学都是付东夫妇亲自接送。一天,付东去接儿子时,因为堵车在路上耽搁了半个小时。等到了学校,他没接到儿子。打电话问妻子,妻子说她没去接儿子。付东慌了神,找遍了全校还是没找到儿子。问儿子老师,老师说,他们只负责学生在课堂上的安全,付国兴今天正常来上课,至于放学后去了哪里,他们就不知道了。付东以为儿子被拐骗了,正要报警,这时,他接到了儿子的电话。原来,儿子等不到他,接受一同学的邀请去那同学家玩。付东悬着的心才掉回肚子。自那以后,如果遇到堵车,付东宁愿打车绕道走也要按时到学校接儿子。

　　10月的一天,付东夫妇要出差,接送儿子上学放学的任务交给王龙安。那段时间,王龙安刚好失业,他很尽责地接送付国兴上学放学。同小区的有6个业主的孩子和付国兴在同一所学校读书。这几名业主平时工作也很忙,得知王龙安专职接送小孩上学放学,他们也把接送孩子的任务委托给王龙安,并每人付给王龙安每天5元的劳务费。王龙安想,反正自己目前也没事干,为何不专门替人接送孩子呢?

　　等付东出差回来后,王龙安把自己的想法告诉付东。付东觉得他这个想法不错，借给他2万元，让他试试。王龙安花1万多元买了一辆二手小面包车，作为接送小孩的交通工具。然后，他在小区门口挂了条横幅广告，上面写着专门接送小孩上学放学。小区里有50多户人家有小孩上小学。广告挂出去当天就有不少人前来询问。这些孩子的父母都面临着像付东一样的难题：他们也要赶时间上下班，接送孩子会耽误很多时间，有时候只要多耽误一点时间就会迟到被扣奖金。有的年轻父母干脆把父母找来帮忙，可年迈的父母体弱多病，挤着公交车接孩子也很辛苦。

当天，有20名家长跟王龙安签订了协议，让王龙安帮他们接送孩子。王龙安的收费是每月200元。王龙安算了一下，除去成本，这20笔单没赚到什么钱。尽管如此，王龙安还是很认真地接送孩子，开车非常小心，毕竟人命关天，这些孩子个个都是父母的心肝。

一天，一个名叫苏浩的小朋友在路上突然拉肚子。王龙安赶忙将他送到医院，自己先垫付钱给孩子看病，然后联系家长。等家长来了，他才将其他小朋友送去学校。那次虽然使其他小朋友上学迟到，但却赢得了家长的赞誉。后来，经这些家长介绍，不少父母主动找到王龙安，要王龙安帮忙接送孩子。小朋友人数增加到50人，月收入有8000多元。此时，那辆面包车再也坐不下其他人了。

小朋友上学期间，面包车用不上。王龙安于是联了几家日用品批发部，帮他们送货。到了快要放学的时候，他才停止送货，去接小朋友。他的车只在市内送货，每送一次收费从50～100元钱不等。送货的收入和接送小朋友的收入加在一块，月收入高达2万元钱。

> **财富启示** 很多年轻父母都是都市白领，平时工作很忙。接送小孩上学、放学显然成了他们的难题。替他们接送小孩上学放学，能省去他们许多时间，他们自然乐意。但是，在接送的过程中，千万要注意安全。毕竟，孩子是父母的心头肉，谁都想自己的孩子平平安安。

14. 农民工广告队，利用别人的空闲时间赚钱

城市里有许多农民工，他们的工作很不稳定，有时很忙，有时连续几天没工作。有人奇思妙想，充分利用农民工的空闲时间，帮他们赚到钱，自己也赚个盆

满钵满。

宋先生是名广告业务员，主要开发车体广告业务。他做成了一笔业务，给一家刚开业的饭店做车体广告。那饭店的老板说："公交车是跑固定路线的，它们不经过的地方，人们就看不到广告。"宋先生建议对方做出租车车顶广告。对方说："出租车车顶广告太小，没效果！"宋先生想了想说："您要是愿意另外出钱，我可以给你做流动广告！"宋先生所说的流动广告就是找人拿着广告牌专门到人口密集的地方宣传。饭店老板当即拍板签合同。

宋先生租了20辆自行车，制作了20块广告牌，将广告牌绑在自行车车尾。他本来打算雇20名学生骑着自行车到市里几条热闹的商业街来回宣传。可那段时间刚好临近期末，学生都在准备期末考试，根本没有时间。就在宋先生为找不着人而苦恼的时候，他不经意看到一群农民工聚集在街心小公园里打牌。宋先生顿时一喜，过去问他们："愿不愿意骑着自行车赚钱？"这群农民工早已待业多日，都巴不得有工干，想都没想就答应了。

在宋先生的安排下，这二十几名农民工骑着插有广告牌的自行车在几条热闹的街道来回骑走。然而，民工刚骑出去没多久，饭店老板就打来电话，将宋先生臭骂了一顿。原来，饭店老板嫌弃农民工穿着老土，破坏他饭店的形象。宋先生赶紧找人制作了20套背部印有饭店名字的衣服，让农民工穿上。饭店才同意继续做广告。

这笔广告持续做了一个月，广告费是10万元。除去各种成本，宋先生净赚6万元钱。宋先生特意请这群农民工吃了一顿，并跟他们商定，以后有这样的广告继续找他们做。相比干苦力，骑自行车轻松多了。民工都表示愿意以后跟宋先生合作。

宋先生干脆辞去工作，成立了自己的广告公司。创业初期，资金很有限。宋先生干脆先专注于自行车广告队。由于当业务员时手头有很多客户资源，他很快就拉到了好几笔业务，赚了二十几万元。在资金充裕后，他开始代理电视广告、车体广告，事业越做越大，年收入突破百万元。

财富启示　现如今各行各业都离不开广告，广告市场潜力巨大。如何以巧妙的创意博得人们的关注是广告业最重要的问题。宋先生的自行车广告队非常有新意，容易博得市民的眼光。不论做什么，唯有不断推陈出新才能长久立于不败之地。

"三顾豪门"，一纸创业书换来千万财富

想创业却没有启动资金，这样的困境谁都遇到过。有的人手头有好的项目，因为没有资金而放弃，眼睁睁地看着机会流走。而有的人一旦发现了好项目，坚决不放弃，想尽各种办法达到目标。

2002 年，韩东平大学外语系毕业后应聘到三亚一家酒店当文秘。三亚虽然是个小城市，但外来人口很多，而其中又以有钱人居多。韩东平平时工作很闲，他想找份兼职工作，于是到一些高档小区贴广告提供英语家教服务。很快，他就找到一份给一名初三毕业生做家教的工作。第一天去辅导学生，韩东平跟学生家长聊天，问对方："有没有送孩子去辅导班学习过？"家长感叹说，他们想送都没地方送，三亚没什么英语培训班。事后，韩东平去调查，结果令他十分高兴，三亚果然没有英语培训公司。这可是一个空白的市场，韩东平决定自己创业开外语培训公司。可那时他刚参加工作，手头没什么钱，他家很穷不可能给他提供创业资金。但这难不倒韩东平！

韩东平花半个月时间，写了详细的创业书，内容包括项目内容、实施步骤、需要的启动资金、盈利目标等。创业书写好后，韩东平买了礼物，找到三亚一家房地产公司的老总，表明来意，希望对方给他投资。那老总的老婆一听是来要钱的，二话不说，把礼物还给韩东平，把他"请出"了家门。这老总是韩东平随自己原先工作的酒店老总参加会议时认识的。除了那地产老总，韩东平不认识别的有钱人。眼看赚钱的机会就在眼前，韩东平不甘心这么失败，再次上门找那老总。

这次，老总的老婆不在。老总态度很冷淡，只顾自己抿着茶，不招呼韩东平，仿佛韩东平不存在似的。韩东平把创业计划书递给对方。对方看都不看，丢在一边，慢条斯理地说："像你一样，每天找我要钱的人很多。我这里不是开银行的！"这次，韩东平又吃了闭门羹。

韩东平越挫越勇，对方越是拒绝就越激起他的斗志，他暗下决心，一定要让对方改变主意。韩东平搜集了别的城市一些开培训公司赚钱的事例打印出来。为了讨好对方，韩东平还特意到对方公司打听，了解到那老总

喜欢登山。他花1000多元钱买了一个名牌登山包,第三次登门。这次,老总的老婆在家,她像之前那样,还想把韩东平赶走,但被那老总拦住了。韩东平赶紧送上礼物并递上资料。那老总看了之后说:"你上次给我的资料,我仔细看了。你这个项目不错,我决定投资! 但是,我要告诉你,我看中的不仅仅是你的项目,看中的还有你坚持不懈的韧劲。"

就这样,韩东平拉到了投资,办起了培训公司。起初,公司只提供中小学英语培训,后来扩大到旅游英语、商务英语培训。前来三亚旅游的外国人很多,韩东平还推出翻译服务、高级会议同声翻译服务等。5年后,韩东平的公司年收入突破500万元,他也跻身千万富翁行列。

财
富
启
示
　　成功的路千万条,失败的原因却很相似,即在困难来临的时候,许多人选择了放弃,放弃等于向成功告别。在真正失败之前,不妨再多尝试几次。也许再最后一次,你会惊喜地发现,财富的门原来是虚掩的。

第三章　奇思妙想，好点子带来好生意

创业有先后之分，后来者想要超越先来者，必须付出很大的代价。毕竟先来者有着雄厚的实力、丰富的经验。做一个跟风者，或许能赚到一些小利，但想要做大很难。最好的办法就是，找到好的点子，在别人还没醒悟过来时，迅速占领市场，做一个领跑者。

浪漫商机，爱情奖杯成了提款机

爱情是人类永恒的主题。爱情故事因人物而异，有的平平淡淡，有的曲折起伏，有的令人潸然泪下。你想为你的爱情增添浪漫并有可能从中获得大奖吗？那就去爱情奖杯专卖店试试吧。

7月的一天，张彩凤的一名男同事在全国策划大赛中获得了冠军，捧回一个金光闪闪的奖杯。参加完他的庆祝晚会，回到家后，张彩凤叹了口气，问男友林鹿鸣："什么时候你也拿个奖杯回来让我高兴一下呢？"林鹿鸣打哈哈说："明天我捧一个回来给你看。"张彩凤哼了一声，说："除非太阳从西边出来。"

然而，第二天，林鹿鸣果真拿回一个奖杯。张彩凤满脸疑惑地问他："你得的是什么奖？"林鹿鸣说："这个奖杯是爱情奖杯，因为我们俩是真心相爱的，所以我给咱们的爱情颁发一个奖杯。"张彩凤接过奖杯，想起林鹿鸣对自己5年的苦苦追求，心里涌起一丝甜蜜和感动。以他对爱情的这种执著，给他发一个奖杯不为过，张彩凤倍加珍惜这个刻有两人名字的奖杯。

姐妹们知道林鹿鸣的举动后，都羡慕地对张彩凤说："他真的很浪漫！"张彩凤感到非常自豪。转念，她想，恋爱中的人哪个不追求浪漫？如果开一个爱情奖杯的专卖店会不会受到情侣们的欢迎呢？她把自己的想法告诉林鹿鸣，林鹿鸣非常支持她，说："你大胆去做吧，不管成功还是失败，我都会守在你身边,做你最坚强的靠山。"

有了心上人的支持,第二天,张彩凤毫不犹豫地辞掉了工作,着手准备起爱情奖杯专卖店的事宜来。她在一家繁华的商场租了一个柜台作为营业场所。接着,她批发回一批奖杯。为了突出这些奖杯与一般的奖杯的不同,张彩凤找到喷绘公司,在上面喷上"爱情奖杯"几个字。

万事皆具备后,张彩凤在报纸上做了个广告:如果你认为你的心上人对你的爱是忠贞不渝的,那就给他(她)颁发一个奖杯,奖励他(她)吧!

广告登出来后,张彩凤的电话响个不停,喜欢浪漫的男男女女纷至沓来,购买爱情奖杯,颁发给自己的另一半。一个姓蔡的女孩买了爱情奖杯后,告诉张彩凤,她和男友原本只是普通朋友。一次,一群朋友集体到野外探险时,她不幸被一条眼镜蛇咬伤,情况非常危急。就在众人不知所措的时候,他挺身而出,冒着生命危险,用嘴巴给她吸毒,然后把她背到十里外的卫生院救治。她终于捡回一条命并与他谈起了恋爱。看到爱情奖杯的广告后,蔡小姐决定给她的男友发一个爱情奖杯,奖励他。她说,是他的勇敢和无私的精神感动了我,我才喜欢上他的,给他发一个奖杯非常应该。

每卖一个爱情奖杯,张彩凤赚15元钱。由于爱情奖杯是个新事物,能够满足追求浪漫的情侣们的要求,因此很受情侣们的欢迎。开业当天,张彩凤一下子就卖出去20个奖杯,赚了300元钱。

一天,一名女子买了一个奖杯后嘀咕道:"这奖杯就这么颁发给他,似乎少了些什么。"张彩凤于是建议说:"要不,你在上面写上你对他的爱,或者让他写上对你的爱情誓言吧。"女孩顿时拍手称好,当场让张彩凤用红色的油漆,在奖杯上写上了男友对她许下的爱情诺言。捧着奖杯,反复阅读上面的爱情誓言,女孩脸上荡漾着幸福。

看到女孩陶醉的样子,张彩凤想:简简单单地把奖杯卖给情侣,根本就没有什么特别之处。如果为情侣们提供在奖杯上留言的服务,肯定更加浪漫,更加受欢迎。

张彩凤把自己的想法告诉男友,男友支持她说:"在奖杯上写下爱情誓言,就相当于给爱情奖杯穿上一条爱情外衣,肯定更加受情侣们的喜欢。"

于是,张彩凤推出在奖杯上写下爱情誓言的服务。服务推出后,果然大受情侣们的欢迎。他们想好了各种有关爱情的优美句子,然后让张彩凤用红漆写在奖杯上。

在外企工作的刘小姐，给心上人买了一个奖杯后，让张彩凤在奖杯上写下她自己创作的一首爱情小诗：春风吹过/树叶在轻吟/心花在为你怒放；秋雨绵绵/蝉儿何在/守候/是我爱你永恒的姿态……

增加在奖杯上留言的服务后，张彩凤把爱情奖杯的价格略微提高了一些。即便如此，泡在爱情蜜罐里的情侣们丝毫都不觉得贵，买爱情奖杯的人依然络绎不绝。随着买爱情奖杯的人越来越多，张彩凤还惊喜地发现，爱情奖杯还能加深情侣们的感情。

最初，张彩凤卖的爱情奖杯有铜奖杯、银奖杯和金奖杯。可卖了几个月，情侣们买的全都是金奖杯。恋爱中的人都会把对方看得非常完美，这就是爱情的魔力啊。张彩凤只好把铜奖杯和银奖杯全退了，只卖金奖杯。

一天，一个女孩买奖杯时，问张彩凤："你卖的全都是金奖杯，难道大家的爱情都是一样的吗？这样多没意思！"女孩的话很有道理，经过几天的冥思苦想，张彩凤终于想出了个好主意。

每当有人来买奖杯时，张彩凤都要求对方把他们的爱情故事讲给自己听，然后记录下来。月底，她把这个月里所有的爱情故事集中起来，进行比较，选出最感人的爱情故事，对故事的主人公进行奖励。奖品虽然不是很昂贵，但情侣们还是相当高兴，因为通过此活动，他们了解了自己的爱情分量到底有多重。

当顾客不断增多后，爱情奖杯引起了一些商家的注意。一天，张彩凤接到一名陌生男子的电话，该男子自我介绍姓李，是一家饮料公司的老总。李总问张彩凤："你的产品很有创意，不知道你是否愿意和我合作？"人家做的是大生意，我才刚刚起步，怎么合作呢？张彩凤想。李总随后把他的想法告诉了张彩凤。

原来，李总所说的合作是指给张彩凤提供每月的大奖，为了使这个大奖更有吸引力，大奖将以现金的形式发放，中奖者可获得5000元现金。李总的这5000元现金大奖是白白给张彩凤提供的吗？当然不是。作为回报，张彩凤要在爱情奖杯的广告宣传中特别注明，月末的大奖是由李总公司提供的。

这么好的合作条件，张彩凤求之不得，她当即爽快地答应了下来。报经有关部门获得许可后，张彩凤就按照李总的要求，在广告宣传中特别提示，买爱情奖杯的顾客将有机会获得由李总的饮料公司提供的5000元现金大奖。

爱情奖杯本身就已经吸引了情侣们,设立了大奖后,来买爱情奖杯的顾客更多了。在房地产公司工作的赵小姐半年前患了乳腺癌,男友不离不弃地守在她身旁照顾她。可是不久,男友竟然也患上了鼻癌。但是,他并没有把消息告诉她,仍然一如既往地照顾她、鼓励她。最终,两人都战胜了病魔。得知真相后,赵小姐被男友感动得泪流满面,特意来买一个爱情奖杯发给他。月底,赵小姐的爱情故事被评为最感动的故事,获得5000元现金大奖。得知消息后,她和男友高兴得抱头痛哭。

爱情奖杯受到情侣们的青睐,也同时提升了李总公司的名气。其他商家发现了这个有效的宣传手段后,也找到张彩凤,提出要和她合作。可是,月末大奖只有一个,已经被李总抢先一步了,其他商家只好退而求其次,给张彩凤提供一些礼品,赠送给前来买爱情奖杯的顾客。买爱情奖杯有礼品赠送,月末评出大奖给予现金奖励,如此吸引人的条件,立即使爱情奖杯的名气大噪,来买奖杯的人翻了好几倍。

此时,原有规模已经不能满足生意需求了。张彩凤转掉柜台,租了个铺面,把经营面积扩大。接着,她招聘了两名售货员卖爱情奖杯。这样,她可以抽出更多的时间做幕后的管理、策划。为了吸引更多的顾客光临,张彩凤还印刷了许多优惠券赠送给一些服装店、鞋店、饰品店,只要到这些店购物的顾客,都可免费得到一张优惠券,凭优惠券购买爱情奖杯可以打折。

张彩凤卖爱情奖杯终于挖到了人生的第一桶金。目前,她准备聘请专业设计人员,设计一些新颖独特的爱情奖杯并注册商标,打出自己的品牌,把爱情奖杯的生意做得更大。

财富启示 有这么一句话:"恋爱中的人都很傻。"恋人之间总爱追求浪漫,凡是充满浪漫的事物,恋人们花起钱来很大方。因此,做有关爱情产品的生意一定要浪漫一点。

做厂刊,出色服务赢得大笔财富

很多单位都有自己的内部刊物,并且聘请专人来编辑出版单位的刊物。这将多付一个人的工资,有人想到一个省钱的好办法……

大学时代的吴芊是一个见了陌生人都会脸红的柔弱女子。大学毕业后，工作的挫折使她无奈辞职。一个偶然的机会她发现厂刊这个市场还没有人开发，于是她大胆做出决定，开始个人创业。吃尽了苦头，吴芊变得更加成熟坚强，通过持之以恒的努力，她也赚到了人生的第一桶金，事业发展越来越顺。

吴芊长得很漂亮，大学时代有很多的追求者，最终她被同校计算机系李南的痴情感动，成了他的女朋友。2004年大学毕业后，吴芊应聘到广州一家中型企业当内刊编辑。该杂志每月出一期，吴芊只要把员工们投上来的稿件稍加整理编排，然后送给印刷厂印刷即可。每个月只需忙那么一周，剩下的时间，吴芊都是坐在办公室里上网。公司给吴芊每月3000元的工资。

杂志社的主管领导是公司的一名姓张的副总。张总今年55岁，是个矮壮的老头。杂志社总共才有两名员工，吴芊负责文稿，另外一名同事刘姐负责美编。自从吴芊来到杂志社后，张总总是有事没事就到办公室来转转，那几乎眯成一条缝的眼睛总是不安分地在吴芊的身上溜达。刘姐背后常提醒吴芊，要小心张总，这个人很色。吴芊心里多了一层戒备。

一天，公司有宣传活动，刘姐去帮忙布置会场，办公室里只有吴芊一个人。上午9点多，张总悄悄走进办公室。看到办公室里只有吴芊一个人，张总满脸堆笑地上前与吴芊聊天。他问吴芊："小吴，有男朋友了没有啊？"吴芊说："有，我男朋友就在附近的一家公司上班。"为了让这个色老头不敢有非分之想，吴芊故意把男友的上班地点说成附近。可张总丝毫不在意，他坐到吴芊旁边的椅子上，挪近吴芊。吴芊感到大事不妙，起身想走出办公室。没想到那个色老头一把扑上来，抱住吴芊，用他的猪嘴拼命往吴芊身上拱。吴芊尖叫了一声，但此时公司的人都出去办事了，没人听到吴芊的叫喊。

吴芊拼命挣扎，警告他说："你敢再碰我，我告你骚扰！"色老头恼羞成怒，阴森森地说："你如果识相就跟我玩，我可以提拔你，给你加工资。否则你明天就走人。你好好考虑考虑。"说完，他头也不回地走了。

吴芊感到莫大的耻辱，第二天，她毫不犹豫地递交了辞职报告，到财务处结算了工资后就离开了那家企业。

辞职后，吴芊到人才市场转了一个多月还没找到工作。9月中旬的一天，吴芊肚子不舒服，到医院看病。在医院的大厅排队挂号时，吴芊看到旁边的桌子上放着该院的院报，出于职业习惯，吴芊拿起来随便翻了一下。吴芊发现该报版面杂乱，内容单调乏味。吴芊暗想，如果让我来做这份报纸，我肯定会做得更好。

从医院出来后吴芊一直在想，很多企业、事业单位都有自己的内部刊物，如果把这些刊物的采编业务全都承包过来可是个不小的市场。自己有过相关工作经验，而且大学学的又是中文专业，编辑内部刊物是小菜一碟。想到自己目前还没有工作，吴芊有了自己创业的念头。

吴芊把自己的想法跟男友说了之后，男友对她说："你的想法不错，反正你现在也没事做，不如去试试看，遇到什么困难我会帮助你的。"吴芊于是拿出以前打工存下来的钱，购买了电脑、打印机、传真机、数码相机等设备，办理了相关手续，印了一盒名片，然后开始外出联系业务。万事开头难，从来没有跑过业务的吴芊吃了不少苦头。

11月2日这天早上9点多，吴芊来到一家制药厂。该制药厂有300多名职工，由于刚成立不久，厂刊还没有筹办起来。在该厂门口，保安拦住吴芊，不让她进去。保安问她："你是干什么的？"吴芊知道，如果自己说是来联系业务的，对方肯定不会让她进去。吴芊于是说："我是厂里的员工。""那你的证件呢？"保安接着问。吴芊根本没有什么证件，只好把谎撒到底。她对保安说："我是刚刚才应聘进来，证件还没办好。"保安看到吴芊的打扮很像是公司的职员，就放她进去了。

进了药厂之后，吴芊不知道该找谁来谈厂刊业务。在厂里转了一会儿，吴芊决定找厂长。可偌大的厂区，她根本不知道厂长办公室在哪里。于是她边走边左看看右瞧瞧。她的行为引起了保安的怀疑。保安把她带到办公室询问："你到底是不是厂里的员工？"吴芊看到保安起了疑心，一下子支支吾吾起来，不知道怎么回答。保安打电话叫来办公室主任，办公室主任赶来辨认了之后说："她不是厂里的员工，说不定是想混进来偷东西的。"保安于是毫不留情地把吴芊赶出了药厂。第一天出来跑业务就被别人当成小偷，吴芊流下了委屈的泪水。

但既然选择了创业，吃苦是免不了的。吴芊擦干了眼泪，继续外出联系业务。吴芊的汗水没有白流，她很快联系到了3家工厂的厂刊外包业务。厂刊的稿件大部分由各个厂的员工提供，吴芊负责编辑、排版和送去印刷。吴芊收取的费用是每个厂刊每个月收取800元。加上送去印刷提取的佣金，吴芊每个月能够从每个厂赚到1000元左右，对于工厂来说，这个价格比招一个厂刊编辑的成本低了很多。一个月下来，除去各种成本，吴芊能够赚到2000多元，钱不是很多，但吴芊觉得自己当老板的感觉很好。

吴芊白天出去联系业务，晚上就待在出租屋和男友一起编排厂刊。2006年5月25日，吴芊到一家饮料厂谈业务，该厂的陈厂长听了吴芊的介绍很感兴趣，但他没有当场答应把业务交给吴芊做。晚上8点钟，吴芊接到陈厂长的电话，陈厂长约吴芊出来喝茶谈业务。在跑业务中，陪客户吃喝了不少，吴芊已学会如何应对。在茶艺馆，陈厂长直奔主题："我们厂是大厂，不在乎花钱招一名员工专职负责编辑厂刊。如果你愿意做我的情人，我就跟你签3年的合同。"原来是个色狼，吴芊断然拒绝，谈判陷入了僵局。

但吴芊并没有放弃，第二天，她把自己为其他厂制作的精美厂刊拿给陈厂长看。陈厂长看到吴芊制作的厂刊如此专业，很是佩服，就与吴芊签订了合同。

吴芊长期在外面顶着太阳跑业务，脸被晒得黝黑黝黑的。为此，吴芊经常跟男友李南开玩笑说："我晒得这么黑，你还要不要我？"李南笑着说："黑才健康，即使你晒成黑人，我都会娶你。"说笑归说笑，看到女友这么辛苦地在外面跑业务，李南很心疼。为了保护吴芊的皮肤，李南从网上购买了很多名牌防晒霜送给吴芊，吴芊感动不已。

一年多过去了，吴芊的客户增加到了11个。这些客户大多是工厂，也有医院、学校等事业单位。除去各种费用，吴芊每月能赚到10000元左右。这时吴芊一个人已经忙不过来了。她只好以每月1000元的工资招了一名员工来帮忙，那名员工主要负责编排业务。吴芊则在外面联系业务，与客户应酬。那名员工招回来后，吴芊没有对她多留个心眼，很多事情都交给她去做。

2007年3月28日，那名员工突然提出辞职。吴芊很不舍得，因为她的采编能力很不错，工作能力很强。吴芊想挽留她，提出给她加薪。但她还是毫不留恋地离开了吴芊。那名员工走后，删除了吴芊电脑里许多重要的客户信息。吴芊感到不妙。果然，一个月后，她的许多老客户终止了合同，把业务交给了别人。吴芊调查后发现，从中作梗的人正是那名员工。吴芊气愤不已,她想把那名员工告上法庭,但一想到请律师的高昂费用,只好作罢。

很快,吴芊的5位客户先后被那名员工抢走。这样下去,自己要关门了,吴芊为此几天睡不好觉。经过调查,吴芊发现,那名员工抢走客户的方法很简单,即降低价格。吴芊也想降低价格来夺回那些老客户,但这样一来,自己没什么钱赚,白白辛苦一场。

一天,吴芊陪一名客户吃饭,在饭店,吴芊看到大厅里有一个报刊架,上面摆放着很多杂志供客人阅读。吴芊突然眼睛一亮,想到了一个好办法。很多厂都想提高自己的企业形象,如果把它们的刊物放到饭店宾馆等场所免费供客人阅读,肯定大受企业欢迎。而作为回报,饭店宾馆等单位可以把它们的宣传单放到各个厂供员工和客户阅读。

有了想法之后,吴芊马上与许多饭店宾馆联系,没想到很多饭店宾馆都爽快地答应了。吴芊于是找到那些被抢走的客户,向他们推荐自己的新业务。有这么好的免费宣传的机会,那些老客户答应把业务重新给吴芊。在与客户签订合同时,吴芊提高了违约赔偿金的数额,以防对方随意终止合同。吴芊失去的客户又回来了。

有了这个附加的免费宣传的服务,吴芊的厂刊业务迅速发展,客户发展到了20多家。但由于吴芊是一个人单打独斗,她整天忙得团团转,每天睡眠不足7小时。

2007年7月的一天下午,吴芊把10多份厂刊送给客户后,累得两眼昏花,回来的路上,两条腿好像灌了铅般沉重。回家爬楼梯时,刚爬到第二层,吴芊眼前一黑,摔倒在地上失去了知觉。醒来时,她已经躺在医院的病床上挂着吊瓶,男友在旁边一脸焦急。

看到吴芊疲惫不堪的样子,男友很是心疼。吴芊出院后,男友辞掉了月薪8000元的工作,帮助吴芊打理业务。有了男友的帮助,吴芊的压力减轻了许多。每天吴芊在外面联系业务,与客户沟通,男友负责编排刊物,派送刊物。

到2006年年底,吴芊的客户增加到了40多家,月收入有3万多元。这时,光靠两人已经忙不过来了。吴芊招聘了两名员工来帮忙。有了上次的教训,吴芊留了个心眼,将财务、客户资料管理等重要的事情交给男友做,两名员工专职负责编排刊物。

如今，很多单位都有自己的刊物，我们称之为内刊。很多单位往往聘请一个人专门做内刊，这样就得多付一个人的薪水。替人做内刊之所以有市场是因为能帮企业省钱。因此，如果你想到一个帮企业省钱的点子，也许你就打开了一扇财富的大门。

成人礼：你长大，我赚钱

电视剧《家有儿女》里的几个小孩非常活泼，惹人喜欢。但是，假如儿女已经长大成人，却仍然像小孩那样喜欢玩耍、不懂事，相信每个家长都会头疼。

一名打工仔发现了家有独生子女的父母们的忧虑，突发奇想，为他们的小孩举办成人礼，让这些娇生惯养的独生子女意识到自己已经长大，懂得承担一定的责任。别人都笑他古董，他却顶着压力，把举办成人礼的生意做得风生水起。

早在12岁时，郭华坚的母亲就离他而去，父亲一个人又当爹又当妈地把他拉扯大。2005年大专毕业后，他应聘到某文化传播公司当一名口才培训师。

11月2日，一家长带着他的女儿来找郭华坚培训口才。他女儿今年18岁，正在上高二，性格跟小孩差不多，爱哭鼻子、爱撒娇，每天守在电视机前看动画片，有时甚至还带着邻居小孩在外面玩泥巴。由于经常和小孩一起玩，她非常胆小，在人多的场合不敢说话。郭华坚对该家长说："你女儿的主要问题是思想不成熟，我们只训练口才，没法改变她的思想、心理状况。"家长只好失望地离去。

后来，郭华坚又陆续接待了多名有类似情况的家长。看到家长们眉头紧锁的样子，郭华坚想：如今大多数小孩都是独生子女，他们从小娇生惯养，即使到了18岁，也没意识到自己已经成人，仍然保留着小孩子的脾性。有没有什么办法帮帮这些孩子呢？

一天，郭华坚在电视上看到一则报道说，韩国的青少年到了18岁后，都要举行成人礼，以此宣告自己已经长大成人，开始承担责任。他的眼睛一亮："我们国家古代就有举行成人礼的传统，后来才慢慢消失。如果为青少年举办成人礼,不是可以唤醒他们的成人意识,改变他们的行为吗? 这样他们的父母肯定会很乐意,很放心的。"

郭华坚辞去工作,着手准备起成人礼的事情来。他到图书馆查阅了我国古代举办成人礼的内容和过程,并做了详细的记录。根据古代习俗,举行成人礼时,男子要戴冠(一种帽子),女子要戴笄(一种发饰,相当于簪),并盘起头发。郭华坚按照古时习俗,把成人礼的举办过程分为 3 个步骤:①冠笄之礼,由于找不到古代成人礼的穿戴原形,郭华坚只好以穿西装代替冠笄之礼;②成人宣誓,即让青少年宣誓努力学习、报效祖国和社会等;③三是向父母宣誓:孝敬父母,报答父母的养育之恩。

接着,他以每月 1200 元的租金租了间房子作为举行成人礼的地点兼办公室。一切准备就绪后,郭华坚在报纸上打了个小广告,同时印刷了传单到街上散发。

几天之后,郭华坚联系到了 12 名客户。这 12 名客户全都已成年,可脾性完全像小孩。当郭华坚为他们举行成人礼时,他们竟像小孩那样玩耍、打闹起来。有的在玩石头、剪子、布,有的则拿着成人宣誓本在念念有词。郭华坚喊了几次"安静",都没有效果。家长看到场面如此混乱,都摇摇头说:"孩子参加这样的成人礼能有什么效果呢?"

又窘又怒的郭华坚只好猛拍桌子,他们才安静下来。郭华坚宣布成人礼开始后,他们的家长开始为他们穿上西服。然后,他们一起大声宣读成年誓言,并在父母面前发誓,不惹父母生气,孝敬父母、报答父母,整个过程很草率地结束。学生的家长都抱怨这样的成人礼没有一点特色,对孩子没有什么影响。一名家长甚至不留情面地说:"早知如此,我就不带孩子来参加了,白白浪费了几十元。"听了家长抱怨,郭华坚倍感沮丧,信心大受打击。

调整了自己的情绪后,郭华坚重新振作起来,决定改进成人礼的内容,使它更受欢迎。经过调查,他发现家长都认为"冠笄之礼"应当严格按照古代的做法,这样才更具特色,才会让孩子感受到成长的庄严。郭华坚于是到图书馆查阅了有关古代"冠笄之礼"的详细资料,终于设计制作出和古代类似的帽子、衣服和簪。为了使成人礼的举办过程显得更加庄严,郭华坚还特地找了一些庄重的音乐碟,准备在举办成人礼的过程中播放。

第二期成人礼,郭华坚并没有急着开始举行成人礼,而是先给孩子们几分钟时间，等他们的好奇心得到满足后才放音乐。当庄重的音乐响起时，他们全都笼罩在肃穆的气氛中，不再打闹嬉戏。成人礼开始后，他们都很认真地穿成人服、宣读成年誓言并对父母宣誓，整个过程有条不紊。

第二期成人礼举办成功后，郭华坚的信心大增。为了招徕更多的青少年参加成人礼，他再次在报纸上打广告，还在一些著名网站发帖宣传自己的业务。很快，前来报名参加成人礼的青少年多了起来。然而此时，新的问题又出现了。

7月12日，一名家长打来电话抱怨说："让孩子参加成人礼的出发点是好的，可是成人礼毕竟只是一个形式。我的孩子参加完成人礼后，向我们保证改变自己，可没过多久他就把誓言抛到脑后，恢复原来的样子，真拿他没办法啊！"听了家长的话，郭华坚才感觉到想要做好成人礼生意不是一件很容易的事。成人礼不能是作秀，必须真正帮助学生坚定意志、彻底改变小孩子的脾性，只有这样才能受到家长的欢迎，只有这样成人礼的生意才能做大做久。

经过苦苦思考，郭华坚决定在举行成人礼时，让参加成人礼的青少年做两件事，一是到野外种一棵树，再对着树进行成人宣誓；二是在宣誓孝敬父母后，让他们给父母洗脚，以实际行动来表示他们的决心。增加了新的内容后，成人礼与行动相结合，不再流于形式。

然而，给父母洗脚做起来不容易。9月11日，当郭华坚要求参加成人礼的孩子们为父母洗脚时，他们就叽叽喳喳地议论开了。有的说："洗脚这么容易的事他们完全可以自己做，为什么非得让我们做呢？要知道脚很臭的。"有的愤愤不平地说："孝敬父母有很多方式，不一定非得给他们洗脚。"

面对这些从小娇生惯养的独生子女的反对，郭华坚没有生气，而是眼含泪水地说："父母辛苦养育你们，你们连给他们洗脚这么小的事情都不愿意做吗？我想给我的母亲洗脚都没有机会了！子欲养而亲不待，你们现在不懂得孝敬父母，将来会后悔的。"他们顿时哑口无声，惭愧地低下了头，不再反对给父母洗脚。

当孩子真正给父母洗起脚时，场面非常感人。一名学生给母亲洗脚时竟流下了眼泪，抽泣着说："妈妈，从小到大，您总是无微不至地照顾着我，以往我不懂事老是惹您生气，让您操了不少心。今天我才意识到我已经长大，今后，我一定会好好孝敬您，报答您的养育之恩。"母亲也动情地说："妈对你好,并不是为了要你报答我,而是希望你赶快成熟,能够自立。那样我才放心、开心。"听了他们母子的对话,在场的人无不为之动容。

由于郭华坚不断创新,处处为家长着想,他的成人礼越办越有特色,名气也越来越大。

在生意不断扩大的同时,郭华坚也非常注重"售后服务"。为了帮助青少年彻底改掉孩子气,真正成熟起来,郭华坚还推出"免费检验"服务,即每隔一段时间就让家长带着孩子来"审查",郭华坚让他(她)细数这个月来做了哪些有意义的事,做了哪些孝敬父母的事,自己有哪些地方做得还不够等。此项服务深受广大家长的赞扬。

2007年5月3日,一名姓张的学生参加完成人礼后信誓旦旦地说,今后绝对改变自己。可才坚持了两个星期他就恢复了以往的作风。郭华坚每隔1个星期就与他联系,找他谈心,鼓励他努力改变自己。在郭华坚的帮助下,他的脾性慢慢变得成熟了。

9月21日,郭华坚为50名青少年举行成人礼。一个名叫浩广的学生给父母洗完脚后大受感动,当着众人宣布说:"这个星期内,我准备包揽所有的家务,以此来感谢父母,宣告我已成人。"其他孩子受到感染,也纷纷效仿他,做一个星期家务来告别童年。

看到此景,郭华坚备受感动的同时也受到启发,决定在成人礼中增加一项内容:孝敬父母一个星期。即参加完成人礼后,让孩子们以做家务或者给父母揉肩、洗脚等方式,孝敬父母一个星期。此项内容也大受欢迎,通过孝敬父母,他们深深知道自己已经长大,懂得如何去承担责任了。

10月的一天,一名姓王的学生参加完成人礼后问郭华坚:"您有没有把我们参加成人礼的整个过程拍摄下来?"当郭华坚告诉他没有后,他失望地说:"成人礼好比婚礼,一生中就这么一次,没有拍摄下来太遗憾了。"后来,郭华坚又多次遇到这样的情况。他想:"如果把成人礼的举办过程拍摄下来,再刻录在光盘里卖给参加成人礼的青少年,他们肯定很乐意买下来做纪念。自己还可以有一笔额外收入呢!"

说干就干,郭华坚花了10000多元,买了一部高档摄像机。每次举办成人礼,他都把整个过程拍摄下来。成人礼举办完后,他在自己的电脑上刻录出来,然后卖给学生。郭华坚的目光瞄得很准,成人礼一生就这么一次,学生们都踊跃购买。郭华坚通过举办成人礼,终于实现了房车梦。

当今，独生子女越来越多，父母对孩子也越来越溺爱。举办成人礼的意义在于使孩子成熟起来，能够帮父母分忧。父母给孩子花钱不会心疼。因此，想创业的话不妨多花点心思在孩子身上，或许你会发现一个很好的商机。

帮老总收集新闻，信息也有价

这是个讲究效率的时代，也是个信息爆炸的时代。电视、杂志、报纸、广播、互联网，各种媒体让人目不暇接，每天成千上万的新闻让人们眼花缭乱。今年27岁的吴申独具慧眼，发现为老总读新闻的商机，他把自己的想法付诸行动，赚到了自己人生的第一桶金50多万。他是如何成功的呢？

1980年，吴申出生在福建省的一个普通家庭。大学毕业后，吴申凭借出色的英语口语应聘到一家外企任总经理秘书，主要负责撰写一些公文、接待公司的重要客户以及帮老总打理公司的一些日常事务。工作不是很难，但很累，每月工资2500元。

虽然供职于众多大学毕业生羡慕的外企，但吴申并不开心。公司的老板华夫是个澳大利亚人，对员工的管理非常苛刻。一天，华夫对吴申说："周五我要去上海，你去给我买一张广州到上海的机票。"吴申于是打电话订了一张广州到上海的机票，价格是950元。但华夫拿到飞机票后很不高兴。他对吴申说："你订的飞机票贵了，以前我买才850元。你马上把票退了，重新去买。"吴申很生气，这么大的一家公司还这么计较，别的公司不都是打电话订票，让人送上门的？但为了这份工作，吴申只好把票退了重新到外面去买。那天，吴申逛了大半天才磨破嘴皮以850元买到广州到上海的飞机票。回来后，华夫还不给他报销车费。吴申忍了一肚子的气。

年底，公司发放年终奖金，每人5000元。但吴申和另外几名员工只拿到了2000元。吴申很不解，自己一年忙到头，这么辛苦地工作，领的奖金竟比别人少。吴申找到财务部经理问原因。财务部经理说："这一年中，你请了3次假。按照公司的规定，凡是请一次假，年终奖金要扣掉1000元。"
"这是哪门子的规定？我请的3次假全都是病假，每次请假也都只是半天

而已。"吴申一怒之下,辞掉了这份工作。

闲着没事做,吴申到书店看书。在书店,吴申随手拿了一本介绍李嘉诚的书翻了起来。当看到有关李嘉诚工作生活的介绍时,有一个细节引起了吴申的注意。书中介绍说,每天早晨,李嘉诚来到办公室后,都能在办公桌上看到一份专人为他收集整理的当日要闻,他看完新闻后才开始一天的工作。吴申突然灵光一现,想到了一个商机,那就是为老总收集新闻。回来后,吴申把自己的想法告诉女友:"如今是个信息时代,每天发生的新闻不计其数,而很多公司老总每天都忙得不可开交,根本没有时间读书看报。但每天纷繁复杂的各种新闻中,总有一些是公司老总很想知道、很有必要知道的,比如相关的行业新闻。这些新闻对公司的发展很重要。如果我为他们收集这些新闻,他们肯定很乐意。"女友听了吴申的分析后说:"听起来这个想法不错,不妨去试试看。"

得到女友的支持,吴申充满了信心。他拿出以前打工的积蓄租了一套商住两用房,既当办公室,也是他和女友的住所。另外,吴申买了电脑和打印机,还在出租屋拉上了宽带。购齐这些必需的设备后,吴申身上只剩下3000元了。9月12日这天,吴申早早起来上网,搜集了新近发生的重大新闻和饮料行业的相关新闻并打印出来,然后开始上门拉业务。

上午9点多,吴申来到一家大型饮料厂。可刚到门口,保安就拦住他,不让他进去。吴申急中生智,谎称是送文件到办公室的,并拿出那些打印好的新闻给保安看。保安这才让吴申进去。吴申又以同样的方法混进老总办公室。见到老总后,吴申奉上打印好的新闻,然后说:"总经理,你好,这是最近发生的一些重要新闻。"老总的工厂有200多名工人,他以为吴申是工厂的工人,没在意。他接过来仔细看了之后说:"这些新闻很好,你从哪里弄来的?"吴申这时候才表明自己的来意,他对老总说:"我们是专门为像您这样的老总收集你们感兴趣的新闻的。因为我们知道,身为老总,您很忙,没有时间去搜索您感兴趣的新闻。"老总这才明白过来,他想了想说:"你的名片呢?你们公司叫什么名字?"短短两个问题,一下就把吴申给问蒙了,因为他既没有名片,也没有注册公司。老总微笑着说:"小伙子,你的想法不错,但你要注册了公司才能让人相信你啊。"看到吴申尴尬的样子,老总接着说:"只要你注册了公司,我就做你的第一个客户。"

回来后,吴申为自己的冒失感到难堪。与女友商量后,吴申认为自己目前还没有注册公司的实力。于是他花了几百块钱注册了一家文化工作室，然后印制了一盒名片。同时，他还制定了收费标准，即每天为老总收集他所感兴趣的新闻不少于 20 条，每月收费 500 元。如果老总另外指定收集其他信息，再根据收集的难易程度另外收费。为了使自己的服务内容和收费标准更加简单明了，吴申还制作了简洁漂亮的传单。

在推销业务的过程中，吴申也遇到过一些不讲理的人。10 月中旬的一天，吴申到一家家具厂推销业务。好不容易说服前台小姐，刚进入老总办公室，老总就戒备地质问吴申："你是干什么的？"当吴申表明来意后，该老总竟毫不客气地骂了一句："你神经病啊？我自己不懂看新闻？"吴申还想解释些什么，对方抓起吴申放在桌子上的名片扔了过去，大吼一声："给老子滚出去！"

起初，由于资金紧张，吴申的工作室成了典型的"夫妻店"。每天，吴申早早出去拉业务，女友小红则兼职为他搜集新闻，传真给客户。

为了扩大业务，吴申给自己定下每天拜访 20 个客户的目标。但吴申没有私人交通工具，每天都是坐公交车往返于各条街道间，很辛苦。11 月 2 日，吴申到一家纸品厂谈完业务，就匆匆搭车赶去一家房地产公司。刚下车，吴申就感到头有点晕，他以为是坐车太久引起的，没太在意。走了几步，吴申突然头晕加剧，晕倒在地，失去了知觉。等他醒来时，他已经躺在医院的病床上，女友小红一脸焦急地守在身旁。原来，由于长时间过度劳累，吴申身体机能下降，导致贫血引起头晕。住院的一个星期里，女友向公司请假每天悉心照料吴申，一日三餐均为他准备补血的菜肴。吴申的身体很快就康复了。

从工作室成立到现在 2 个多月的时间里，吴申只谈成了 6 个客户。除去各种费用，每个月只能赚 2000 元左右。自己付出了这么多，却没赚到什么钱，吴申心里很焦急。一出院，他马上就出去拉业务。但一波未平，一波又起，吴申刚出院，又遇到了新的麻烦。

11 月 23 日一大早，吴申就出去跑业务。女友搜集新闻传真给客户后也赶着去上班了。中午 11 点多，吴申满身疲惫地回到出租屋。刚到家门口，他就看到房门被撬开了，屋子里凌乱不堪，电脑、打印机、传真机、数码相机、扫描仪全部都不见了。女友下班回来看到这一切也傻眼了。这些可是他们全部的家当啊，吴申赶紧报警。钱还没赚到，后院就起火了，没有了这些设备,吴申的业务没法开展。但是要重新购齐这些设备得投入近 2 万元钱,吴申身上根本没那么多钱。吴申动摇了,他想关了工作室去找工作。女友反对吴申这么做,她劝道:"你才开始走两步,还不知道路好不好走,怎么就停止了?"

两天后,小红把 2 万元交给吴申,对他说:"如果你还想坚持下去,就去把该买的设备买回来。如果你想放弃,那你就不要接这些钱,明天去找工作。"吴申疑惑地看着小红。小红告诉他:"这些钱是我向我父亲借的。"得到女友的支持,吴申打消了放弃的念头。第二天,他就到电脑城买回了电脑、打印机等设备。为了防止类似事故的发生,同时也为了全力支持吴申,小红把工作辞掉,专门在家帮吴申打点工作室的事务。

由于女友的大力支持,吴申的业务迅速发展起来。到 2006 年 4 月为止,已经有了 20 名老总与吴申签订了合同。这时,吴申和小红两人已经忙不过来了。吴申于是以每月 700 元的工资招了一名中专生,专门负责给客户发传真。小红负责每天上网收集新闻。

吴申每天为每个客户收集 20 多条新闻,工作量还是挺大的。这些新闻都是小红上网浏览很多网站才收集到的。5 月 13 日,吴申正在外面联系业务,一家服装厂的老总秘书打来电话,提出与吴申终止合同,要吴申下个月起停止为他们老总收集新闻。这是吴申遇到的第一个"退单"的客户,吴申问她:"你们老总为什么不需要我们为他收集新闻了呢?"对方解释说:"你们收集的新闻网上都有,老总现在安排我来为他收集,这样不用另外花钱。"

听了对方的分析,吴申猛然醒悟,自己的业务确实没有什么特殊之处,老总随便安排个人就可以做到。果然,不久,接连又有好几个公司打来电话提出终止合同。这些都是些小公司。吴申猜测大公司的人手紧张,老总不会在意花几百块钱请人为他收集新闻。但这些小公司出于成本考虑,肯定不愿意为此花钱。

吴申觉得,要把业务扩大,必须提高业务的专业化水平,收集一些有难度的,其他人想收集也收集不到的新闻,这样才容易留住老客户,开发新客户。与女友小红商量后,吴申决定扩大新闻收集的范围,把英语新闻也增加到收集的范围中来,另外还收集相关行业的供求信息和价格信息。吴申的英语很好,他决定和女友换位置,女友出去跑业务,自己在家收集新闻。

每天除了收集国内发生的新闻，吴申还浏览外国的网站，把需要的新闻翻译成汉语再传真给客户。业务范围扩大了，收集新闻变得更专业化了，那些失去的客户又回来了。

6月10日的一天，吴申的一名客户，一家服装厂的张总问吴申："除了收集新闻，你还收集别的信息吗？"吴申说："别的信息如果我们能收集到，当然也收集，但要另外算钱。"张总吐了个烟圈说："钱不是问题。"停了一会儿，他接着说："你帮我留心一下，博爱南路那两家服装厂最近有什么新款式的衣服出来。至于费用，我每个月给你5000元。"打听两家服装厂有什么款式的服装上市是很容易的事，张总给这么高的费用，吴申很爽快地答应，接下了这笔划算的业务。

7月5日，吴申打探到一家服装厂新设计出了一款男衬衣。吴申把该衬衣的具体款式描述了一下，然后发传真给张总。7月底的一天，吴申正在办公室上网浏览新闻，突然有几名警察推门进来，不由分说就在吴申的办公桌上翻了起来。吴申问他们："你们是干什么的？怎么随便进来乱搜东西？"其中一名警察说："我们在执行公务，有人告你盗取别人的商业秘密。"原来，张总得知那家服装厂新推出一款男式衬衣后，也马上模仿推出。那家服装厂发现有类似产品出现在市场，便展开调查，结果发现吴申一直在为张总公司收集新闻。他们怀疑是吴申盗取了他们的机密，于是到派出所报了案。幸好当初吴申接张总的业务时，并没有与他签订合同，没有留下任何证据。警察在吴申办公室搜了半天，没发现任何证据，只好离开。自那以后，吴申专心做搜集新闻的业务，对其他业务，他总是认真考察是否触犯法律后才做决定。

由于吴申和女友的勤奋努力，工作室的发展慢慢走上正规。到2006年8月，他们已经发展了50名客户，月收入2万多元。随着业务的扩大，他们的工作量也加大，吴申只好聘请一名员工帮他收集新闻。

9月6日下午，吴申正在网上浏览新闻，突然跳出一则刚刚发生的新闻。一名网友的母亲患了重病，急需一大笔钱。该网友想马上出售一栋5层的住宅楼，为母亲治病。吴申想到自己的客户中有一名是做炒房生意的李总。吴申一般都是早上就把老总们需要的新闻传真过去了，对于下午发生的新闻，根据合同，吴申完全可以明天再发给老总。但考虑到李总如果拿下这栋楼可能会大赚一笔，吴申于是赶紧打电话给李总公司。可公司的人告诉吴申李总正在开会。吴申于是给李总发了条短信,告诉他这个消息。李总看到短信后,马上停止了会议,火速与那名网友联系。最终,李总以110万元的价格买下了那栋楼。后来,这栋楼炒到了280万元,李总狠赚了一笔。李总给了吴申10000元表示感谢。李总说,幸亏那天吴申通知及时,再晚些,他就没法买到那栋楼了。因为他刚买下楼,就陆续有十几个买家找那名网友,而且开出的价格都高于110万元。

经过这件事后,吴申想,新闻每时每刻都在更新,如果再为老总们附加新闻监测服务不是可以多增加些收入吗?吴申把这个想法告诉女友小红后,小红也觉得这个想法很好。吴申于是挨个给老客户打电话介绍新闻监测这个附加的服务,在商场,快一步与慢一步决定着成败,许多老总都同意增加新闻监测服务。增加新闻监测业务,吴申多收300元。这样吴申就从每个老客户身上多挣300元。

吴申瞄准了这个市场空白,加上他为客户着想、诚心为客户服务,使他赢得了很多客户的信赖。他赚到了人生的第一桶金——50多万元人民币。

> **财富启示** 科技越来越发达,这是个信息大爆炸的时代,各种各样的信息令人眼花缭乱。作为老总必须留意一些重要的信息,可电视、报纸、互联网、收音机,这么多媒体,该选择哪种呢?而且身为老总,哪有那么多时间?给老总收集信息无疑大大节省了老总的时间。因此,貌似没有价值的新闻、信息,其实是有价的。

5. 出租草席,打工仔月入过万

一张草席只不过几块钱,但是善于思考的人会把它的价值增加。

冯上实高中没毕业就出来打工。因没什么文化,他只好应聘到一家公司当保安。每天,他都傻傻地守在公司的门口,工作很枯燥而且工资也很低,只有600元。冯上实对这种工作很厌倦,但为了生存又不得不忍受。

冯上实喜欢去逛公园,呼吸新鲜的空气。一天下午下班后,冯上实和几名好友到公园放风筝。公园场地非常开阔,园里到处是碧绿的草坪和高大挺拔的树木。冯上实和朋友们放了一个多小时的风筝,玩得非常开心。

傍晚，他们肚子开始咕咕叫了，于是拿出带来的干粮，准备当晚饭吃。当他们几个准备把干粮摆放到草坪上开饭时，发现草坪上有许多灰尘，很不干净。一个朋友说："把食品放在草坪上吃，很不卫生，要是有张草席就好了。"但是，公园根本就没人卖草席，他们只好把食品拿在手里将就着解决晚饭问题。

晚上7点多，来公园里的人越来越多，草坪上坐满了人，他们大都是直接坐在草坪上的。善于思考问题的冯上实突然眼前一亮，他想，草坪上有很多泥土和灰尘，人们坐在上面裤子不被弄脏才怪。要是铺一张草席坐在上面就好了。既然公园里没有人卖草席，我干吗不去弄些草席来这里卖呢？冯上实把自己的想法和几个朋友说了。朋友笑他说："你别做白日梦了，草席是用来铺在床上的，人们只不过坐一会儿就走，没有人愿意花钱买草席的。"

但冯上实坚信自己的想法可行。8月5日，冯上实毅然辞掉保安工作，开始了他的卖草席生意。他到批发市场以每张5元的价格批发了10张草席，然后找来一块小木板，用毛笔在木板上写了"草席出售"几个字。下午3点多，冯上实来到公园，他把草席放在路边，然后举起小木板，等待着生意的开张。但是一直等7点多，竟然没有一个人来问津。

一个在公园里专门给人照相的大叔看到冯上实傻傻地站在那里，便走过来对他说："你这样站到天亮也不会有人来买你的草席的，你要主动去推销才行。"冯上实这才醒悟过来。他把那块小木板丢掉，夹起草席，见人就问："买草席吗？"功夫不负有心人，终于有一家3口在玩累了之后，花8元钱买了冯上实的一张草席。虽说只赚了3元钱，但冯上实心里还是很高兴，因为这证明自己的想法还是可行的，只要努力推销，还可以卖出更多的草席。

接下来的几天，冯上实每天都到公园推销草席。一整天下来，他能卖出10张左右的草席，平均每天能赚30元左右。虽然很苦，但冯上实感到比起当保安整天守在门口强多了。

8月28日这天晚上，冯上实向一对老夫妻推销草席时，男的很想买，女的却阻止了他。女的说："我们只坐一会儿就回去了，如果买了草席只坐一会儿就丢掉不是很浪费吗？带回去又没用，我们已有草席了。"男的犹豫了一下说："要不这样吧，年轻人，你少点钱把草席租给我吧。"冯上实觉得老人的话很有道理，他说："可以，这样吧，我以每小时1元钱的价格把草席租给你吧。"老人很爽快地付钱把草席租了下来。

这件事使冯上实意识到，卖草席不如出租草席受欢迎。因为正如老人所说，来公园玩的人，大多是来坐一两个小时就回去了，如果买一张草席带回去没用，丢掉了就很可惜。冯上实决定把卖草席改为出租草席。

第二天，冯上实去批发市场批发了大小草席共20张。下午3点多，冯上实来到公园。虽然时间还早，但已经有不少游人在公园里逛，许多人还坐在大树下纳凉。冯上实带着草席走过去欲向他们推销出租草席业务。冯上实刚走近，树底下有3名青年就叫开了："我们不要草席，你走吧。"冯上实微笑着解释说："我是出租草席的，不是卖草席的。你们坐在草坪上很不卫生，如果租张草席坐多舒服，价格还很便宜。"

3名青年听了很感兴趣，其中一个说："如果有张草席坐确实很干净，累了还可以躺着休息一会儿呢。"另一个问冯上实："你的草席怎么个租法？"冯上实说："大草席2元钱租1个小时，小的1元钱1小时。"3名青年听了都说："价格不贵。"于是很爽快地租了一张大草席。

冯上实没料到这草席竟这么容易就出租出去了。以前，他卖草席问10个人都没有一个人买呢，现在只问了一次就有人租。冯上实信心大增，继续向别人出租草席。结果出乎他的意料，20张草席很轻松地全部租出去了。当天，冯上实一直忙到夜里11点多才收摊，20张草席全部被租了好几次。冯上实清点今天的战果，竟然赚了180多元。他买了1瓶啤酒和10元钱的烧烤美美地吃了一顿，犒劳自己。

由于出租草席瞄准了人们的需求，加上勤奋努力，冯上实的出租草席生意做得红红火火，每月的收入有6000多元。但是生意做大了，免不了会出现一些问题。这天晚上，来公园游玩的人非常多，冯上实忙得不可开交，他带来的50多张草席，在晚上6点多钟的时候就已经全部租完。冯上实只好焦急地看着表，等待着。7点10分钟，冯上实记得，有一对情侣租草席的时间到了。他找到那对情侣说："你们租一个小时的草席，现在时间到了，要是继续租，那请再交1块钱；如果不租，就把草席退给我吧。"冯上实话刚说完，对方竟破口大骂起来："你发神经吗？我租草席还不到20分钟。"冯上实意识到自己记错了，今晚有好几对情侣租了自己的草席。但是具体是哪对情侣，他竟然记不起来了。结果那晚，他丢失了好几张草席。

这样的事情后来又发生了许多次。

为了解决这个问题，冯上实想了个办法。他在每张草席上写上编号，每租出去一张草席，他就把该草席的编号和租的时间写在一个小本子，这样就不会混淆了。

随着出租草席的生意越来越好，冯上实自己一个人已经忙不过来了。他以每月500元的工资请了一名工人当他的帮手。但是，那名工人只干了一个月就辞职了。因为他看到冯上实出租草席的生意这么好做而且成本又很低，于是他干脆单干。冯上实多了一个竞争对手。后来，又有几个人加了进来，冯上实的出租草席生意冷淡了许多，原来每月能赚到6000多元，现在每个月只能赚到2000多元，而且这2000多元赚得还不轻松。

一次，冯上实正在和几名游客谈出租草席的事情。另外一名男子竟挤到冯上实的前面抢冯上实的生意。冯上实非常气愤，他把那名男子推开。对方一下子就冲上来，给了冯上实一拳。冯上实丝毫不示弱，和那名男子扭打成一块，结果客人全都吓跑了。

还有一次，几名客人准备租草席。他们问冯上实："大草席多少钱租一个小时？"冯上实回答说："2元钱。"那几名客人正准备掏钱租草席，突然，旁边有一中年妇女说："大草席1元钱1小时，我租给你。"结果那几名客人就跟中年妇女租了草席。

面对激烈的竞争，冯上实一直想着怎么样才能突出重围。一天，冯上实出租草席时，听到一名游客抱怨说："我很想租一张草席，但是你们的草席被那么多人坐过了，很不卫生，跟坐在草地上没什么区别。"冯上实想，一张草席多次出租后，确实很脏，别人的草席也是如此的。如果自己每天都把草席清洗消毒不是会更受欢迎吗？冯上实于是每天早上都把草席清洗消毒一遍，然后在草席上贴一张小纸条，上面写着：本草席已经清洗、消毒，请放心使用。这一招果然很灵，冯上实的草席大受欢迎，每天租出去的草席都比别人的多。但是，没过多久，别人发现了他的秘密，全都跟风。冯上实的生意又跌落了下来。

一天，冯上实经过海口一家动漫店时，被店里的动漫所吸引。他突然想，这些漫画多么有意思啊，要是能把这些漫画印在草席上，肯定大受欢迎。冯上实把自己的想法告诉在印刷厂的朋友。朋友说："印刷厂没有这项业务，你去问那些做广告喷绘的或许会有收获。"

冯上实到一家从事喷绘业务的广告公司询问，对方表示可以喷绘，但每喷绘一张草席要50元。冯上实犹豫起来，一张草席才几块钱，喷绘一张就要50元，比草席本身贵多了。但是他转念一想，现在出租草席竞争这么激烈，只有做到与众不同才能夺得市场。冯上实于是咬咬牙，花2000多元在50张草席上喷绘了各种不同的漫画图案，表达不同的含义。比如，喷绘有两颗心或者玫瑰的图案代表爱情，可以出租给情侣；喷绘有唐老鸭和米老鼠的代表童趣，可以出租给小孩；喷绘有桥梁的代表友谊，可以出租给结伴的朋友……

这些绘有可爱卡通漫画的草席非常受游客的欢迎。每天，冯上实的草席都被游客抢着租。其他出租草席的人看到冯上实的卡通草席如此受欢迎，也想去买来租，但是他们逛遍了海口都找不到这样的草席。他们问冯上实："你这些草席是到哪里购买的？"冯上实笑而不答。卡通草席使冯上实的生意再度火爆，他的月收入迅速上升到7000多元。

9月的一天，冯上实正在公园里出租草席，几名外国人向他走过来，其中一名貌似日本人的男子走到冯上实面前，叽里呱啦地说起来。冯上实根本听不懂他在说什么。男子于是用手指着冯上实手的草席。冯上实突然明白过来，他拿出一张大草席，递给那名男子，然后伸出2个手指头，想告诉对方，租金是2元钱。

那名男子却连连摇头说："NO，NO。"这下冯上实糊涂了，根本猜不透这人到底想干啥。男子急中生智，拿出一支笔和一张纸，然后歪歪斜斜地在纸上写下了3个字：榻榻米。冯上实以前读书的时候知道榻榻米是日式的草席，可这东西他哪里有呢。冯上实向男子摇摇头说："NO，NO。"那名男子耸耸肩，遗憾地走了。

冯上实想，榻榻米是日本人家庭装饰品，对许多人来说还是个新事物，如果能进一些来出租肯定大受欢迎。第二天，冯上实早早上街寻找卖榻榻米的店，可他逛了整整一个上午，竟然一无所获。冯上实于是上网查找，终于得到一条信息，北京的一家工厂生产榻榻米。冯上实马上与从该厂邮购了20张榻榻米。

半个月后，冯上实收到了榻榻米。当他带着榻榻米来到公园时，立即引起人们的好奇，不到一个小时，20张榻榻米全部租出去而且出租的价格还很高，每张1小时4元钱。榻榻米软硬适中，不论坐在上面还是睡在上面,都非常舒服,租用的游客都赞不绝口。

一名背有点驼的老大爷租了冯上实的榻榻米睡了1个小时后,感到很舒服。他对冯上实说:"小伙子,你的草席质量很好,睡着很舒服。以后,我来公园专找你租草席。"

由于冯上实善于出点子、不断改进,他的草席出租生意做得红红火火,月收入有10000多元。

 财富启示 草席是多么小的事物,谁能想到把它出租给在公园游玩的人能赚到钱呢? 能从平凡的事情中发现商机的人,往往都是爱动脑筋的人。因此,对日常的一些琐碎事物,要多往财富方面思考。

特价商品倒爷，倒出滚滚财源

在城市里,每天都有商家为了吸引顾客而推出少量折扣很低的商品,这些商品的价格远低于商品的正常价格。另外,还有一些商家低价出售样品和库存品,倒卖这些样品和库存品也能赚到一定的差价。这可是个很好的商机。

2000年,邓刚勇高考落榜后应聘到一家贸易有限公司当业务员。一天上午,他在报纸上看到一则广告:国美电器公司将于明天推出电饭煲、电磁炉等一系列特价商品回报顾客。一周前,邓刚勇的电磁炉因为不小心进水而导致短路,被烧坏了。他决定趁这次促销机会,买一台特价电磁炉,省些钱。

第二天早上6点多钟,邓刚勇来到国美家电公司才发现,该公司的店门前早已排起了长队。他只好加入队伍之中,苦等了近一个小时才买到电磁炉。虽然排队很辛苦,但他还是感觉很值。因为,他仅以200元的价格,就买到了原价300多元的电磁炉。

4月18日,邓刚勇的好友王宗盛到他家做客。当得知邓刚勇以200元的价格购买到那台电磁炉后,他美慕不已,竟要求邓刚勇把电磁炉转让给他,他愿意出230元。邓刚勇劝他自己去买,王宗盛则说:"这种促销活动并不是什么时候都有,要买到这么便宜的电磁炉很不容易。"最后,碍于朋友的面子,邓刚勇还是以230元的价格把那台电磁炉卖给了王宗盛。特价电磁炉转手卖给朋友赚了 30 元,邓刚勇高兴地想:"当时要是多买几台就好了。"

5 月 3 日劳动节,一家家具店打出广告,低价促销一款木制椅子。平时要卖 70 多元的椅子,促销期间只卖 30 元。这次,邓刚勇大方地购买了 10 张。椅子运回来,周围的邻居看了之后觉得很值,纷纷赶到那家家具店,也想购买一些。可最终,他们还是空手而归,因为促销椅子早被人们抢光了。

看到邻居们失望的样子,邓刚勇说:"我家用不了那么多椅子,如果谁想要,我可以以 40 元钱一张的价格卖给他。"他的话音刚落,几个邻居就争着要买。最终,邓刚勇以 40 元一张的价格卖给何大爷 5 张椅子,赚了 50 元。

看到倒卖打折商品挺赚钱,邓刚勇想,经常有商店推出少量打折商品吸引顾客。既然倒卖打折商品能赚钱,邓刚勇便辞掉了工作,当起了打折商品"倒爷"。

倒卖打折商品首先要了解哪些商店在搞促销。为此,邓刚勇每天都看报纸,了解每天的打折信息。5 月 23 日,一家通信公司打广告:将于 24 日推出少量特价手机。看到消息后,24 日早上,邓刚勇 6 点钟就到该公司的店门前排队等候。8 点半商店开门后,原本想多买几部手机的邓刚勇却被告知,每人限购一部。最终,他花了 100 元,购买到平时售价 300 多元的诺基亚 1100 手机。随后,他转手以 200 元的价格卖给刚丢了手机的好友张都爱,赚了 100 元。

倒卖打折商品果然挺赚钱!邓刚勇高兴地想:要是每天都能赚这么多钱,那可比当业务员强多了。然而,接下来的日子里,邓刚勇一般隔几天才看到打折广告。一个月下来,他倒卖打折商品只赚了 700 多元,比当业务员还是差了一点。看来倒卖打折商品并不像自己想象的那么好,邓刚勇有些泄气了。

7 月 10 日,邓刚勇看到一家数码专卖店打出横幅:本店新开业,部分产品特低价出售。店里早就挤满了人。邓刚勇挤进去后发现,该店卖的一款 256 兆 MP3 特别便宜,每个只卖 40 元。由于买的人很多,特价 MP3 的数量有限,他等了半个多小时还是没买到。

邓刚勇郁闷地想,这家店要是在报纸上打广告,自己就可以早点来,多买几部多赚些钱。可是,他们为什么不打广告呢?带着疑问,他问了店家这个问题。店家苦笑着说："我们也很想做广告啊，但我们只是小店，哪有钱做广告呢？"

邓刚勇这才明白过来，同时也意识到，自己光凭看报纸找打折信息的做法是不明智的。因为，很多店资金有限，没有能力在报纸上花钱做广告。看来想要买到更多的打折商品，必须得吃苦了。

为了方便购买打折商品，邓刚勇花1000多元买了一辆电单车，每天一大早，在各条主要街道转悠。哪里有打折商品卖，他就停下来购买。此举非常有效，第一天，他就以很低的价格购买到了手表、VCD机等几种商品，转手卖掉赚了60多元，一个月下来，竟赚了近2000元。

在倒卖打折商品的过程中，邓刚勇发现最赚钱的是那些价格特别低的限量商品。这些商品只要买到，转手卖掉就可以一下子赚上百元。但正是由于价格极低，这些商品很难买到，而且商家只允许每人购买一个。邓刚勇为此苦恼不已。

9月5日，邓刚勇遇到以前的同事吴宾勇的父亲吴瑞明。吴瑞明得知邓刚勇的难处后，说："我现在退休在家没事干，要不我帮你排队购买特价商品吧。"邓刚勇爽快地答应了，为了表示感谢，他还许诺吴瑞明每购买到一件特价商品，将给他一定的报酬。

9月9日，一家音响专卖店打出广告，将于10日推出少量特价DVD。邓刚勇把消息告诉吴瑞明后，第二天6点钟，吴瑞明就到那家店排队，以100元的价格买到了一台DVD。邓刚勇给了他20元的报酬后，以150元的价格卖出，赚了30元。

为了买到更多的打折商品，邓刚勇如法炮制，又找了3个退休老人帮忙。10月1日国庆节，一家家电公司打广告推出限量特价家电，有电吹风、电磁炉、电饭煲等，只要花1元即可买到，但数量很少，每种只有10台，而且每人只能购买一台。

第二天早上，邓刚勇和吴瑞明以及其他3位老人，从早上5点钟开始苦等3个多钟头，终于分别以1元钱买到电饭煲、电磁炉、榨汁机等5台小家电。邓刚勇给了每人50元钱作为报酬。随后，他把以每台130元的价格转手把5台小家电卖出，赚了300多元。

有了几个老人帮忙购买特价商品，邓刚勇倒卖特价商品的生意逐渐做大，收入也提高到每月5000多元。然而，生意做大后，他不可避免地遇到

一些问题,吃了不少亏。

11月13日,他和几个老人排了1个多小时的队,以每部20元的价格,购买到5部彩屏小灵通。在付给老人每人20元后,邓刚勇以每部120元的价格转手卖出。可是,3天后,对方找到他,大骂道:"你是个骗子,把这些坏的小灵通卖给我,你必须给我退货!"

原来,这几部小灵通是旧货,被商家翻新后当特价商品卖,以吸引顾客的眼球。邓刚勇给对方退货之后,找商家理论。可当初购买小灵通时,邓刚勇他们根本没有向商家索要发票,商家死都不认账,邓刚勇只好吃了哑巴亏。经过这次教训后,邓刚勇购买特价商品时,每次都向对方索要发票和保修卡,以防万一。

在购买特价商品的过程中,邓刚勇还发现,有些商家声称推出折扣很低的商品,可实际上这些商品没有打折。因为商家把商品的价格虚报得很高再打折,这样就相当于没打折。

一次,邓刚勇看到一家珠宝店打出广告:店内部分项链打2折。他欣喜地走进去后才发现,本来只值1000多元的项链,其原价竟被标到8000多元,然后再打2折,实际上就等于没打。对于这样的商品,邓刚勇从来不买。

最初,邓刚勇买到特价商品后,都是转手卖给熟人。可毕竟熟人的市场太小,当邓刚勇买到的特价商品越来越多后,熟人再也消化不了这些商品。看着屋子里堆放的特价商品,邓刚勇整天愁眉不展。

一天,邓刚勇在一个二手交易网站上看到,许多网友在上面发帖,出售各种物品,跟帖的人还相当多。他马上把自己积压的特价商品拍照,然后传到网上,标明出售的价格并留下电话。令他意想不到的是,还不到一个小时,就有人打来电话。

在某旅游公司工作的陆先生,看中了一台微波炉。这台微波炉买进的价格是150元,陆先生上门查看了之后很满意,最终以200元的价格买走。

还有一位在外企工作的彭小姐,看中了一台果汁机,硬是拉上男朋友到邓刚勇家里验货并最终以160元的价格买走。这台果汁机邓刚勇购买的价格为120元。

有了网络的帮助,邓刚勇积压的打折商品才3天就全都卖完了。高兴之余,邓刚勇筹划着,把生意做得更大。然而,此时,由于买特价商品需要排很长时间的队，几个老人中有两个受不了这种苦退出了。邓刚勇想找其他人顶替，却一直没有找到。

一天，他接到好友妹妹周芽芳的电话。原来，周芽芳刚应聘到一家大型电器公司当售货员。她告诉邓刚勇："我们公司有促销活动时，我可以帮你买到特价电器。"邓刚勇许诺，只要她帮忙购买到特价电器，他可以给她一些报酬。

在周芽芳的帮助下，每当该电器公司搞促销活动时，邓刚勇都能轻而易举地买到特价商品。5月1日劳动节，周芽芳所在的公司搞促销，她帮邓刚勇以每台150元的价格买到3台豆浆机。邓刚勇给了她100元的报酬后，转手以每台250元卖出，赚了200元。

这件事使邓刚勇意识到，想要及时地了解各个商家的打折信息，买到更多的特价商品，与各个商家的售货员搞好关系非常有必要。于是，邓刚勇利用空余时间，到很多店假装买东西，与售货员套近乎。一个月后，他"拉拢"了十多名售货员，他们都答应，会第一时间把店里的打折信息告诉他并帮他购买打折商品。邓刚勇答应给他们一定的报酬。

有了这么多"线人"的帮助，邓刚勇轻而易举地购买到很多特价商品，月收入高达7000多元。

4月12日，当售货员的张小姐打电话问邓刚勇："你要不要样机？我们公司今天特低价处理一些样机。"邓刚勇到现场了解后才知道，所谓的样机，是指经常摆放在柜台供顾客试用的家用电器。这些家用电器原本也是新机器，质量没什么问题，只是由于给顾客试用后外观看起来较旧而已。

这些电器，邓刚勇不敢贸然买下，因为使用过的机器买回来后，只能当二手商品出售，很难卖出高价。经过与商家长时间磨嘴皮，商家答应以很低的价格把样机卖给他并同样给予三包，只是三包的期限比正常的要短些。

这些样机有饮水机、电磁炉、电风扇、电热水器等，售价只是新机的一半。邓刚勇买回来后，把它们一一拍下图片，然后上传到浏览量较大网站上的跳蚤市场专区，以高出买价20%的价格出售。为了让买家对这些电器的质量放心，邓刚勇标明这些电器是样机，有保修卡。图片传上去后，找邓刚勇买样机的人络绎不绝。

短短2天，邓刚勇就把15台样机卖完，赚了600元。惊喜之余，他想：

既然卖样机这么赚钱,而大多数商家都有给顾客试用的样机,如果能大量收购到样机,转手卖出利润肯定很丰厚。于是,他决定把业务扩大到倒卖折扣很低的样机。

为此,他把帮自己买打折商品的售货员全都请出来,到宾馆大吃了一顿,让他们帮忙购买样机,他同样许诺将给予他们一定报酬。在这十多名售货员的帮助下,邓刚勇很容易就购买到许多样机。

6月11日,在某手机店当售货员的罗小姐告诉邓刚勇,公司将低价处理一批样品手机,要他赶紧过来。邓刚勇赶紧打车赶过去,经过讨价还价后,以15000元的价格买下了31部样品手机。由于手机是热销产品,而且这批手机中有许多新近流行的款式,才3天就全部卖完,他赚了2000多元。

在卖样机的过程中,不少人向邓刚勇抱怨说:"这些样品手机价格很低,质量也没问题,就是外观太旧了,拿在手上不好看。"他们的抱怨不无道理,但样机不可避免都这样,否则价格也不会那么低。

一天,邓刚勇经过一家手机维修店时看到该店柜台上贴了张纸,上面写着"手机外壳翻新"几个字。维修师傅正忙着把一些旧手机的外壳翻新。邓刚勇脑海里闪过一个想法:如果把样机翻新,不是更容易卖出去吗?他决定试一下。

几天后,他把低价收购来的3部小灵通拿到一家手机维修店翻新。维修师傅在小灵通的外壳上喷上一层漆后,小灵通的外观焕然一新,跟新买来的机器没什么两样。果然不出邓刚勇所料,这些翻新后小灵通很快被人买走。此后,每当购买到样机后,邓刚勇都会对其外观翻新后再出售。但他在出售时,都会如实地告诉顾客,这些产品是翻新后的样机。他的诚信博得了顾客的好感,许多人还介绍亲戚朋友向他购买样机。

业务范围从倒卖打折商品扩大到样机后,邓刚勇一个人已经忙不过来了。他招聘了3名员工,每天帮忙购买和销售打折商品和样品。后来,一些售货员告诉他,很多商店都积压了一些库存品,为了方便资金周转,很多老板都以极低的价格抛售库存品。邓刚勇于是又把业务扩大到倒卖库存品。

在他的努力下,他倒卖打折商品、样品和库存品的生意越做越大,月收入已经突破万元。目前,他正准备租个店面专门卖特价商品,大干一番事业。

创业的路有千万条，邓刚勇运用他的聪明才智，通过辛苦打拼，终于月入过万。他的成功给我们的启示是：做生意不外乎低买高卖，只要你发现了价格低廉又有市场的产品，不妨也去做个"倒爷"，说不定下一个成功的人就是你！

留名墙：给别人留名，为自己添财

很多人旅游时，总爱在旅游景点的墙上或树上刻上自己的名字和"到此一游"几个字，这种做法损坏了景点的整体形象。喜欢游山玩水的林玲英突然来了灵感，在旅游景区租了一小块地，筑起一道墙，供游客留名。小小的一道墙能给她带来什么呢？

　　林玲英是个爱玩的女孩，早在中学时，就经常组织同学到野外烧烤、开PARTY。2000年，高中毕业后，她从家乡吉林省来到海南读大学。

　　到海南后，林玲英很想来个环岛游，饱览一下美丽风光。无奈，她的家庭经济条件不是很好，囊中羞涩。贪玩的她只好像高中时代那样，组织同学们到野外开PARTY。

　　大三那年，功课减少后，她的空闲时间多了起来。为了实现环岛游的梦想，林玲英拼命做家教攒钱，最多的时候同时做5份家教。那段时间，她像陀螺似的，一下课就匆忙搭公交车赶往学生家，每天都是晚上11点后才回到学校。

　　大三结束时，林玲英终于攒够了钱。那年暑假，她约了几名同学，进行自助环岛游。在琼海白石岭，当她们经过艰苦攀爬终于登上山顶时，眼前豁然开朗，放目远眺，美景尽收眼底。即将下山时，林玲英发现同学张兰桂在一块石头上刻上"张兰桂到此一游"几个字。林玲英责怪她说："你在上面刻字破坏了石头的天然之美。"张兰桂努努嘴说："又不是只有我一个人这么做。"顺着她指的方向，林玲英看到附近的几块石头上都刻有"×××到此一游"几个字。这些刻有字的石头看起来很扎眼，林玲英倍感痛惜。幸好这些石头都在隐蔽处，不会影响到景区的美观，

　　在东山岭，情况可就大不一样了。山上很多石头都被杂乱地刻上字，

非常不雅观。林玲英问景区管理人员,为什么没人制止游客在石头上刻字。景区管理人员说:"我们人手有限,每天来游玩的人又那么多,我们怎么管得过来?"

这次环岛游,林玲英玩得很开心。美中不足的就是,差不多在每个景区她都看到有人在石头或树木上刻上"×××到此一游"几个字。这些字和周围的景色看起来很不和谐,仿佛一张美丽的脸庞被人划了几刀。

大学毕业后,林玲英考取了导游资格证,应聘进一家旅游公司当导游。在带团的过程中,每到一个景点,都有游客饶有兴趣地用小刀在石头或树木上刻自己的名字。每次看到这样的事情,她都勇敢地出来制止,很多时候,她都遭到游客的谩骂。见多这样的事后,林玲英突然冒出了一个想法:假如在景区筑一道墙专门供游客留名字,不是可以防止游客随便刻字吗?只要这道墙筑在合适的位置,筑得美观,不但不破坏景区的和谐,还能成为一道亮丽的风景呢。

2006年4月的一天,林玲英带团在天涯海角景区游玩时意外地认识了一家有名的广告公司的老总孙先生。她把自己的想法告诉孙总后,孙总肯定地说:"这个想法很好,关键是这道墙要筑得美观、有特色,要能和景区的整体形象保持一致。"

得到孙总的肯定,林玲英顿时产生了一股创业的冲动。然而,男友却责备她说:"不就是筑一堵墙吗?你能搞出什么名堂?还是安心当导游吧,导游的收入那么高,你还朝三暮四干吗?"林玲英是个很有主见的人,很少受别人的影响,有了想法,她总是尽力实现。一个月后,她毅然递交了辞职报告,着手进行留名墙项目的策划与开发。

林玲英熬夜写了项目的详细介绍以及可行性报告。接着,她挨个景区打电话找负责人谈合作事宜。然而,电话打了几十个,竟然没有联系到一个老总。后来,一位跑业务的朋友告诉林玲英:"当老总的每天都有一大堆人找他,他的电话员工是不敢随便透露给别人的。"林玲英只好亲自上门,到各景区守候老总。

功夫不负有心人,文昌市一家旅游景点的周总听了林玲英的介绍后,很感兴趣。他问林玲英:"这个创意不错,但是你想让我们投入多少钱呢?"林玲英说:"不需要你们景区投资,你们只需租一小块地给我,然后批准我筑一道墙就行。"周总原以为林玲英找自己是想让自己出资开展该项目,没想到这个项目不仅不需要景区出钱，而且还能给景区带来收入。这样的好事，有什么理由拒绝呢？两天后，林玲英和该景区签订了合同，以 1000 元的月租金租了一块 10 平方米的长方形土地。

接着，林玲英找来施工队，花了一周的时间筑了一道高 3 米、长 5 米的墙。为了使墙与景区的风景和谐一致，林玲英还找来装修公司，对这道墙进行艺术装修，使之看起来更美观。两周过去了，留名墙终于完工。为了让顾客了解留名墙，林玲英印刷了精美的传单，发给来景区游玩的顾客。那些喜欢在景区留名的游客，听说有这样的一道墙，都过来用小刀在墙上刻下自己的名字。墙上留一个名，林玲英只收 2 元。由于来景区游玩的人很多，开业的当天，林玲英就赚了 200 多元。

一天，一名来自上海的游客问林玲英："假如留名墙刻满名字了，该怎么办？是重新筑一道墙，还是把上面的名字全抹掉？"林玲英被难住了，这个问题，自己从来没考虑过呢。

后来，她征求多人的意见后，找到了解决的办法：每个游客所留的名字在墙上保留一年，如果游客想保留更长的时间得另外付钱，每延长一年增加 5 元。

自从景区有了留名墙后，景区里的树上、石头上再也看不到有人在上面刻字了。景区领导为此对林玲英表扬了一番，并且保证合同期满后优先考虑与她合作。

一名来自广西的游客直言不讳："我旅游每到一各景点都爱刻下自己的名字，虽然我知道这么做不好，可这习惯总改不了。有了留名墙，我可以大胆地随意地留下自己的名字，而且留名墙还有人看管，名字不会被抹掉，如果我有朋友来此游玩，还可以看到我的名字呢。"

在留名墙上刻字，一般是由游客自己来刻，但也有不少游客觉得自己刻的字不好看。林玲英便招聘了一名有刻字专长的员工，专门为这类游客刻字。留名墙的经营成本不高，除去员工工资、土地租金和其他费用，林玲英每月大概赚 5000 元左右。正如男友所说，与当导游相比，这些钱不算多，但留名墙带给林玲英的创业乐趣和成就感是当导游无法比拟的。

2007 年 6 月的一天，一对情侣游客问林玲英："有没有专供情侣留名的墙？"林玲英告诉他们没有之后，女的失望地说："这么多人的名字杂乱地刻在上面，一点意思都没有。我想把我和男友的名字刻在一起，还要写下爱的誓言,这样才够浪漫。"

林玲英觉得这对情侣说得很有道理,留名墙光留个名字没多大意思,要是把留名墙和情感联系起来,那才够浪漫呢。她当即向景区管理部门申请,又筑了两道墙,分别起名为爱情留名墙、长寿留名墙,原先筑的那道墙命名为单身留名墙。爱情留名墙专门给情侣游客留名和写上爱的誓言;长寿留名墙专门给老人留名和写上祝福长寿的话语;单身墙当然是给单身的人留名。

留名墙分类后更加激起游客的兴趣。尤其是爱情留名墙,来景区游玩的情侣都纷纷前来留名,写下爱的誓言。一对来自内蒙古的情侣在爱情留名墙上刻下两人的名字后,幸福得泪花闪闪,女的喃喃地说:"我对你的爱永远不变!"男的也感动地说:"我也一样。"原来这对恋人刚经历了一场大风波,他们两家的父母有过恩怨,不允许他们在一起。他俩排除了重重阻碍才走到了一起。

在单身留名墙上,许多人不仅留下自己的名字,还留下自己的联系方式,想结交有缘分的异性朋友。据林玲英打电话调查,不少单身朋友通过这种方式找到了自己的另一半。

为了扩大留名墙的知名度,林玲英多次请求景区领导在景区的宣传画册和广告中适当加以介绍。景区领导经过讨论后答应了林玲英的请求,于是留名墙慢慢有了知名度。

后来,林玲英陆续接到其他景区领导打来的电话,要求与她合作,在景区筑留名墙。林玲英意识到机会来了。她把生意交给男友打理,自己先后与10多个景区的领导商谈合作事宜。由于林玲英所提的条件非常有利于景区,她很快就谈妥了合作条件,与9家景区签订了合同。

然而,由于业务量大,需要投入的资金很多,林玲英的资金根本不够,但这难不倒她。她拿着与那9家景区签订的合同找银行贷款。最初,银行不理睬林玲英,认为她是个骗子。后来林玲英让那9个景区出面做担保,银行才把钱贷给她。

有了银行的贷款,9个景区的留名墙项目很快开工了。林玲英整天穿梭在几个景区之间,忙得不可开交。

3个月后,9个景区的留名墙先后筑成,林玲英把已有的留名墙的经营模式复制过去,大获成功,每个景区的留名墙都当月就实现了盈利。

后来，林玲英先后在 15 个景区筑起了留名墙，事业越做越大。她的目标是，让留名墙之花开遍全国每个景区。

> 　去旅游，人们见到最多的不文明现象莫过于在树上或石头上刻上"×××到此一游"了。留名墙既满足了人们留名的需求，又能赚钱。可谓一举两得。"坏事"中往往隐藏着"好事"。

8. 换个位置，俄罗斯工艺品迂回的财富战术

满洲里是中俄通商的口岸，俄罗斯产品随处可见。因此，在当地买到俄罗斯产品并不是什么难事。但在千里之外的南方地区，俄罗斯产品可不是随便就能买到的。一个在满洲里当小贩的小伙子，迢迢千里来到南方，开起了一家俄罗斯工艺品店。物以稀为贵，这些俄罗斯工艺品很受欢迎，他的生意做得有声有色。后来，他注册了自己的品牌，竟把俄罗斯工艺品又卖回到满洲里，甚至俄罗斯。

20 世纪 80 年代出生的王勇广是东北人，中专毕业后，到满洲里给做服装生意的叔叔打工。满洲里是中俄贸易往来最热闹的城市之一，每天都有很多俄罗斯人来此做生意。当时俄罗斯的日用品奇缺，一条大衣换到一辆摩托车也不是什么新鲜事，许多人因此而发家。

年轻气盛的王勇广看到别人热火朝天地赚钱、做老板，心里也痒痒的，总想出去干一番事业。可他身上一点本钱都没有，这生意怎么做呢？

王勇广终于按捺不住心里的那股闯劲，向叔叔提出辞职。从叔叔的店里出来后，身上只有 800 元钱的王勇广马上找到一家牙刷批发店，批发了一大箱牙刷，然后上街推销。看到俄罗斯人就问："要不要牙刷？"当时来满洲里做生意的俄罗斯人多少都懂那么一两句中文，而王勇广也懂几句俄语，再借助手势，他竟也做成不少买卖。一天下来，也能赚到几十块钱。后来，他又学精了，看到什么好卖就进来卖，只要能赚钱，他就很开心。

一年之后，凭借当街头小贩，王勇广赚了 3 万多元钱。一天，王勇广正提着货物在街上叫卖，一不小心，和一个俄罗斯人撞了个满怀。王勇广连忙说："对不起！"俄罗斯人也赶紧说抱歉。当俄罗斯人发现王勇广是做买

卖的后,半开玩笑地说:"你想做工艺品生意吗?"王勇广也随意地回答说:"想啊!"俄罗斯人于是递过来一张名片,他叫斯坦科维奇,是一家工艺品公司的总经理。

斯坦科维奇告诉王勇广,如果他想做工艺品生意,可以给他赊两次货,但前提条件是王勇广必须有铺面。

当了一年多的街头小贩,赚的都是小钱,王勇广早就厌倦了。他一直想着,怎样把生意做大些。听了斯坦科维奇的介绍,他动心了。一个星期后,王勇广以3500元的月租金,租了一个100平方米左右的铺面。

叔叔得知消息,马上赶来制止,说:"中国的工艺品生产厂家多如牛毛,你卖俄罗斯工艺品没有市场。"可倔强的王勇广还是坚持做俄罗斯工艺品生意,他的看法是,正是因为少人做,所以市场空间才大。

11月28日,王勇广的铺面装修完毕,斯坦科维奇果然给他发来一批俄罗斯皮具和手表、军刀等工艺品。叔叔来到店里看到王勇广卖皮具,不由连连摇头,叹气说:"中国生产的皮具不知比俄罗斯的便宜多少倍,谁会来买你的皮具?"

王勇广却满怀信心。为了尽快打开市场,他每天都到人流量大的地方散发传单。有几天甚至到火车站,顶着寒风,见人就发。然而,俄罗斯工艺品生意真的不像他想象的那么好做。几个月过去了,他赚到的钱仅够付租金和员工工资。

斯坦科维奇告诉他,这些工艺品是高档消费品,销售对象是高收入人群,因此,要采取针对性的销售策略。王勇广才意识到,生意不好是因为自己没有很好地给产品定位,销售目标不明确。他赶紧转变策略,在高档商场租了个柜台卖。可几个月过去了,工艺品销售还是没有任何起色。苦苦坚持了近一年,还没赚到钱,他开始动摇了。

后来,他想,在满洲里俄罗斯工艺品到处可见,到南方卖俄罗斯工艺品说不定有市场,何必要死守在这里呢?为了证实自己的想法是否可行,王勇广抽时间到南方几个城市走了一趟,果然,在南方极少看到有人卖俄罗斯工艺品。王勇广决定离开满洲里,到南方闯一闯。

4月,王勇广来到了海口。经过一番考察,他以每月1800元的租金租了一个铺面,简单装修后,7月5日,小店开张了。店虽小了些,但里面的工艺品种类却不少,而且件件高档,狼皮钱包、野猪皮手提包、军刀、手表……

开业当天，小店里挤满了人，有的人带着好奇心来看看就走，大多数人大方地购买。价格虽然较高，但他们说这是好东西，值这个价。一天下来，王勇广竟赚了 1000 多元！这是他始料不及的。

首战告捷，王勇广充满了信心。他一边联系斯坦科维奇，让他发货，一边琢磨着怎样扩大影响。两个星期后，第二批货到达，王勇广的点子也出来了。他印刷了许多精美的传单，上面有各种工艺品的图片，而且还赫然印着一行醒目大字：本店所有工艺品均论两卖，50 块钱一两。

"手表那么轻，论两卖不是亏了吗？"员工问王勇广。员工问得很有道理，店里的手表全是好表，论两卖确实赚不到钱。然而，王勇广自有他的想法，他算过，手表论两卖，只能保本。但是，来店里购物的顾客，不可能全冲着手表来，当他们看到其他的工艺品后，谁能保证他们不动心呢？而其他商品论两卖，利润却是很丰厚。

王勇广的算盘打得很准。传单散发出去后，人们都感到好奇，纷纷来店里看个究竟。当他们看到一件件做工精美、质地优良的工艺品后，购买的欲望高涨。为了了解价格，顾客不得不拿着挑中的工艺品到称上称。这滑稽的一幕令店里的顾客都忍俊不禁，王勇广却在一旁暗喜。

几天后，王勇广这个论两卖的俄罗斯工艺品店慢慢传开了，店里的生意出奇的好。那个月他赚了 2 万多元。

生意持续红火，引起了别人的关注。几个月后，王勇广发现市场上出现了其他卖俄罗斯工艺品的店。王勇广佯装成顾客去了解，其实那些店卖的所谓俄罗斯工艺品全是国内生产的。为了突出自己的正宗，王勇广与厂家签订合同，做他们的总代理，接着花钱在报纸、电视等媒体上发表了声明：本店的工艺品是正宗俄罗斯工艺品。

许多商家看到声明后主动找上门来，要求代理王勇广的俄罗斯工艺品，市场一下子就扩展开了。

10 月的一天，一名女孩问王勇广："你们的钱包可以定做吗？"王勇广不解地反问她："你想定做吗？为什么呢？这里有那么多款式的钱包，难道没有一个合适你吗？"女孩有点羞涩地说："我想定做一个印有我的名字钱包送给我男朋友。"原来如此！这可是个追求浪漫的女孩。王勇广很想帮她，可厂家告诉他，定做钱包最少要 100 只，否则成本很高。

后来,王勇广想到了一个可以定做钱包的办法,他在店门口挂出标语:本店可以定做各种工艺品。标语挂出来后,不少人找他定做工艺品。他把每个人的要求和联系方式记下来,等积攒够 100 个人后,再与厂家联系定做。这种方法虽然拖的时间久了一些,但来定做的人还挺多。

在外企工作的张小姐为了给男友一份特殊的礼物,提前定做一只手表,她要求手表上刻有她的个性签名。等了 3 个多月,当拿到这只特殊的手表时,她的兴奋之情溢于言表。而在三亚工作的李先生,听说王勇广的店可以定做俄罗斯工艺品后,专门驱车从三亚赶来,为女友定做一个印有他的照片的背包。他说,只想给女友一个大大的惊喜。

当定做个性化工艺品的人越来越多后,王勇广突然产生了个想法,为何不注册一个自己的品牌,委托厂家定做呢? 有了自己的品牌,生意才能做大,王勇广马上注册了一个商标。

根据以往定做工艺品的经验,王勇广发现与爱情有关的各种符号,比如红心、丘比特之箭等,非常受年轻人的喜欢。他找到广告公司,让他们设计了许多与爱情主题有关的工艺品图案,然后交给俄罗斯的厂家生产。

两个月后,第一批拥有自主品牌的工艺品生产出来了。这些工艺品有手链、手表、钱包、风铃等,每种工艺品上都刻有象征爱情的符号和爱的誓言。这些工艺品一摆出来就大受欢迎,一天能卖出上百件。

随着产品的日益畅销,品牌的影响力也逐渐扩大,许多人找上门来,要求加盟。时机已成熟,王勇广开始大手笔运作起自己的品牌。

他制定出合理的加盟政策,接着投放广告。一时间,来自广州、上海、北京等地的电话响个不停。经过仔细挑选,王勇广发展了十几家加盟店。有意思的是,由于他的产品非常时尚,受年轻人的欢迎,远在满洲里的商人也找到他,要求加盟。甚至在俄罗斯的合作伙伴斯坦科维奇,竟也在俄罗斯卖起了他的产品。产品的热销使王勇广的收入不断地增加,他也实现了自己的财富梦。

从北到南,选择南方市场空白的地方作为事业的起点,起步后再杀回北方,王勇广这种迂回的战术告诉我们,商场如战场,换个位置,也许你的事业就会发生重大转变。

创业过程中，我们遇到的第一问题是：做什么。许多人找到项目并着手开始创业后，却困难重重，于是想到了放弃。王勇的经历提醒我们，在遇到困难的时候，要认真地想一想"怎么做"。

给鞋穿"袜子"，在小区卖宁静

钢筋水泥，城市越来越拥挤。汽车的喇叭声、街道的喧闹声，声声入耳。夜晚来临了，扭亮橘黄的台灯想读一篇美文或者拥被入眠。忽然，咚咚咚，楼道传来皮鞋敲打水泥的刺耳声。刚静下的心，莫名地烦躁起来……

这样的经历，很多人都有过，却少有人在意其中隐藏的商机。

孙河雄是个典型的夜猫子。大学时代，他就经常点着蜡烛看书到深夜。他就读的大学临江而建。深秋的夜晚，瑟瑟秋风吹起时，他能听到江水的滔滔声，大自然的伟大神秘感油然而生。

大学毕业后，孙河雄应聘到一家大型广告公司做文案。创作文案需要灵感，孙河雄白天是没有灵感的。原因很简单，办公室里人来人往，交谈声、电话铃声此起彼伏；窗外，汽车鸣着高音喇叭呼啸而过。这样吵闹的环境，孙河雄的心没法静下来。每次领导安排任务后，他都是拿回家，就着夜晚的宁静，完成任务。

11月的一天，领导给孙河雄布置了一个重要任务，为某大客户投放的广告创作文案。深夜12点多，孙河雄沏了一壶茶，坐在桌子前，正构思着文案。突然，楼道里传来咚咚的声音，孙河雄的思绪一下子被搅乱，顿时没了创作的灵感。半个小时后，他好不容易静下心，楼道又传来咚咚的声音。他思路再次被打断，没了创作心情。

这样的事，孙河雄后来又遇到很多次。每次，他都只能默默地忍受。有什么办法呢？住户有的加班，有的应酬，晚归很正常，而且，人家又不是故意的。再说了，他自己也有晚归，把楼道踩得咚咚响的时候。

有没有什么办法解决这个问题呢？每次，孙河雄被"骚扰"的时候，都思考着这个问题。12月的一个深夜，孙河雄被楼道传来的咚咚声惊扰后，突然想起大学时，去电脑房上课，老师都要求同学们穿上一个塑料鞋套，防止静电。穿上塑料鞋套后，走路时，脚下发出的是轻微的沙沙声，而不是高分贝的咚咚声。

孙河雄想，如果住户穿着这样的鞋套上楼，楼道就不会有咚咚的声音了，这样别的住户就不会受到影响了。

几天后，孙河雄找到小区物业管理负责人，把自己的想法告诉对方。负责人说："这事关系到整个小区的住户，我得做个调查才能决定。"负责人随后做了调查，结果发现，住户都和孙河雄一样，对深夜楼道里传来的咚咚声，深恶痛绝。负责人于是采购了 30 几双塑料鞋套，小区住户如果晚归，小区门卫就要求住户穿着鞋套回家，第二天再把鞋套拿回来。自从晚归住户穿上鞋套后，楼道里果然安静了下来。住户对此大加赞赏。

孙河雄跟同事说起此事，同事都说，这个想法很好，并问他哪里可以买到鞋套，他们也要回去跟所住小区物业商量，推广这种做法。孙河雄于是思考开了：喧嚣的都市里，人们其实更渴望一份宁静，如果到各个小区推销这种鞋套，肯定大受欢迎。城市里有那么多小区，这是一个多么大的市场啊！

孙河雄找到广东某鞋套经销商，经过艰苦谈判后，对方答应以批发价给他供应鞋套。孙河雄接着印刷了一盒名片，然后到各个小区"扫荡"。

然而，由于让住户穿鞋套这种事以前从来没有过，孙河雄推销起来遭到不少拒绝。5 月 10 日，孙河雄向龙凤小区物业管理负责人推销鞋套时，对方当即拒绝了。孙河雄还想解释什么，该负责人生气地说："你再不走，我就叫保安把你轰走了。"孙河雄急中生智，赶忙拉住一名从小区里出来的住户，问他："您有过深夜被晚归的住户吵醒的经历吗？"那名住户点了点头，向孙河雄和物业管理负责人大吐深夜被吵醒的苦水。物业负责人顿时无语。孙河雄抓住机会介绍说："只要你让晚归的住户穿上这鞋套，他走在楼道上，就不会发出咚咚的声音了。"

物业负责人语气终于缓了下来，说："这是整个小区住户的事，我得先征求所有人的意见。"由于穿上鞋套确实能避免晚归的住户对其他住户的影响，该小区的住户绝大多数都赞同。该小区物业管理公司于是购买了孙河雄 50 双鞋套。生意终于开张了，孙河雄高兴得哼起了小曲。

接下来的日子里，孙河雄又变换使用套近乎、送小礼品、死缠烂打等方法推销出去 200 多个鞋套。第一个月，孙河雄赚了 4000 多元。钱不是很多，而且赚得很累，但孙河雄还是很开心，他相信随着自己的努力，生意会越做越大。

然而，问题很快就出现了。7月3日，一名以前的客户王经理给孙河雄打来电话，责备说："你卖的是什么鞋套啊？还没用几次全烂了。"孙河雄赶过去一看，果然，那些塑料鞋套早就烂了几个洞。原来，这些鞋套的塑料不够厚，经不起磨。

产品的质量关系到生意的成败，如果不解决这个问题，鞋套的业务肯定做不下去。孙河雄仔细思考后，觉得塑料鞋套不能符合市场需求，一是不耐磨，二是外观不好看。经过几次试验后，孙河雄决定采用布料来制作鞋套。

7月8日，他与厂家联系，要求厂家为他生产一批布料鞋套。但厂家当即拒绝了，因为厂家生产的塑料鞋套本来是用来防止静电的，而不是防噪音的。再加上，孙河雄定做的布料鞋套量太少，成本过高。无奈之下，孙河雄只好咬咬牙，花3万元，一下子定做了1万只布料鞋套。

2个月后，1万只布料鞋套终于发到。这些布料鞋套非常柔软，套在皮鞋上走路，一点声响都没有，孙河雄把这些鞋套命名为防噪音鞋套。

孙河雄带上这些防噪音鞋套去推销，竟大受欢迎。9月20日，孙河雄到一栋商住两用楼推销时，该楼的物业公司一下子就买了200双。原来，该楼开有一家午休所，每天中午，附近学校的小学生都咚咚跑上跑下，严重影响到住户的休息，住户对此意见很大。但这楼毕竟是商住两用楼，午休所又很正规，什么手续都有，物业公司无法干涉。一直以来，住户只能默默忍受。

物业管理公司要求进出的小学生都穿上防噪音鞋套后，楼道里顿时没了上下楼梯时发出的咚咚声，住户对此大加赞赏。

10月的一天，孙河雄接到一个陌生的电话，对方自称是某医院的领导，要他过去谈业务。孙河雄马上赶过去，对方仔细看了孙河雄带来的布料防噪音鞋套后，当即定购了500双。

原来，该医院的住院部，来看望病人的人很多，这么多人走在楼道，发出的声响很大，严重影响到病人的休息，进而影响到他们的病情。病人对此意见很大，医院尝试过多种方法都没有效果。

自从让来访者穿着防噪音鞋套进出后，医院住院部的楼道里顿时没了往日的噪音，病人对此很满意。

做成这家医院的生意后，孙河雄马不停蹄地与其他医院联系，向他们推销防噪音鞋套。由于其他医院都有类似的情况，他们都很爽快地购买了孙河雄的防噪音鞋套。短短1个月，孙河雄就卖出了3000多个鞋套，赚了1万多元。

11月3日，孙河雄向一家物业管理公司的负责人推销防噪音鞋套时，该小区负责人说："我们已经买了，而且价格比你的还便宜呢。"孙河雄大吃一惊，之前他调查过，只有他一家在做这种业务，怎么现在有人来抢生意了？

孙河雄调查后发现，原来别人看到防噪音鞋套这么好卖，市场又不错，于是也组织人员生产销售。这种防噪音鞋套制作简单，根本就没有什么技术含量，别人一看就可以模仿生产。

孙河雄顿时感到莫大的压力。商品同质，只能靠品牌服务来取胜。他赶紧注册自己的品牌，并投放了一定的广告。接着，他招聘了几名业务员，没日没夜地推销防噪音鞋套，抢夺市场。采取了一系列的措施后，孙河雄终于抢占了大部分市场。那些仿冒者逐渐销声匿迹。

针对老顾客，孙河雄还推出了一项优惠政策：老顾客今后如果购买防噪音鞋套，孙河雄将给予价格上的优惠，另外还赠送一些小礼品。

市场逐渐饱和后，孙河雄在网上开了家店，把鞋套卖向全国。网上做买卖，聚集人气很关键。孙河雄让员工经常到各大论坛发帖，介绍自己的产品。由于防噪音鞋套瞄准人们的需求，网上买的人也很多，孙河雄一天能卖出上百双。

孙河雄卖防噪音鞋套已经赚到了人生的第一桶金。目前，他准备购买机器，自己设计生产防噪音鞋套，这样利润将更大。他的目标是，把防噪音鞋套的生意不断做大，等积累了足够的资金后，再把生意扩大到其他防噪音项目上。

| 财富启示 | 城市越来越喧嚣，人们更加渴望的是宁静。噪音严重干扰了人们的休息，影响到人们的健康。随着生活水平的提高，健康越来越重要了。多了解人们在健康方面的需求，或许你会看到一条财富大道。 |

卖新鲜，"换用手机店"换出滚滚财源

手机用了一段时间，谁都不会再有新鲜感。重新换一部手机？一部手机少则几百元，多则几千上万元，不是谁都可以想换就换的。但到许灵韵的"换用手机店"可就不一样了，只需花极少的钱，就可以随意换用你喜爱的手机。

2006年，许灵韵大学毕业后应聘进一家外企当翻译。活泼好动的她很快在公司结交了一帮要好的同事。她们都是高级白领，很讲究品位，用的是高档化妆品，穿的是名牌，手机不用说，也都是名牌。

许灵韵有点怀疑，自己是否得了手机综合征。工作空闲，她总爱掏出手机，发发信息或者玩一下游戏。她把自己的情况告诉一位学心理的朋友时，朋友说："不用担心，工作空闲玩一下手机，有助于缓解压力。"许灵韵这才释然。

然而，手机刚买了两个多月，许灵韵就腻了。手机的功能，她早就学会，里面的游戏也已玩了上百遍，一点新鲜感都没有。除了拨打接听电话，她懒得去碰一下手机。后来，跟同事谈起此事时，同事都说有同感。许灵韵于是建议说："要不咱们换手机使用吧。"同事都一致赞成。

此后，她们每隔一段时间都换手机使用。不同的手机带给她们新鲜感，给她们增加了许多乐趣。

换用完同事的手机，许灵韵又恢复了原来的心情，总觉得自己的手机很土，老是看不顺眼。她咬咬牙，花3000多元买了一部诺基亚手机。而原来的那部价值2000多元的摩托罗拉手机，她仅以600元的价格卖给了二手手机店。朋友都说，这笔买卖，她亏大了。每每想到这件事，她就心疼不已。

然而，新手机买回来用了一段时间后，新鲜感又没了。再重新买一部不大可能，一部手机差不多顶她一个月的工资呢。

舍不得花钱再买新手机，许灵韵只好逛手机店，看看琳琅满目的手机，来排遣对新手机的渴慕之情。

一天，许灵韵逛手机店时，遇到初中同学周丽。周丽大专毕业后，没有找工作，而是租了个柜台卖手机。她告诉许灵韵，她卖手机平均每月能赚

到 1 万元左右。许灵韵羡慕极了,自己辛辛苦苦工作,每月才赚那么几千元,还是创业好啊!

许灵韵有了创业的想法。可在选择项目上,她苦思冥想了好几天都没有结果,后来,与同事换用手机的事使她有了灵感,她想开一家手机换用店,任何人只要交极少的钱,都可以用自己的手机换其他手机使用。

可是,这个想法行得通吗?许灵韵特意到二手手机店做了个调查。结果令她很振奋,如今的年轻人换手机的频率非常高,很多手机还是九成新,就被低价卖掉,换上新手机。"开一家手机换用店,肯定有市场!"许灵韵坚定了自己的信念。

4 月 6 日,许灵韵辞掉了令人羡慕的外企工作,在亲友的反对声中开始了创业路。为了省钱,她只租了一个小柜台作为营业场所。接着,她从周丽那里进了二十几部新近流行的各大品牌手机。所有的准备工作做完后,许灵韵的 10 多万元积蓄几乎用完了。

偌大的手机城里,人家全都是卖手机的,只有她的柜台打出的标语是换用手机。无疑,她的柜台成了整个手机城的焦点。"只要交 5 元钱,你就可以换一部同等价值的手机使用一周。"这个广告令喜欢手机的人非常兴奋。

第一名客户是一名大学生,他用一部三星手机换一部诺基亚手机。他说:"我很喜欢这部诺基亚手机,就是因为没钱,一直未能拥有。现在换来用,也可以过过瘾。"

一天,一名男子拿一台摩托罗拉 ZN5 手机,换一台夏普手机。许灵韵记得,上周这两部手机的报价是一样的,便同意让该男子换。然而,男子拿着该手机一去不复返。许灵韵再查这两部手机的市场价格,竟发现 ZN5 价格下跌了 200 多元。

经过这次教训后,许灵韵每天都要到一份当天手机的报价,对方只能换用同样价格的手机。如果想换价格高的手机,或者对方的手机较旧,对方必须缴纳一定的押金。此举杜绝了那些想利用换手机占便宜的现象。

积累了一定的经验后,许灵韵的换用手机生意慢慢做开了,月收入有3000 多元。此时,她发现,手机被换用的次数多后,磨损较严重。换用者大都认为,手机不是自己的,用不着精心呵护。损失只能由于许灵韵来承担了。为了解决这个问题,许灵韵干脆花一笔钱,给手机贴上贴膜,这样可以防止手机磨损，撕开贴膜，手机依然跟新的没什么两样。

许灵韵毕竟缺乏社会经验。7月的一天，一名男子拿着一部价值1000多元的三星手机换其他同等价格的手机。许灵韵对手机还不是很专业，只是稍微检查了一下对方的手机，没发现有故障，就换给了他。不料对方换走手机后，没了音信。许灵韵再仔细检查那人的手机才发现，这是一部翻新的手机。这笔生意，她亏了好几百元。

后来，许灵韵学精了，以后不论谁来换机，她都要求对方出示购机发票，还要让对方留张身份证复印件。从此，她再也没遇到这样的事情。

来换机的大都是追求新潮的年轻人，他们换机的频率非常高，一般每月都换一次，有的甚至两三天就换一次。刚大学毕业出来工作的孙先生是许灵韵的老顾客，他每隔一周换用一次手机。他说："拿着一部新手机，心情很不一样，做起事来劲头十足。"

许灵韵对老顾客很重视，一旦进了新手机，她都会发短信告诉他们。这些老顾客换用手机多了之后，对每部手机的优缺点非常了解，每次跟许灵韵谈起手机，都说得头头是道。起初，许灵韵对顾客的看法并不留意。

10月初，许灵韵认识了某品牌手机的区经理张先生。张先生得知许灵韵从事手机换用生意后，非常感兴趣，问许灵韵："那你对我们公司的手机也很了解吧？"许灵韵点点头。张先生接着说："你可以与我们公司合作，把你或顾客使用我们公司的手机的体会、建议发给我们，我们免费为你提供手机，供顾客换用。"

原来，手机厂家都渴望了解顾客对他们的产品的看法，以便改进。对方既然免费提供手机，许灵韵求之不得，当即答应了。几天后，双方签订了合同，许灵韵负责收集顾客使用手机过程中的意见、建议，然后反馈给厂家，厂家免费为许灵韵提供新出厂的各种款式的手机各一部。这样一来，许灵韵可以省去买新手机的钱。

后来，许灵韵又主动与摩托罗拉、诺基亚、三星、联想等10多家手机生产厂家联系，让他们提供最新款的手机，她负责为厂家收集手机顾客的意见、建议等。有5个厂家与许灵韵签订了合同，其中不乏国际知名大品牌。

有了知名品牌提供的最新款手机，许灵韵的换机生意日益红火起来。考虑到柜台营业面积太小，2008年4月13日，许灵韵租了个店面，搬了出来。

为了吸引更多的顾客来换机,许灵韵印刷了厚厚一叠彩色传单,上面罗列了店里能提供换用的各种手机及其简介。接着,她雇人到各大写字楼和大学门口散发。对第一次来换机的顾客,许灵韵只按半价收费。

5月的一天,医学院的一名腼腆的男生问许灵韵:"我今年大四快毕业了,现在忙于找工作,急需一部手机联系,可我来自农村,家里很穷,根本买不起手机,可不可以在你这里租一部手机?"

许灵韵很理解该男生的难处,她让对方留下身份证复印件后,押金都没收就租了一部手机给他,日租金只收1元钱。

送走该男生后,许灵韵想,大学生中,家庭贫困的人还是挺多的,这些学生毕业找工作又非常需要手机,方便面试联系,何不尝试一下开展出租手机的业务呢?她到各高校的BBS和其他几个知名论坛发布了出租手机的消息。

令她惊喜的是,消息发布出去后,来租手机的大学生还真不少。某大学中文系的小彭看到消息当天就赶过来租了一部手机。他告诉许灵韵,这段时间找工作,他总是把同学的手机号码留给招聘单位,同学替他接了不少电话,他很过意不去,现在租一部手机方便多了。

除了大学生,还有一些白领也来租手机。在一家广告公司上班的曾先生向许灵韵租了一部市价8000多元诺基亚8800手机。他说:"后天我要去参加朋友的婚礼,租部高档手机拿在手里才有面子。"

出租手机使许灵韵多了一条生财路。在换手机、出租手机的过程中,许灵韵结交了不少朋友。他们都向许灵韵提了不少建议,有的建议许灵韵兼卖些手机充值卡;有的建议她同时从事二手手机购销生意;有的建议把店铺装修得雅致些,最好和卖手机的店铺区别开,等等。一些合理的建议,许灵韵都采纳了。

这么多顾客换用手机,难免有个别人不小心摔坏手机。这时候,许灵韵只好按照协议,让对方出维修费。如果对方把手机弄丢了,许灵韵要么让对方用自己的手机抵偿,要么让对方买一部新的,至于怎么选择,全由顾客来决定。

10月27日,许灵韵把店铺重新豪华装修了一番,在门口打出了一条抓人眼球的广告:手机像衣服一样,可以天天更换。喜欢新鲜的新新人类看到广告都蜂拥而至,挤着选换自己喜欢的手机。换用手机店使许灵韵实现了自己的财富梦。

11. 慧眼识金，打工妹破解魔术衣服的财富密码

你见过魔术衣服吗？它不仅款式漂亮、质地优良，而且同一件衣服，大人可以穿，小孩也可以穿。对这样的衣服，很多人或许只是抱着好奇心看看，然后一笑离去，没有放在心上。可一位打工妹看到魔术衣服后，认为它大有市场。于是倔强的她不顾别人的反对，做起了魔术衣服的买卖，竟赚到了人生的第一桶金。

林雅秀出生在一个普通农民家庭。1998 年中专毕业后，林雅秀到广州打了 7 年的工。2006 年 4 月的一天，林雅秀在下班回来的路上看到一群人围着，不知道在观看什么，一边还议论纷纷。林雅秀凑上去一看，原来是个卖衣服的。他的摊子上摆满了花花绿绿的衣服，只是这些衣服很特殊，只有书包般大小。

"这么小的衣服怎么穿呢?"林雅秀不禁打了个问号。可令她感到惊讶的是，卖衣服的人把一件原本很小的上衣穿到了旁边站着的一名小孩身上，然后又脱下来穿到自己的身上。"太有趣了!"人群中不时发出感叹声。卖衣服的人告诉人们，这是魔术衣服，同一件衣服可以适合任何人穿。一时间有不少人掏钱购买，林雅秀也忍不住花 50 元买了一件上衣。

回到宿舍后，林雅秀发现这魔术衣服的秘密在于，它的弹性很好，可以随意扩大或缩小，根本用不着担心它是否合穿，而且颜色布料都不错，很美观。林雅秀把它穿在身上后马上引来同事美慕的眼光。林雅秀想：这些魔术衣服不仅好看，而且高的矮的、胖的瘦的都适合，买了还用不着担心不合身，肯定大有市场! 这可是个赚钱的好机会!

林雅秀拿出打工积攒下来的 5000 多元钱进了一批货。5 月 1 日劳动

节,当别人高高兴兴地度假时,她却忙着租房、跑业务。

可她的业务开展得非常不顺利,别人对她的魔术衣服根本不感兴趣,服装店的老板屡屡拒绝进她的货。5月15日,当她走进一家服装店表明来意后,该服装店的老板向她怒喝道:"你给我滚出去! 你瞎眼了吗? 不看清我的店就随便进来问,影响我做生意。"林雅秀委屈得眼泪差点掉下来。出来后她才发现自己进错店了,原来该服装店是某品牌服装的专卖店,不可能再卖其他衣服。

1个多月过去了,林雅秀的魔术衣服还是没有打开销路。看着屋子里堆放的衣服,林雅秀愁得连饭都吃不下。

继续这样下去,自己就要喝西北风了,无奈之下,林雅秀决定摆摊叫卖。她找来几块胶合板,做了个简单的架子。

6月7日上午,林雅秀在路边摆起了摊。可面对着来来往往的行人,从来没卖过东西的她始终开不了口。旁边一位摆摊卖拖鞋的大嫂看到林雅秀的窘样,便问她说:"姑娘,你这是卖的啥玩意啊? 怎么不开口吆喝呢?"林雅秀告诉她自己卖的是魔术衣服,第一次出来摆摊,不好意思开口叫卖。大嫂于是说:"这有啥不好意思呢? 我来帮你吆喝吧。"说完,大嫂来到林雅秀的摊前,放开嗓子吆喝起来:"魔术衣服,大人小孩都可以穿,快来看啊!"

在大嫂的帮助下,林雅秀也大胆地放开嗓子吆喝起来。这么一吆喝,还真有效果,生意很快就来了。一个小女孩硬是拉着他父亲的手来看魔术衣服。女孩的父亲看到这么小的衣服,很不解地问道:"这衣服这么小,怎么穿呢?"林雅秀赶紧对他说:"这衣服是魔术衣服,可随意张大或缩小。"说着,林雅秀拿着衣服给小女孩穿了上去,小女孩高兴地喊着:"真有趣,爸爸给我买一件吧。"女孩的父亲拗不过她,只好给她买了一件。

生意终于开张了,林雅秀心里乐开了花。可魔术衣服卖了几件之后,就少有人问津了,很多人听到吆喝声只是好奇地看了一下就走开了,林雅秀百思不得其解。后来,林雅秀突然想到,服装店在门口都放有许多模特,把漂亮的衣服穿在模特身上吸引客人。林雅秀也想找个模特来试试,可她不知道这样的模特哪里有卖。旁边的大嫂知道林雅秀的想法后,笑着说:"姑娘,你真傻,你自己不就是一个很好的模特吗?"大嫂的话提醒了林雅秀,她把一件漂亮的魔术衣服穿到身上,又起劲儿地吆喝起来。

过往的行人听到林雅秀的吆喝,看到她身上美丽的衣服顿时围了过来，纷纷掏钱购买。一位母亲禁不住女儿的纠缠，给她购买了一件上衣，付了钱之后，她才注意到林雅秀穿在身上的那款上衣非常好看，于是她也给自己购买了一件。

这天，林雅秀从早上一直忙到傍晚7点多才收摊回到出租屋。清点当天的战果，竟赚了100多元钱，辛苦付出终于有了回报，林雅秀心里美滋滋的。

接下来的半个月里，林雅秀的魔术衣服天天都卖得很火。她于是汇钱到厂家，又进了一批货。然而，摆摊毕竟是很不正规的生意，问题很快就出现了。

7月3日这天，林雅秀正在摆摊，突然来了几个穿制服的人，二话不说就把林雅秀摊上的衣服全都没收了，还给她开出了500元的罚款单。原来，这些穿制服的人是城管执法人员，林雅秀摆摊没有经过批准，违反了相关的管理条例。

林雅秀只好乖乖接受处罚。这件事使林雅秀意识到，摆摊纯粹是小打小闹，要想做出成绩，必须有正规的手续。7月15日，林雅秀租了个10多平方米的铺面，办理了相关手续，做起了正规的服装生意。

然而，租店面做生意，租金和其他费用加起来是一笔不小的开支，林雅秀感觉压力很大。第一个月，她赚了4000多元。除去各种费用，只赚了2000多元，而且每天都得忙到深夜才能入睡。

怎样才能把魔术衣服的生意做大呢？林雅秀常常思考这个问题。一天，林雅秀经过一家服装店时，被这家服装店吸引了。这家服装店是卖情侣装的，各种各样的情侣装非常漂亮，光顾该店的人络绎不绝。林雅秀眼睛一亮，自己的魔术衣服，同一件衣服大人小孩都可以穿，为什么不当母子装或父子装来卖呢？

说干就干，林雅秀找人制作了一块广告牌挂在店外，接着印刷了一些传单，雇人散发。一周后，她的生意好了起来，来买魔术服装的人挤满了店里，她忙得不可开交。

一名50多岁的大娘，专程从三亚来到林雅秀的店里，买了两套一模一样的魔术衣服。她说："我的女儿明天就要到外地工作了，一年难得回来一次，我想买套母女装，只要把衣服穿在身上，我们的心会得到一些安慰。"

生意的红火使林雅秀忙不过来，她赶紧招了3名工人。为了吸引顾客，林雅秀还在店里举办了一些抽奖活动。凡是进店的顾客，不管是否购买衣服，都可以抽奖，奖品有棒棒糖、笔记本、电话本等。这些小小的创意对扩大魔术服装店的生意很有帮助。很多人本来是冲着抽奖来的，可当他们看了店里美丽的魔术衣服后，都忍不住掏钱购买。店里的营业额不断增加。月底一算，除去成本，林雅秀竟赚了8000多元。

林雅秀打算再租个铺面开家分店，可就在这时，她发现有不少人也卖起了魔术衣服。对林雅秀来说，这可不是件好事。她马上与厂家联系，厂家承认有一些人从他那里进货。林雅秀于是与厂家谈判，最终厂家答应把总代理权给林雅秀，不过林雅秀必须保证一年内达到规定的销量，否则取消总代理资格。

做了魔术服装的总代理，虽然避免了与别人的竞争，但压力也不小。为了扩大销量，林雅秀招了几名业务员，与各个服装店联系，让他们卖魔术衣服。可由于魔术服装的知名度远远不够，很多店不愿进货。

林雅秀只好花钱在报纸上做了广告，一些小店才答应进货。对那些还是不愿进货的大店，林雅秀只好先让他们代销。一个月后，市场慢慢打开。

由于天气炎热，这些轻薄而又漂亮的魔术衣服很受人们的欢迎。卖魔术衣服，林雅秀终于挖到了人生第一桶金。她准备成立一家服装公司，把生意做得更大。

 　　一个商机总是有两面性的，看起来似乎能赚钱，又似乎有风险。魔术衣服也一样，它是个新事物，如果卖得好，自然有钱赚；卖不好，只能亏本。只有有远见并敢于拼搏的人才会成功。

 变老照相馆，最浪漫的事就是和你一起慢慢变老

"我能想到最浪漫的事，就是和你一起慢慢变老……"恋爱中的人没有不知道这首歌的。然而，谁能发现这首歌里隐藏的商机呢？擅长摄影的文芳给情侣拍照时让他们尝试了各种POSE，拍了很多照片，可他们都觉得了然无趣，没有一点浪漫感。后来，因这首歌她突发奇想，开个变老照相馆，卖浪漫。男友大力支持她。一年多过去了，文芳的变老照相馆竟照出了滚滚财富。

　　银白的沙滩上，一名男子深情地环抱着一个美丽的姑娘，海风撩起他们的头发，两人面朝大海，脸上闪烁着幸福的光芒。文芳轻轻按下照相机的快门，定格下了他们的爱。

　　文芳是一名摄影师，喜欢大自然，常常带着情侣们到野外拍照。她认为野外的美景可以给恋爱中的人增添浪漫。

　　然而，几天后，当那对情侣拿到照片时，女的竟叹气道："哎，以美丽的大海为背景拍出来的照片也没什么特别。"文芳解释说："大海象征海枯石烂呢，是多浪漫的背景啊，怎么能说没什么特别呢？"女孩反驳说："那是人们的想象，一点都不直观。"

　　女孩的话不无道理，可有什么办法能满足这些人极度追求浪漫的愿望呢？文芳开始思考起这个问题。

　　这天，文芳正忙着呢。男友洪飞走进来，嘴里还轻轻地哼着："我能想到最浪漫的事，就是和你一起慢慢变老……"文芳笑他说："你一个大男人，怎么也唱这软绵绵的歌呀？这首歌可是我们女孩子的专利，不许你唱！"洪飞却一脸认真地说："怎么是女孩子的专利了？要知道这是我的心声，我是一心想要和你慢慢变老。难道你不愿意？""我怎么不愿意？只怕你这个花心大萝卜会变心。"文芳说。洪飞急得直跺脚，说："要不咱们拍张我们一起变老的照片吧，这样你就相信我的真心了。"

　　拍变老照？文芳眼睛一亮，有玩头！文芳来了兴趣。两人忙了半天，终于打扮成一对老夫妇。文芳成了一个佝偻的老太婆，洪飞则成了一个白发苍苍的老头，两人看着对方都忍不住哈哈大笑起来。拍完照片，看着两人老了的模样，文芳却心潮起伏，自己和洪飞的爱情如果真有那么一天，那该是多浪漫的一件事！文芳对这张相片倍加珍惜。

　　后来文芳的许多好友看到文芳和洪飞的"老"照片均赞叹不已，纷纷要求文芳为他们照变老相。文芳想，既然那么多人喜欢拍变老相片，为什么不开个变老照相馆呢？文芳把自己的想法告诉洪飞。洪飞很支持文芳的想法，他说："这可是个空白的市场，你放手去做吧。"

　　有了男友的支持，文芳充满了信心。她辞掉了摄影师的工作，租了个铺面，生意马上就开张了。万事开头难，文芳决定先开发熟人市场。为此，她用手机给认识的人群发了自己开变老照相馆的消息。花了几块钱的话费，效果还真不错。朋友们纷纷找上门来了解情况。刚刚谈了女朋友的陆超当场交了 300 元钱让文芳给他和女友拍变老照片。他说:"我的女朋友总是抱怨我不懂得浪漫,这次我要给她一个惊喜。"

第二天,陆超果然把女朋友带来了。文芳忙着给他们化装,让他们变老。1 个小时过去了,在文芳精巧小手的打扮下,两人竟变成了非常逼真的老人。陆超幸福地搂着女友。文芳轻轻一按快门,把这对"老夫妻"拍了下来。

几天后,陆超和女友拿到相片后非常满意。他的女友说:"这是我见过的最浪漫的礼物了,它是我们真爱的见证!"

文芳的变老照相馆在朋友中的名气越来越大,但光是朋友光顾市场太小。文芳于是制作了许多宣传单,雇人散发,同时在报纸上做了点小广告。人们对新事物永远都充满好奇。变老照相馆广告发出去后,慕名而来的人络绎不绝。一对恋人甚至从几百公里之外的城市赶过来拍变老照片。当他们拿到照片后,喜悦的泪水止不住地流了下来。

原来这是一对苦命鸳鸯。男的父母反对他和该女孩在一起并把他调到千里之外的另一座城市工作。然而他们并没有放弃,历经沧桑,两人终于走到了一起。男的说:"今天我带她来拍照是想让她知道,我会陪她到地老天荒,永不变心。"听到这样的话语,在场的人莫不嘘唏感叹。

一天早上,文芳刚打开店门,一名神态憔悴的女孩就走了进来,拿出一张文芳为她和她男友拍的变老照伤心地说:"他和我分手了,我们在一起 5 年了,他怎么说变就变呢? 你能帮我想想办法吗?"说完,女孩的泪水哗啦啦地流了出来。失恋的人是痛苦的,文芳很同情女孩,可男人变了心,九头牛都拉不回来,文芳也束手无策,只好拼命做她的思想工作,劝她勇敢面对现实。累了大半天,女孩终于有所醒悟,悻悻离去。

送走了女孩,文芳的心情久久不能平静下来。拍变老照固然很浪漫,可情侣万一分了手,再怎么浪漫的相片终究是一张废纸! 有没有什么办法使情侣们的爱情保质呢? 文芳一直思考着这个问题。

洪飞知道了文芳的心事后,笑笑说:"这事我有办法。"文芳高兴地问他:"你有什么办法? 快说说看。"洪飞说:"你当看守人,看守着他们的爱不就得了?"文芳有点生气地说:"我怎么看守他们的爱啊? 你不要要我。"洪飞认真地说:"我没有要你,你给情侣们拍完变老照后,叫他们在照片的背面写上他们各自的承诺,承诺不会变心。然后,你让他们每年来你这里检验一次，看他们是否变心，如果没变心，他们要拍照你就给他们打点折。如果一方变心了，你就把她加入客户黑名单吧。"

听了洪飞的点子，文芳眉头终于舒展开了，她高兴地说："这个主意不错！"文芳马上找人制作了一些传单。情侣来照相时，文芳都会给他们一张传单，向他介绍这个特殊的"爱情保质秘方"。恋爱中的人都希望能够和对方白头偕老，看了这个"秘方"都非常欢迎。拍完变老照后，他们都工工整整地写下自己的承诺，承诺对自己的情人不变心，两人相爱到永远。

这个鲜有的"爱情保质秘方"迅速在顾客中传开了。文芳的摄影店顿时名声大噪，生意很红火，月收入达到了8000多元。这时，她自己一个人已经忙不过来了，只好劝洪飞把工作辞了，和她一起创业。洪飞爽快地答应了，这样文芳的店成了典型的夫妻店。

随着拍变老照的人的增多，情侣们渐渐对此不再感到新鲜。一天，一对情侣拍完照后，女的自言自语道："两人一起变老确实浪漫，可这变老要经过多少沧桑啊！拍变老照一下子就变老了，中间的过程就这么省略掉了，没有生活味道。"

说者无意，听者有心。女孩的话引起了文芳的注意，她觉得女孩说得很有道理。两人一起变老还要经过中年阶段，拍变老照把中年阶段省略了，确实可惜啊！于是，一个大胆的想法出现在文芳的脑海里，她决定为情侣们拍一套完整的变老过程的照片。洪飞知道文芳的想法后大为赞赏，他说："这个想法太完美了，这样的照片可以显示出情侣们一生的浪漫啊！"

说干就干，文芳马上在报纸刊登广告，广告的内容是：本店隆重推出浪漫一生摄影套餐，记录年轻情侣们一生的浪漫。广告一刊出，咨询的电话响个不停。文芳的店顿时热闹起来。

一对刚结婚不久的夫妻也赶来让文芳为他们拍浪漫一生的照片。文芳先是把他们化装成中年人，拍下一组照片，接着，把他们化装成老年人，让他们摆出老人的POSE，然后轻轻一按快门。这对情侣浪漫一生的照片就出来了。拿到照片时，那位妻子深情地依偎在丈夫的胸前说："我希望我们就像照片中的一样，浪漫地走完这一生。"丈夫紧握着妻子的手说："会的，我们一定会的。"看到这对恩爱的夫妻，文芳和洪飞相视一笑。洪飞把嘴巴凑近文芳的耳朵说："我们也会的。"文芳笑着说："去你的，赶快干活去！"

为了使浪漫一生的照片看起来更完美、更逼真,在拍摄情侣们中年的照片时,文芳还让她的侄子和侄女来当情侣们的子女。这一招也大受情侣们的欢迎。

由于文芳不断创新,为情侣们制造浪漫,她的变老照相馆生意日益红火。她招聘了多名员工,还开了分店,月收入突破了3万元,早已实现了房车梦。她说,人人都渴望浪漫,只要有心,浪漫就可以做出大文章!

> **财富启示** 照相馆几乎每个城市、每条街都能看到,但有特色的照相馆没有几个。变老照相馆把人打扮成老人然后拍照,颠覆了一般的照相思维。一个大胆的想象往往带来意想不到的效果,因此,要学会克服自己的惯性思维。

13. 开宠物餐厅,从猫猫、狗狗们身上捞钱

细心的人善于发现商机。现在生活条件好了,养宠物的人越来越多,如果开一家宠物餐厅应该大有市场。

李积逛街时发现有许多宠物店,但还真的没有一家宠物餐厅,于是产生了开宠物餐厅的想法。

父亲一听说李积要开宠物餐厅,顿时紧张起来,劝道:"你哪里来那么多的钱?难道狗比人还要高贵吗?你还是好好工作吧,钱赚得再多都不够花。只要你有份稳定的工作,我们就放心了。"

李积最终还是瞒着父母辞掉工作,悄悄地准备起来。

李积手头没有什么积蓄,资金成了最大问题。同学和朋友都是刚参加工作不久,大都是"月光族"。李积决定找人合股,他负责管理,别人出资,利润五五分成。

详细的创业计划书打印出来后,李积开始外出"乞讨"。李积找的第一个人是一家书店的林老板。计划书递上去之后,林老板头都不抬一下,说:"我没兴趣,你找错人了。"

后来,李积学精了。见到老总们闭口不谈宠物餐厅的事,而是谈老总们当初创业的艰辛。这一招果然见效,回忆起往事,老总们说得津津有味,

末了才突然问起："你是来干什么的?"李积这才表明目的,老总们虽然不乐意,但态度已经和蔼了许多。

经过三番五次的亲自登门拜访,李积的真诚感动了一家超市的陈老板。陈老板给了李积 20 万元,说："你的经历和我年轻时很相似,一个人在社会上闯荡吃苦是免不了的。你要用好这笔钱,记住,不要辜负欣赏你的人。"

看了这么多的白眼,终于拿到了钱,李积的眉头舒展开了。但他感觉到,肩上的胆子还是沉甸甸的。"不要辜负欣赏你的人。"这句话深深扎根在李积的心里。

几经找寻,李积看中了一条人流量较大的街道旁的一个店面。这个店面积 90 平方米,原来是经营饭店的。签订了转让合同后,李积暗自高兴,因为这个店面很合适开宠物餐厅。

几天后,李积交租金给店面的主人时,对方还叫他交欠下的 1 万多元的租金。李积很吃惊,转让时那个饭店的老板明明说没有欠租金的。

"根本不是这样的,他欠了我 3 个月的租金,还有水电费呢。"店面的主人说。李积拨打对方的电话,却怎么也接不通。商场处处是陷阱,李积读懂了这句话的含义。不得已,李积只好背负起这 1 万多元的债务。生意还没开始就白白丢了 1 万多元,李积心疼不已。

对做生意来说,时间就是金钱。李积找来装修队,日夜施工,只两天就把店面装修好了。走进豪华的宠物餐厅,竟和其他餐厅没什么区别,不同的只是菜单上的菜是给宠物准备的。

2006 年 11 月,宠物餐厅开业的当天,陈老板特地来祝贺。看到李积工作效率如此神速,陈老板表扬了李积。李积只字不提租店面被骗的事。

开业的前几天,宠物餐厅没什么生意。这一点是李积意料之中的。李积早已做好亏本的思想准备。前 3 个月的目标,李积定为保本。

一天,一名男子走进宠物餐厅,坐到了餐厅角落的位置。男子点了两份菜,然后悠然地抽起烟来。菜端上来后,服务员就忙开了,没有人留意男子的行为。

不久,"哗啦"一声,该男子推翻桌子,大骂起来："什么狗屁餐厅,叫你们老板出来!"

原来,该男子进来前没有仔细看店名,以为是供人用餐的餐厅。菜上来后,他竟埋头吃起来,吃了一半发现味道不对劲,后来才看到菜单上的"宠物"两个字。

男子看到李积时暴跳如雷,冲上来就要打李积,肮脏的话语像机关枪不停地扫射出来。尽管责任不全在自己,李积还是连声给对方道歉并赔对方3000元钱。

出师不利,李积郁闷到了极点,倍觉对不起相信自己、帮助自己的陈老板。陈老板获知此事后,安慰李积说:"人总要经历风雨才能成熟,振作起来。"

在哪里跌倒,就要从哪里爬起来。李积在餐厅的大门上,用红纸贴上了"宠物餐厅"几个大字。这样,每个进门的人都能够看到。在宠物餐厅的菜单上,还用大号字印着:宠物菜单。李积还让每个服务员记住,要提醒进店的客人这里是宠物餐厅。

这件事一度成为许多人闲聊的话题。

李积不再被动地等待生意送上门,他开始主动出击。他制作了一些小广告牌,然后与宠物店联系,希望把广告牌子挂在宠物店里。作为回报,李积在自己的店里悬挂对方的广告牌。

一个星期过去了,10多家宠物店里挂上了李积的广告牌。由于广告直接瞄准目标顾客,很多有宠物的人都知道了李积的宠物餐厅。这些宠物的主人家里经济状况都很好,他们开始领着自己的宝贝光顾李积的宠物餐厅。李积的营业额开始上升。第二个月,李积实现了保本的目标。

一天,李积正在观看电视,电视里的时装表演吸引了他的目光。爱思考的李积突然眼前一亮,为什么不举办一场宠物选美呢?这肯定对宠物餐厅的生意有帮助。

几天后,一则宠物选美广告出现在当地报纸上。许多人把自己的宠物打扮得漂漂亮亮的,来参加比赛。

这时,李积表现出他过人的营销技巧。他在每张桌子上贴了一幅画。画上画的是猫猫、狗狗们爱吃的鱼和骨头。为了引起猫猫狗狗们的食欲,李积还在画上涂上了香味。结果猫猫狗狗们看着美食,闻着香味,莫不烦躁不安。它们的主人只好掏钱请客了。猫猫狗狗们吃得很开心。等所有的宠物们吃饱喝足之后,李积才宣布大赛开始。

一场比赛下来,除去广告费和买奖品的一些费用,李积赚了5000多元。通过举办这次活动，李积让有宠物一族知道了他的宠物餐厅，培养起了潜在顾客。

后来，李积还举办了宠物PARTY、宠物才艺表演等活动，把有宠物一族全都给吸引了过来。李积还不定时请来有关专家举办养宠物注意事项的讲座。这些活动深受有宠物一族的欢迎，他们成了李积的宠物餐厅的常客。

第4个月，李积的宠物餐厅日营业额已经超过800元。除去各种费用，李积赚了1万多元。李积把这个消息告诉陈老板时，陈老板拍拍李积的肩膀说："不错，好好干，只要你用心，宠物市场还可以挖掘的。"

一天，李积正在店里忙着生意。一个女孩牵着狗狗走进来说："老板，我能把我的狗狗先放在你这里，等我逛完街再领回去吗?"李积正在犹豫，女孩说："这样吧，我给你10元，你就让我把狗狗先存放在这里吧。"

女孩的话使李积想到了一项业务，就是宠物寄存。李积买了10多个宠物笼子，放在宠物餐厅的角落里。当门口贴出宠物寄存的消息后，许多带着狗狗逛街的人纷纷进来寄存。一天下来，李积的宠物寄存业务竟也赚了100多元。

资金日渐充足后，李积并没有急着还钱给陈老板。他在一个高档小区租了个铺面，开了家小分店。那个高档小区养狗的人很多，小分店开起来后生意很火爆，有些宠物的主人甚至一日两餐都带着宠物到店里解决。李积的小分店第一个月就实现了盈利。

紧接着，李积第二家、第三家分店陆续开业。生意照样火爆，李积的月收入超过了4万元。通过自己的努力拼搏，李积终于走上了成功的道路。

> **财富启示**　有句成语叫做爱屋及乌，每个人都有自己的爱好。生活条件好后，许多人养起了宠物，随着与宠物相处的时间越来越长，人们对宠物有一定的感情。而养宠物自然要花钱，宠物身上自然有不少商机。

恐怖广告：越恐怖越赚钱

丁大军当了3年广告业务员后，终于拥有了自己的广告公司。由于没有自己的媒体资源，丁大军只能做一些媒体的代理，赚些小钱。这使得他的公司没有竞争力,业务一直上不去。丁大军为此很苦恼,不过机会很快就来了。

一天,丁大军深夜观看了一部恐怖片,感觉非常刺激、惊悚。第二天,他还念念不忘影片中的恐怖情节。当他来到公司时,他眼睛突然一亮,心想,如果让员工打扮成一些恐怖的造型,不是更能引起行人的注意吗?只要关注的人多了,必定引起商家的兴趣。他把自己的想法和公司的策划总监商量后,总监也非常支持他,说这个想法很有创意。

在所有令人恐怖的造型中,最让人感到毛骨悚然的莫过于僵尸和骷髅了。丁大军当即买回一些僵尸和骷髅道具,让员工练习打扮成僵尸和骷髅,直到他认为形象逼真为止。2006年11月3日,丁大军让员工装扮成僵尸免费为一家饮料公司做广告。当员工们走上街头时,几乎每个路过的人都停下脚步观看,广告的效果非常好。该饮料公司的老总现场目睹了这一幕后,当即投了20多万元的广告给丁大军的公司。

第一炮打响后,很多商家都主动找上门来,争着要丁大军为他们做恐怖广告,丁大军的生意日益红火起来。然而,由于装扮成僵尸、骷髅要憋气,一些员工干了不到一个月就闹着要辞职。

为了解决这些问题,丁大军打电话给僵尸、骷髅道具的生产厂家,要求他们在僵尸面具上开小孔,让装扮者呼吸得顺畅、自然。

为了扩大自己的名声,让更多的商家主动找上门来,丁大军给员工准备了统一的僵尸、骷髅服装,服装上印刷有他公司的名字和联系方式。这样,当员工在街上走动时,无形中也为公司做了广告。很快,知道丁大军公司的人越来越多,丁大军的生意也日益红火。

为了使恐怖广告永远保持新奇,丁大军不断地推出不同类型的恐怖广告,比如蛇造型广告、麒麟广告等。这些造型独特的广告,每次"上市"后,都受到人们的追捧。丁大军的收入不断增加。

除了让员工装扮成僵尸和骷髅外,丁大军还让员工用低沉的声调学说一些恐怖的事情,使恐怖广告做到有声有色。为了使"僵尸"的形象更逼真,丁大军嘱咐员工,一定要统一用彩色来装扮成僵尸、骷髅。后来,怕恐怖广告吓到一些心理承受能力弱的人,丁大军别出心裁把小丑的滑稽形象和恐怖形象结合起来,使恐怖广告让人们既感到恐怖,又感到滑稽,充满喜剧意味。

广告的功能就是把产品介绍给顾客。广告创意的成功与否在于广告播出去后引起多少的人关注，因为，只有引起轰动的广告才是好广告。恐怖广告一反常理，以恐怖的形式做宣传，很吸引人的眼球。当然恐怖的程度要在人们的可接受范围内，否则将起反作用。

 主动下岗开瓷器店　老太闯出新天地

她曾经是一名普通的国企员工，在企业干了20多年，在即将退休时，一场突如其来的巨变使她背负上巨额债务。为了还债，她不得不走上做生意的道路。由于她勤劳、节俭，很快就还清了债务，生意也日渐红火。

今年63岁的赵芳兰出生在江西，1968年赵芳兰中专毕业，分配到一家生产瓷器的国有企业，在单位平淡地工作了20多年。

后来，单位在深圳设立办事处，赵芳兰被任命为负责人，她和丈夫张金志带领单位8名员工去开发市场。赵芳兰很快就和丈夫找到了合适的铺面，一个月后，单位的第一批瓷器运到，他们的生意就简单地开张了。赵芳兰身先士卒，带领员工四处联系业务。

三伏天，太阳特别火辣，赵芳兰经常顶着烈日出去联系业务，吃了不少苦头。一天上午，炽热的太阳烘烤着大地，赵芳兰推销瓷器时突然感到一阵头晕，然后失去了知觉。醒来后，赵芳兰发现自己已经躺在医院的病床上，丈夫张金志正焦急地守护在身旁。

原来，由于天气过热，加上过度劳累，赵芳兰中暑晕倒过去，幸亏路人及时拨打电话把她送到医院。看着脸色苍白的妻子，丈夫张金志心疼地劝她说："好好休息，你是领导而且这么一把年纪了，以后就不要出来跑业务了。这些事就交给工人去做吧。咱们再敷衍几年就可以退休安享晚年了，何必干得那么苦？"

但赵芳兰是个很负责任的人，单位器重她，派她来开拓市场，如果不做出成绩，她是不会安心的。刚一出院，赵芳兰就不顾丈夫的反对，又出来联系业务。赵芳兰的敬业精神感动了员工，他们和赵芳兰齐心协力为了拓展业务而努力奋斗着。终于，付出有了回报，办事处的业务慢慢走上正轨，

1998 年年初开始实现盈利。但命运好像故意捉弄赵芳兰似的,办事处生意刚刚好转,一场意外就降临到赵芳兰的头上。

9 月 21 日上午,赵芳兰正在店里安排这天的任务。突然,5 个蒙面人持刀闯进店里,大喝一声:"不许动!"赵芳兰和店的员工被这突如其来的一幕吓呆了,没想到只在电影里见过的场面竟然也会发生在自己的头上。歹徒用刀架在赵芳兰他们的脖子上,然后满屋子乱翻,最终抢走了保险柜里的 4 万多元现金,扬长而去。

赵芳兰是办事处的负责人,出了事理应由她负责。为了给单位一个交代,赵芳兰只好和丈夫背上 4 万多元的债务。4 万多元对于普通工人来说不是个小数字,当时赵芳兰和丈夫每月的工资加起来才 1000 多元钱。光靠微薄的工资,赵芳兰和丈夫不知什么时候才能还清债务。其实如果要赖不还钱,单位也拿她没办法。但赵芳兰从来不昧良心,欠债还钱是天经地义的事。恰好当时单位也在拼命地裁员,赵芳兰断然做出决定,和丈夫主动下岗,下海做生意。那时她和丈夫刚 50 出头。

下海创业,要有足够的资金。赵芳兰找亲戚朋友借,可磨破了嘴皮,只借到了 1 万多元。1 万多元在物价奇高的当今社会中,根本不能干什么。赵芳兰于是找跑业务时认识的客户李总借,李总经营着一家中型超市,赚了不少钱。但没有什么好处李总根本不愿意把钱借给欠着一屁股债的赵芳兰。赵芳兰于是想到了一个好办法,她对李总说:"咱们合伙经营,如果赚了大家一起分红,如果失败了,你投入多少钱,我负责赔你多少钱。"李总这才给了赵芳兰 3 万元。赵芳兰投入 6 万多元,承包了单位的瓷器店。

对赵芳兰来说,这是背水一战,只许成功,不许失败。在开业之初,说赵芳兰是个民工生意人不足为过。瓷器一运到,因为舍不得花钱请人,她就和丈夫亲自去卸货,50 多岁的人了,竟也干劲十足。

一天早上 6 点多,天还没有亮,货就到新港码头了。赵芳兰和丈夫叫上车,来到码头卸货。几十斤重的一箱瓷器,两人抬着,从车上搬下来可不是件容易的事情。抬了几箱后,由于天色太暗,赵芳兰一不小心,一个趔趄,摔倒在地。那箱陶瓷也摔到地上,哗啦的一声被摔成碎片。赵芳兰和丈夫的脚都被陶瓷碎片划破,鲜血染红了他们的脚。当时,赵芳兰的儿子在外地上大学,他们俩只好到药店买了些止血药抹上去,简单包扎之后,继续卸货。但剧烈的疼痛使他们没法再动弹,赵芳兰只好第一次花钱请人卸货。

为了节省费用,赵芳兰没有雇车送货给顾客,而是和老伴踩着三轮车整天转在大街小巷,渴了喝自己带的白开水。平时一日三餐,赵芳兰和丈夫也都是按最低标准来吃,从不乱花一分钱。

赵芳兰的勤劳节俭使她的生意逐步走上正轨,半年后,她的瓷器店开始赢利。一年后,赵芳兰就把那4万多元的债全部还清,而且还收回了本钱,有了盈余。这时,赵芳兰的合作伙伴李总因为生意上急需资金,提出退股,赵芳兰于是把股金退还给了李总。

此时,很多人看到赵芳兰的瓷器生意做得风生水起,也开始转做瓷器生意。为了抢夺市场,他们纷纷打价格战,市场竞争顿时异常激烈。面对价格大战,赵芳兰没有跟进,她认为赢得市场,主要靠的是产品质量和信誉。

5月20日,一名顾客在一家超市购买了赵芳兰的几百块钱的瓷器,回去后,发现瓷器上面的图案有点模糊不清,于是找到超市讨说法。超市方赶紧打电话给赵芳兰。赵芳兰马上赶到超市,仔细检查后,发现其实瓷器的图案只是某些线条模糊了些,根本不会有什么影响。但为了自己的信誉,赵芳兰还是给顾客换了图案清晰的产品。顾客对处理结果很满意,超市方看到赵芳兰如此认真负责,也很受感动并乐意与她长期合作。

时间在不断流逝,那些拼命想以价格战争夺市场的瓷器店很多都经不住考验,悄然退出市场。赵芳兰的生意则越做越红火。

生意场总是坎坷不平的。2007年6月,新开了一家大型超市,许多商家对该超市趋之若鹜,都争着想当它的供货商。赵芳兰也找到超市负责人,表示想做对方的供货商。超市负责人不屑地说:"你要做超市的瓷器供应商可以,但得每年交进场费2万元。"超市收进场费已经不是什么秘密,但一般超市要的进场费每年只不过几千元,对方要的进场费太离谱了,赵芳兰没法接受。僵持不下,赵芳兰说:"这样吧,只要你让我做你们的供应商,每年从我的瓷器的销售利润中扣除30%作为进场费。"对方考察了赵芳兰的实力后欣然答应。

赵芳兰于是每月都给那家超市供应近10万元的瓷器。可每个月瓷器销售出去后,超市方却迟迟不肯结账付清货款。赵芳兰多次催促超市,超市每次都以各种借口拒绝结账。当时,赵芳兰想,这家超市规模这么大,迟

早会付清货款的。因此,赵芳兰并没有太在意。

一天,赵芳兰正跟客人谈话,突然接到店里一个业务员打来的电话。该业务员告诉赵芳兰,那家超市关门了。赵芳兰倒抽了一口凉气,她匆匆赶到那家超市,只见超市的大门紧锁,门口围了一大堆供货商。他们都嚷着要破门而入,抢回自己的货物。警察也很快赶来控制了现场。看到此情景,赵芳兰眼前一黑差点晕倒,因为那家超市还欠她近百万元的货款。

最终,赵芳兰的那近百万元的货款还是没法追回,赵芳兰元气大伤,资金流动出现困难。好在合作多年,信誉良好,瓷器厂家免费给赵芳兰供了几次货,赵芳兰才慢慢恢复过来。经过这次教训后,赵芳兰变得谨慎起来。以后供货给超市都是当月结清货款,否则次月停止供货。

在做生意的过程中,赵芳兰遇到过很多骗子,甚至连自己招来的员工中也有欺骗自己的。9月,赵芳兰招聘了一名只有高中文化的女孩当营业员。该女孩口齿伶俐,有过丰富的销售经验,工作也很认真负责,深得赵芳兰的信任。几个月后的一天,赵芳兰和丈夫回河北老家探亲,店里的事务全部交由该员工打理。可一个星期后,赵芳兰回来时,该员工已不知去向。问其他员工,其他员工说是赵芳兰叫她出去采购商品。赵芳兰一听感觉大事不妙,检查了店里的财务,果然发现少了5万元。

此后,在招聘员工时,赵芳兰最为看重的不是员工的能力,而是其忠诚度。员工招聘进来后,赵芳兰还会暗中考察其人品。品行好的员工,赵芳兰会培养他们,把诸如收货款的重要事务都交给他们去做。

赵芳兰店里有一名员工因家里穷,只读到高二就辍学出来打工。在工作之余,他经常看书学习。赵芳兰看到他这么努力,就鼓励他继续读书考大学,为此,赵芳兰让他做轻松的活,以便腾出时间学习。最终,这名员工考上了大学。赵芳兰还资助他两年的学费。该员工对赵芳兰一直念念不忘。

经过多年的摸爬滚打,赵芳兰在生意场上越走越顺,生意日益红火。目前,赵芳兰已经开有两家分店,在广州和北京各开有一家分店。谈起自己创业的经历,赵芳兰说,做生意要有闯劲,要懂得节约,要勤奋,做到这些,离成功就不会太远了。

做生意要有好的方法、创意才能在竞争中立于不败之地，但是很多时候光有创意是远远不够的。因此，当你没有好的创意时，不妨脚踏实地一步一个脚印地去做好每一件事。功夫不负有心人，付出了终会有回报。

翱翔蓝天，空中"飞"来财富

　　滑翔伞飞行运动起源于法国，很快在欧美流行起来。但由于这项运动本身具有一定的危险性，而且花费不小，因此，不少人望而却步。但总有那么一些人，以极大的热情追捧滑翔伞飞行运动，哪怕花钱如流水，也在所不惜；哪怕受伤，也不会放弃。苏宇聪便是这样的一个人，不同的是，他还从中赚到了钱。

　　大学时，在同学眼中，苏宇聪是个古怪的人。当同学们忙于泡图书馆、谈恋爱时，他却常常一个人徒步到野外探幽，平时看的也是些稀奇古怪的杂志。苏宇聪并不在意同学们的眼光，他有自己的想法。他喜欢大自然，喜欢野外新鲜的空气和美丽的景色。

　　如果不是看到一本户外杂志有关滑翔伞飞行运动的介绍，苏宇聪大学毕业后或许会像其他人那样工作、买房、结婚、生子。但他深深地被滑翔运动迷住了。他想，飞翔在蓝天、俯瞰大地的感觉一定很刺激！

　　2003 年大学毕业后，苏宇聪拒绝了广州一家公司的高薪聘请，到北京工作。原因很简单，在北京有滑翔伞俱乐部，在那里可以学滑翔伞飞行。

　　然而，到了北京他才知道，滑翔伞飞行可以说是一项贵族运动。一套普通的滑翔伞也要几千上万元，好点的要几万元。再加上飞行服、套带、安全帽、手套、旅途花费等各种费用，没有十万八万，根本玩不来。而苏宇聪当时的月工资才 1800 元。

　　但这没有影响到苏宇聪对滑翔伞的狂热追求。为了早日实现翱翔蓝天的梦想，苏宇聪打起了 5 份工。白天在公司上班，晚上吃完晚饭，匆匆赶去做英语家教。晚上 10 点多，做完家教回来后，他还赶时间给一家报纸写稿。周六周日他兼职给一家广告公司做策划和拉业务。每天他都忙得像只陀螺，转个不停。

几个月后，他终于有钱报名学习滑翔飞行。不到一个月他就学会了，而且技术还不赖，俨然一个老手。又几个月后，他攒够钱买了一套自己钟爱的 Firebird Eagle 滑翔伞以及其他飞行用品。接下来，他辗转全国各地，和其他伞友一起飞翔，饱览了各地美景，这段经历令他终身难忘。

滑翔飞行毕竟是一项危险的运动，因飞行出意外而丧生的报道在国内外媒体上时有出现，受伤的就更多了。苏宇聪就曾经遇到过险情。

2007 年 6 月，在深圳吉隆镇水底山，苏宇聪在空中翱翔了一段时间，欣赏了高空美景后，下降时突然遭遇一阵强旋风，滑翔伞的伞翼顿时塌掉。慌乱之中，苏宇聪又操作失误，他像只断了线的风筝，失去控制，急速往下掉。幸运的是，他冷静下来，正确操作后，滑翔伞翼恢复了正常，他逃过了一劫。

事后，苏宇聪听伞友说，几个月前，这里曾发生过滑翔飞行事故，一名伞友不幸遇难。苏宇聪吓得倒抽了一口冷气。但这并没有使他却步，恢复心情后，他继续到处飞，只不过，飞行时他更加谨慎了。

由于滑翔飞行花销实在太大，苏宇聪的那点存款很快就没了。好在父母有退休工资，不需要他寄钱，否则他早就支撑不住了。但凭每月那点工资，想痛痛快快地玩滑翔飞行，似乎不大可能。

2007 年 7 月的一天，他的一个大学校友听他描述了滑翔飞行的惊险与刺激后，也报名学滑翔飞行。可那校友同样是打工族，在学会了滑翔飞行后，根本没钱买滑翔伞。恰好此时，苏宇聪工作很忙，便把自己的滑翔伞低价租给那校友。此时，苏宇聪突然冒出了做滑翔伞出租生意的想法。因为他觉得滑翔伞那么贵，人们买不起，但肯定租得起。这里面肯定有市场。

最初，苏宇聪只是抱着试试看的态度来出租滑翔伞。上班没空出去滑翔飞行时，他就把自己的滑翔伞以每小时 10 元的租金，租给已经学会滑翔飞行但又买不起滑翔伞的朋友。每月凭借出租滑翔伞，苏宇聪竟也能有近千元的外快。

滑翔飞行不是毒品却胜似毒品。会滑翔飞行的人瘾都特别大，向苏宇聪租滑翔伞的"菜鸟"伞友常常问苏宇聪："能不能帮我买套二手的滑翔伞？"有的甚至缠着苏宇聪，要他低价转让他的滑翔伞。苏宇聪认识的伞友很多，这些伞友中有很多大款。他们经济条件非常优越，每个人拥有不少于 5 套滑翔伞，而且经常淘汰旧伞。苏宇聪于是利用自己的关系，做起了滑翔伞的购销生意。低价收购旧伞，再以高点的价格卖给"菜鸟"伞友。这项业务也让他小赚了一把。

但苏宇聪更多时候还是在全国各地飞行，有时甚至还飞到国外，如加拿大、美国等许多国家。精通英语的他把自己国内外飞行的经验、体会发到外国伞友论坛上，和世界各地的伞友交流。

2008年年初，苏宇聪意外地收到一封来自美国的电子邮件。邮件是一个名叫迈克的美国人发来的。迈克是一家户外杂志的编辑，他说看了苏宇聪的帖子，觉得他的英语水平还可以，想请他给他们杂志写稿，介绍中国的滑翔飞行情况，稿酬千字400美元。选题由杂志定下后发给他。哪怕稿子没有通过，杂志社也将付给他25％的"kill fee"。这么好的条件，苏宇聪当然毫不犹豫地答应了。该杂志是半月刊，苏宇聪每月给他们写4篇稿子，能得到2000美元左右的报酬，换成人民币就是10000多元。

此时，由于苏宇聪工作不够专心、屡次犯错，单位再次给他发出警告。早有辞职打算的苏宇聪递交了辞职报告，当起了自由职业者。给外国杂志写稿，加上购销滑翔伞、出租滑翔伞，苏宇聪的日子过得很潇洒。

如果不是遇到王红莉，苏宇聪或许还会继续过边赚钱、边玩飞行的无忧无虑的日子。王红莉也是一名户外运动爱好者，两人在西藏偶遇后很快坠入爱河。此时，两人都已到了谈婚论嫁的年龄，苏宇聪父母早已多次催促他成家，而王红莉恰恰是那个使他有结婚想法的人。虽然相识还不到半年，两人还是于7月中旬结了婚。

婚后第一天，王红莉直截了当地对他说："从今天开始，你不能再像过去那样到处疯玩了。咱们没有房子，没有存款，要是再生个孩子，生活压力就更大了。"苏宇聪父母也指责他说："你是个大人了，要开始考虑为家庭承担责任了。"

很多现实的问题使苏宇聪开始考虑怎么赚更多的钱，过去那股到处疯玩的劲头减弱了许多。其实，他目前的收入也不低，只要他不到处疯玩，几年下来，买房买车不成问题。但他心里蓄积了一股力量，总想找到适合自己的项目，干一番事业。

2009年8月初，美国一家户外用品公司的老板看了苏宇聪的文章后，找迈克要到了苏宇聪的联系方式。原来，他非常看好中国的户外用品市场，一直很想找个合作伙伴，可又苦于不懂中文，不熟悉中国文化背景。他

问苏宇聪:"你愿意代理我们公司的产品吗?"

苏宇聪查看了该公司的介绍后才知道,该公司生产销售的产品主要是安全帽、手套、护目镜、仪表等。考虑到户外运动市场有很大的市场空间,苏宇聪答应与对方合作。他很快注册了一家户外用品销售公司,主要销售该公司的产品,同时也经销知名品牌的滑翔伞。

然而,苏宇聪毕竟经验不足!公司开起来后,销售业绩不佳。第一个月,他亏了6000多元。第二个月,他做了点广告,才勉强持平。

一天,一名菜鸟伞友向苏宇聪抱怨说:"有时想出去飞行,却找不到伞友,一个人去没意思,要是能约到一群人去飞行,不但热闹,而且还能省些费用呢。"

说者无意,听者有心,苏宇聪觉得,组织伞友出去飞行里面有商机。于是,9月份,他组织了5次飞行活动。视路途的远近,收费从200元到几千元不等。苏宇聪从为伞友包车、安排聚餐、住宿中赚取利润。对伞友来说,参加集体活动的花费远比单独行动少得多,他们当然很乐意。

最主要的是,在组织活动的过程中,苏宇聪使自己公司在伞友中有了名声,培养起了顾客对公司的忠诚度。很多伞友都很乐意找苏宇聪买滑翔伞和其他用品。苏宇聪的生意慢慢做开了。

此时,英语又派上了大用场。许多国外的伞友看到苏宇聪组织的活动介绍后,都非常感兴趣。国外伞友的狂热程度很让苏宇聪吃惊。他们的足迹遍布世界各地,哪里有美丽的风景,他们都会想办法去"飞"一下。

于是,苏宇聪大胆地组织了几次国外伞友的"中国飞"。11月初,苏宇聪带领几十名国外伞友到家乡三亚飞行。这些不同肤色的伞友在空中饱览了三亚的美景后,激动得叽里呱啦地说个不停。有的甚至在空中拿出照相机,拍个不停。当然,通过这次活动,苏宇聪赚了不少。

能组织老外到中国飞行固然有成就感,但苏宇聪觉得,我国的滑翔飞行市场潜力非常大。因此,他的主要精力还是放在国内市场的开发上。为此,他推出了会员制,凡是在他公司注册为会员的伞友,购买产品和参加活动都可以打折,还能免费得到苏宇聪的飞行指导。这些举措很快就拉拢了许多滑翔飞行爱好者,其中不但有16岁的少年,更有头发花白的六旬老人。

苏宇聪的飞行事业越做越大。他有个愿望,明年结婚周年纪念日,和妻子王红莉到西藏飞行，让他们的爱自由地飞翔。

 财富启示 滑翔飞行是一项很时髦、刺激却又充满风险的运动。随着生活水平的提高，越来越多的年轻人将加入到这项运动中。组织这样的运动最重要的是注意安全，唯有安全有保障了，才能吸引更多的爱好者。

 ## 面具相亲大会，让大龄未婚青年告别羞答答

如今，未婚大龄青年越来越多。很多人都想通过相亲来找到自己的另一半。然而，在不少人眼中，只有无能的人才会相亲，相亲是无奈之举。因此，参与相亲的大龄青年多少有点害羞心理。有没有什么办法解决这个问题，让他们放下包袱，大胆去相亲呢？

出生在20世纪70年代尾巴上的林文香，早该为人妻，为人母。可由于一心扑在工作上，快奔三了，她还是"孤家寡人"。母亲经常在她耳边唠叨："你得赶紧找个对象，把自己嫁出去。要知道，女人老了不值钱！"热心的亲朋好友也忙着为她介绍对象。一直很享受独身状态的林文香，不得不考虑起个人问题来。

2006年6月的一天，母亲拿着一张报纸，兴冲冲地走进来说："闺女，后天一家婚姻介绍所举办相亲大会，你去看看吧。听说这次相亲大会规模很大，而且是专门为像你这样的白领阶层举办的。"林文香不忍心扫母亲的兴，拨打了报纸上的电话，报了名。

6月8日下午2点半，精心打扮了一番后，林文香来到了相亲地点：某歌舞厅一楼大厅。大厅四周的墙上，贴满了参与相亲的男男女女的资料。大厅内人头攒动，每个人都伸长脖子，像找工作似的寻找合适自己的对象。林文香刚在角落的椅子上坐下，电话就响了。一名男子看了她的资料，认为林文香是他所喜欢的类型。

几分钟后，男子根据林文香在电话中的描述，找到了她。然而，一见面，林文香的心就凉了半截，这是一只不折不扣的"青蛙"。而且，对方还在林文香面前说个不停，全然不顾她的感受。相亲就这么失败了，但事情还

没完。

6月11日，林文香在上班的路上遇到该男子。该男子竟指着林文香，对他的朋友说："这是个老女人，都快30了还没嫁人。"林文香满腔怒火却又不敢发作，只好快步走开。背后，男子和他的朋友还不断地嘲笑她，说些不堪入耳的言语。

回到家，林文香扑倒在床上呜呜大哭起来，她万万没想到，去相亲会受到如此伤害。此后，林文香对相亲充满了恐惧，对她来说，去相亲就相当于泄露了自己的隐私。

8月5日，林文香去参加好友阿花举办的化装生日晚会。戴上面具后，大家很放得开，大胆地邀请别人跳舞、唱歌、做游戏，玩得很开心。林文香想，要是相亲的时候戴个面具，别人就不会知道自己是谁了，自己也用不着害羞，聊起来也更随意些。假如举办一个面具相亲大会，不是更受大龄未婚青年的欢迎吗？

一直有创业想法的林文香蠢蠢欲动起来。11月3日，她终于辞掉工作，着手准备面具相亲大会的事。她以每月700元的租金，租了个小铺面作为办公地点，接着到工商所注册了一家婚姻介绍所。面具相亲大会需要用到很多面具，可是，卖面具的商店很少，林文香逛了1个多小时才找到一家，一问价格，她吓了一跳，一个面具要5元钱。她跟店老板磨了半天嘴皮，老板才答应以每个4元钱的价格卖给她。

万事俱备后，林文香在报纸上做了广告：戴上面具相亲，你不再感到害羞。即使相亲失败，你也不用担心别人知道你的隐私。

广告打出来后，报名参加面具相亲大会的电话接连响个不停。林文香把每个报名者的详细情况一一记录下来，打印在纸上，然后悬挂到相亲大会现场。林文香的一些大龄单身好友得知消息，也赶紧报名参加。

12月1日，面具相亲大会终于在一家酒店大厅里举行。来相亲的男男女女忙着看资料，记电话，约见合适的人。向来比较羞涩的女性戴上面具后，相起亲来竟落落大方，有些甚至还主动"出击"。

一名姓张的小姐看中了在外企工作的李先生。可当找到李先生后，她才发现，李先生已经"有主"了，正在和一女子开心地聊天。但是，有了面具遮掩的张小姐，竟大胆地"抢"李先生。她大步走过去，坦率地向李先生介绍自己，表明她的爱慕之心。

林文香虽是活动的组织者，可同样单身的她也忍不住戴上面具，约见中意的男人。然而，或许是由于她的眼光太高，或许是由于缘分还没到，她没有相到合适的人。

这次活动有 300 多人参加。林文香每个人收进场费 30 元。除去场地租金和其他费用，她赚了 5000 多元。这么轻松就赚了 5000 多元，林文香兴奋不已。

然而，几天后有人打来电话诉苦了。在一家广告公司工作的赵小姐抱怨说："戴着面具相亲的时候，我一听他那很有磁性的声音，就对他产生了好感。随后，我和他聊得很投机，凭直觉我认为他就是我想要托付终身的人。可是，昨天，我们见面后我才发现，他的相貌太差，达不到我的要求。我不知道该怎么办。"

类似的情况还有好几个。这是戴着面具相亲的软肋，因戴面具相亲大会现场不允许摘掉面具，相亲的人只闻其声，见不了人。有没有什么办法解决这个问题呢？林文香苦苦思考着。

几天后，她想出了一个好办法：把面具裁掉一大半，只遮住眼部，脸部和额头露出来。这样相亲的双方可以大概知道对方的长相。

这个方法很有效，林文香举办第二次戴面具相亲大会时，很多人说，这样的面具很有特色，有"犹抱琵琶半遮面"的感觉，既可以掩盖人脸上的表情，又可以让人大概知道对方的相貌。

在某中学当老师的吴小姐，同时被 5 名男士看中。他们争着在吴小姐面前表现自己，以博取她的好感。这 5 名男士学历都很高，各方面的条件都不错。吴小姐观看了他们的脸形后，感觉在贸易公司工作的王先生比较帅，便选择了他。当王先生摘掉面具后，吴小姐面露喜色，王先生果然一表人才。

改进了面具后，林文香不再接到投诉。她每隔一个月开一次面具相亲大会。每次参加的人都很多，她也赚了不少钱。

6 月 15 日，林文香刚组织完一次面具相亲大会，一个女孩就打电话向她抱怨说："你们举办的相亲大会太乱，我在那里逛了好久都没找到合适的。"林文香以为是女孩的要求太高，参加相亲大会的人那么多，怎么会没有合适她的呢？

后来，她问了几个参加过面具相亲大会的人，他们都说相亲大会是有点乱。仔细分析后，林文香找到了原因：来相亲的人太多，每一个人都很难在那么短的时间内读完所有人的资料,找到自己最中意的人。女孩的抱怨没有错,毕竟,婚姻是人生大事,怎么可能来这里随便找个人就谈起恋爱呢?找另一半必须千挑万选!林文香思考着解决的办法。

仔细阅读了一些参加相亲的人的资料介绍后,林文香决定事先为他们预选合适的对象。比如,女方要求男方有事业心,有经济基础。林文香就把事业有成、上进心强的男性的资料挑出来,和女方的资料放在一起,供女方选择。这样女方不用费力去寻找了。反之,男方也是如此。

9月21日,林文香举办相亲大会前,仔细阅读了每个参与者的资料,然后为他们配对,挑选合适的相亲对象。9月23日相亲大会召开时,林文香给每个人都发了一份资料。上面记录有适合他(她)们的所有对象。参与者马上就可以与对方联系聊天,不用费时费力找。

此举大大方便了相亲者,他们一来到相亲大会现场,即可马上与适合自己的对象聊天,相亲成功的几率很高。一名姓冼的小姐,林文香为她预选的适合男士竟有20名。冼小姐来到现场后,3个小时内,挨个和他们聊天,了解了他们的情况。经过比较,她最终选择了当医生的卢先生。经过一段时间的交往,她和卢先生终于走到了一起,结婚那天,她还邀请林文香去喝喜酒呢。

由于林文香不断改进,戴面具相亲的生意越做越大,月收入已有8000多元。在组织面具相亲大会的过程中,林文香也多次参加。11月13日,林文香在参加面具相亲大会时和在某政府部门工作的阿骥聊得很开心。多次来往后,两人谈起了恋爱并订了终身。林文香终于找到了心爱的人。

后来,在组织面具相亲大会的同时,林文香又推出了婚礼策划、婚礼摄像等业务。这些业务与相亲业务互相影响、互相推动,使林文香的收入不断增长。她的月收入已经突破了万元。

财富启示　　婚姻是人生的大事,由于种种原因,许多青年迟迟没有谈恋爱。其中一个重要原因是羞怯心理在作怪。面具相亲可以让大龄青年相亲时不再感到害羞,因而受到欢迎。所以,不论从事哪个行业,都要设身处地地为顾客想一想,了解他们的心理,满足他们的内心需求。

绝处逢生，打工仔炒号炒出大笔财富

在大多数人的眼中，带有"8"越多的手机号码越值钱。然而，善于思考的人却能把普通的手机号码炒出很高的价格，赚了不少钱。

如果不是有一个吉利的手机卡号码，孙尘宇那段时间可能要忍饥挨饿，他也不可能走上靠炒手机号码赚钱的道路。

2006年4月，孙尘宇所在的公司倒闭了。更加倒霉的是，5月15日，他上街时，身上唯一的300元钱被扒手扒走了。此时，房东又上门来催交房租，他的生活陷入了困境。

万般无奈，他只好把身上唯一值钱的手机拿去卖，1000多元买来的手机竟被他以400元的低价卖掉，刚好够付房租。为了解决吃饭问题，他决定把手机卡也卖掉。这个手机卡的号码是个吉利号码，里面有许多8，是他刚到本市时花了110元钱买下的。当初，他想买个吉利号码，希望它能给自己带来好运。谁能想到，好运没带来，自己反落到没钱吃饭的地步。

他把手机号码写在一块小木板上，然后站在人流量最大的街道上叫卖，很快就有人过来询问。一番讨价还价之后，他的手机卡最终以130元的价格卖出。吃饭问题暂时得到了解决，孙尘宇舒了口气。可是，接下来怎么办呢？找工作，他已失去了兴趣。可不找工作，他又怎么混下去呢？

路旁有许多人做购销二手手机的生意，他们站在路旁举着牌子，以低价收购二手手机，再以高价卖出，赚取差价。孙尘宇想，他们全都倒卖手机，却没人倒卖手机卡，说不定倒卖手机卡也能赚钱呢，他决定试试。

孙尘宇用一块小木板写了"收购吉利号码手机卡"等几个字，然后站在街道旁，开始了倒卖手机卡的生意。

牌子才举出来不到1个小时，他就收购到了2个吉利号码手机卡，每个价格60元。吉利号码手机卡是收购到了，可他身上只剩下10元了，万一手机卡卖不出去，自己又将陷入困境。他马上把牌子转过来，在上面写上"出售吉利手机号码"几个字，然后再举向行人。

令他欣喜的是，牌子刚举出去半个多小时，2个手机卡就卖出去了，一个卖75元，一个卖80元。短短2个小时就赚了35元，孙尘宇兴奋不已。

接下来，他一会儿把"收购吉利号码手机卡"的一面举向行人，收购手机卡；一会儿又把牌子转过来，把写有"出售吉利手机号码"的一面举向行人，向行人兜售手机卡。就这样忙了一天，他倒卖吉利手机号码竟赚了80多元。

第一天倒卖吉利手机号码成功后，孙尘宇精神抖擞起来。接下来的日子里，他每天一大早就来热闹的街道旁倒卖吉利手机号码，中午短暂休息后又继续忙，一直到晚上11点多才收工回出租屋。一个月后，他靠倒卖吉利手机号码赚了2000多元，终于摆脱了困境。

尝到倒卖吉利手机号码的甜头后，孙尘宇决定把它作为自己的事业。他以每月300元的租金在商场租了个1米长的柜台，主要卖吉利手机号码，兼卖普通的手机卡。

原先，他以为租了柜台后生意应该会更好。可事实并非像他预料的那样。由于吉利号码本身就不是很多，再加上人们买到吉利号码后大都不会在短时间内出售，因此吉利号码的交易量不是很高。一个月下来，他只能赚到3000多元。虽然与打工相比这个数目不算低，但是这样下去也很难有出息。倒卖手机卡到底能不能做大呢？孙尘宇经常思考这个问题。

9月15日，一个女孩问孙尘宇，有没有和她的手机号码紧挨着的手机卡卖。即该号码和女孩的手机卡前面的号码全都相同，女孩手机卡的最后一个数字是7，因此该号码的最后一个数字必须是紧挨着的6或者8。孙尘宇查看了自己手头所有的号码后发现，竟然还真有这样的一个号码。女孩高兴地以90元的价格买了下来。

孙尘宇很纳闷，这个号码的中间有3个4，4是不吉利的数字啊，女孩为什么愿意以高价买下它呢？女孩告诉他，她想把此号码送给男友，这样他们的手机号码就成了情侣号了。

孙尘宇这才明白了过来。他想，恋爱中的人都追求浪漫，渴望有情侣号，如果进这样的手机卡来卖不是大有市场吗？他赶紧到通信公司批发了几十对情侣号码，然后在柜台上贴了张写有"出售情侣手机卡"的广告。果然不出他所料，当天他就卖出了5对情侣号码，赚了200多元。

情侣手机卡热销后，孙尘宇手头有一些不带8的普通手机卡，他想，如果找到这些卡的"情侣"，它们的身价就会上涨。可是怎样才能找到它们的"情侣"呢？孙尘宇最初的做法是向同行购买，或者在柜台上贴出求购广告，等着卡的主人主动送上门。这些办法都不是很有效，很多号码都没法找到。后来，孙尘宇干脆直接给想要找的号码发短信，向其主人表明想要购买该号码。

此举效果还挺不错，仅两个星期，孙尘宇就为 30 多个号码找到了"情侣"。但是，这种冒昧的做法免不了使他挨骂。

11 月 13 日，他给一个尾数为 820 的手机号码发送了短信，提出想购买对方的手机卡，对方马上回短信问他："你是谁？怎么知道我的手机号码？"孙尘宇怕对方误会，赶紧拨打对方的号码，把自己的意图告诉对方。没料到对方竟对他破口大骂。

开发了情侣号码后，孙尘宇手中的普通号码变成了恋人们的抢手货。他们纷纷前来购买孙尘宇的情侣卡，他的收入也提高到每月 5000 多元。

情侣号码受到追捧使孙尘宇意识到，任何号码只要用心去挖掘它的内涵然后加以炒作，都可以卖出高价。他想，既然 8 因为谐音"发"而受到人们的喜欢，其他的号码也可以找出好的谐音。

经过几天的认真研究后，孙尘宇果然找出了许多感情色彩很浓的谐音数字并加以精心组合，形成能代表特定意义的句子。比如：775225 的谐音是：亲亲我，爱爱我。125999 谐音：要爱我久久久。251314 谐音：爱我一生一世。25986 谐音：爱我就别溜。

找出数字的谐音并组合成句子后，孙尘宇把每个号码及其谐音的句子写出来，贴在柜台的显眼位置出售。这些与爱情有关的号码很受年轻人的喜欢，即使孙尘宇开的价格很高，买的人仍络绎不绝。

一对情侣看到孙尘宇贴出的广告后，立即被吸引住了。即使孙尘宇开出了 150 元的高价，男孩还是掏钱给女孩买了一个尾数为 25999 的手机卡送给女孩，他说："这张卡代表了我的心情，希望你能爱我到永久。"

情侣号码和谐音号码炒作成功后，孙尘宇手上的号码除了少数含 4 非常多的号码，其他大都成了吉利号码，价格也翻了好几倍。

一天，一名女孩心急火燎地来到孙尘宇的柜台前，问道："老板，你有没有尾数是 44944 的手机卡卖？"孙尘宇查看了之后告诉她："没有。"女孩脸上顿时出现了极其失望的表情。孙尘宇觉得很奇怪，别人都找好的号码买，这个女孩干吗非要买这个含有这么多 4 的号码呢？多不吉利啊！

忍不住好奇，他问了女孩这个问题。没想到女孩的回答使他忍俊不禁。原来，女孩和男友经常斗气，很多时候女孩都占上风。可不久前，向来受她气的男友，买了个尾数为 0544 的手机卡。起初，她不知道男友的意图，以为只不过是一张普通的手机卡。后来，她才明白过来：0544 的谐音是"动我试试"。男友是在警告她："不要随便动我！"女孩哪里甘心被男友占便宜？仔细思考后，她决定买张尾数为 44944 的手机与男友的卡抗衡，因为 44944 的谐音是"试试就试试"。

了解了原因后，孙尘宇答应帮女孩找这样的号码。由于该号码含 4 很多，因此一直没人想买，孙尘宇很快就以 10 元的价格在别的店买到了。女孩得知消息后高兴得手舞足蹈，以 60 元的价格买走了那张卡。孙尘宇万万没想到，这么一张不吉利的卡竟让他赚了 50 元。

高兴之余，他赶紧把其他尾数为 0544 和 44944 的号码全都买了进来。接着，他把这两个号码的谐音贴了出来。几天后，这些号码就被人以高价买走了。后来，精明的孙尘宇又买进尾数为 805（谐音：别动我）、9410（谐音：就是要动）、05988（谐音：动我就拜拜）、88988（谐音：拜拜就拜拜）等号码。这些号码一推出，就被人们疯狂抢购，孙尘宇也狠赚了一笔。

谈起炒号赚钱的经历，他说："只要你善于思考，再怎么廉价的东西也会增值。"

> **财富启示**　　"8"是吉利数字，人们买手机号码都喜欢买含有"8"的手机卡。孙尘宇却把普通的号码和不吉利的号码卖出了高价，可见他费了不少心思。成功的人往往比别人想得多一些。

19. 情感自行车，只租不卖

很多城市都有出租自行车的业务，但绝大多数供出租的自行车都是普通的两轮自行车。有一名女孩独具慧眼地开展情感自行车出租业务，赚到了大笔财富。

大学毕业后，卢红艳并没有像其他同学那样为工作而奔波。一直想从商的她拿着当家教赚来的 2000 多元钱进了一些小商品，在路边摆起了地摊。每天面对着熙熙攘攘的行人，她没有丝毫的羞涩，从早上 9 点多站到晚上 10 点多，一天忙下来竟能赚到 100 多元。苦是吃了不少，但收入比许多在公司打工的同学要高，更重要的是她学会了察言观色，捕捉消费者的心理。

一天，卢红艳和朋友到公园玩。园内绿树成荫，条条宽阔的水泥道上游人来来往往，热闹非凡。人多的地方必定有商机，卢红艳想。可这商机到底是什么呢？回来后，卢红艳一直思考着这个问题。

后来，卢红艳想，假如在公园骑自行车该是多么惬意啊！一边骑，一边享受绿色美景、阳光。对，在公园出租自行车肯定有市场，卢红艳决定放弃摆摊，开展出租自行车业务。

卢红艳向公园管理处交纳了一定的费用后，取得了在园内经营自行车出租业务的许可。接着，她拿出摆摊的积蓄购进了20多辆自行车，开始了出租自行车的生意。

最初，来租自行车的人还挺多，尤其是周末和节假日，很多年轻都结伴来租自行车，在公园里穿梭游玩。每辆自行车一小时的租金是4元钱，一个月下来，除去成本，卢红艳能赚到2000多元。卢红艳对这个业绩并不满意，她想，刚开始生意还没走上正轨，知名度还没打开，时间久了，生意自然会红火起来的。

可半年过去了，卢红艳的生意不但没红火，反而下滑了。2007年7月，卢红艳只赚了350元。看着公园内如织的游人，自己却赚不到钱，卢红艳不由得心急如焚。她想不通，明明看起来很好的生意，为什么做起来却一点成绩都没有？

卢红艳不甘失败，她开始留心观察、用心分析失败的原因。一天，一名男子围着卢红艳的自行车转了一圈后，摇摇头准备走开。卢红艳忍不住问他：“你为什么不愿意租自行车呢？我的自行车款式很新，也很好骑的。”男子说：“我来公园是为了放松，你的自行车坐着不舒服而且也不好骑，太慢，只适合健身或者当交通工具，不适合休闲放松。”

男子使卢红艳幡然醒悟。确实，这种自行车只有骑得飞快才有速度感，才过瘾。但是来公园里的人，除了少数是来跑步锻炼的之外，大都是抱着悠闲放松的心态，租一辆自行车慢慢转悠还真不如散步。

找到原因后，卢红艳思忖着，该怎样摆脱困境呢？后来经过观察，卢红艳发现来公园游玩的人都是结伴而来的。有的是几个朋友一起来，有的是一家几口人一起来，有的是情侣成对而来。

　　"要是有一种可以双人或者多人慢慢骑的自行车该多好啊！"卢红艳想。到底有没有这样的自行车呢？卢红艳放下生意在街上到处寻找。可她逛遍了大大小小几十家自行车销售店，都没有找到这样的自行车。后来，卢红艳上网查询才得知，广东一家自行车生产厂家生产这样的自行车。

　　可打电话一问，这样的自行车要1000多元一辆。卢红艳顿时犹豫了起来。好友欧小绢劝她说："在公园出租自行车或许并不是什么好生意，你不如到大学旁边租个点，把自行车租给学生还好些。如果你购进这些自行车，万一生意做不下去，想要转让可就难了。"

　　卢红艳觉得好友的分析很有道理。可转念，她想，这些可多人骑的自行车很适合人们休闲放松，如果在公园出租，肯定会受欢迎的。卢红艳不想错过任何一个机会。为了保险起见，她亲自到广东考察这些特色自行车。

　　在广东的厂家，卢红艳看到这些特色自行车后顿时眼前一亮。这些自行车有双人的，三人的，甚至6人骑的都有。坐在上面非常的舒服，而且还有靠背，半躺着就可以踩动自行车。如果是情侣，可以骑双人的自行车，边骑边聊天，看风景，该是多么浪漫的事。如果是一家三口，可以骑三人的自行车，一边骑，一边谈笑风生，亲情多么温馨！如果是朋友，可以骑多人的自行车，可以边骑边聊天，朋友之间的感情将会加深。卢红艳被这些很有特色的自行车迷住了，毫不犹豫地定购了30辆。

　　回来后，卢红艳马上联系旧货收购商，把那些普通的自行车卖掉，然后筹钱汇给厂家。9月23日，卢红艳定购的自行车到了。货卸下来后，卢红艳顾不上休息，马上找到印刷厂，印刷了许多精美的传单，雇人散发。

　　接着，卢红艳制作了"浪漫爱情"、"浓浓亲情"、"纯洁友情"等几种精美的招牌，挂在对应的自行车上并且归类放好。为了彰显特色，卢红艳在自行车出租摊位前竖起了一块巨大的招牌，上面写着"情感自行车"几个大字。

　　有了这些特色自行车，加上卢红艳颇具创意的手法，生意很快就来了。10月24日早上，卢红艳刚开张不久，一对情侣就好奇地凑上来问道："你的情感自行车是什么样的？"卢红艳于是推出一辆双人自行车，说："这辆是浪漫爱情自行车，你们俩坐着骑，边说悄悄话边看风景，多浪漫啊！"

　　那对情侣听了当即高兴地租了一辆骑了起来。一个小时后，租车时间到了，他俩还意犹未尽。女的撒娇着，硬是让男的再续租一个小时。他俩慢悠悠地踩着自行车，一边还窃窃私语着，无比亲密的样子引来许多人好奇的目光。

当人们得知这辆特色自行车是来自卢红艳后，都纷纷前来租车，卢红艳的生意顿时火爆起来，当天就赚了200多元。

为了迅速打开市场，卢红艳花钱在公园的门口做了一块广告牌，公布情感自行车的收费标准。卢红艳把出租情感自行车定位于大众化，因此价格定得很低，每辆车每小时的租金是5元，大部分人都可以消费得起。这种明码标价的广告做出来后，很快吸引了很多顾客。

10月1日国庆节这天，一名中年男子搀扶着两位老人来到卢红艳的摊位前，告诉卢红艳，老人是他的父母，今天特意带他们来逛公园，因两位老人行动不便，因此想租辆自行车。卢红艳把一辆3人自行车租给了他。扶两位老人坐上自行车后，中年男子缓缓踩动自行车，一边还给老人讲解着什么。行人莫不被这个孝顺的男子所感动。

1个小时后，男子把车还给卢红艳并感激地说："真的谢谢你，老人家走路很吃力，你的自行车给了他们很大的方便。"得到顾客的肯定，卢红艳心中得到莫大的安慰。在做好生意的同时，她也时刻留心顾客的需求并尽量满足他们。

一天，几个女孩租了一辆多人骑的自行车游玩。一个小时后还车时，其中一个女孩向卢红艳抱怨说："这自行车骑着确实好玩，只是太阳那么火辣，我们坐在上面可真是受罪。今天被晒了一个小时，皮肤肯定会被晒黑了许多。"

女孩的抱怨无不道理，卢红艳想，如果在自行车的顶上加个盖不就可以遮住阳光了吗？卢红艳找到一家铁艺加工厂，花了3000多元，让焊接师傅给每一辆自行车都加了盖。有了车盖，顾客再也不用担心阳光的暴晒了。一名曾经租过自行车的女孩看到自行车加了盖后，高兴地说："太好了，以后我们在这里骑自行车再也不用打伞了。"

由于卢红艳处处为顾客着想，加上情感自行车迎合了人们的需求，她的生意做得红红火火。11月8日，一名年轻男子问卢红艳："你能卖一辆多人骑的自行车给我吗？"卢红艳很不解，经营出租自行车生意这么长时间来，第一次有人来买她的自行车。男子把买自行车的原因告诉了卢红艳。

原来,该男子的家在农村,他的家周围有块空地,他很想买一辆回去骑,当作娱乐。虽然男子很诚恳并且再三央求,卢红艳还是拒绝了他。要知道,每一辆自行车卢红艳都注入了很多心血,她怎么舍得卖?

好友欧小绢问她:"你一边租车,一边卖车不是可以赚更多的钱吗?"卢红艳则有自己的看法,这些特色自行车的价值在于休闲而不是实用,因此如果卖给别人,市场不大。

为了更加吸引顾客,卢红艳还在自行车上做了许多文章。比如,举办租车抽奖活动,中奖者可获得卢红艳赠送的优惠卡。在卢红艳的悉心经营下,她的情感自行车出租生意做得风生水起,月收入不断攀升。

> **财富启示** 自行车到处都有,没什么稀奇和吸引人的。卢红艳的成功在于她出租的是特殊的自行车,而且销售时以情动人,把自行车和情感联系起来。发挥个人智慧的同时,别忘了动一动自己的情商。

20. 穿上求爱T恤,大胆地推销爱情

求爱的方式很多,你见过这么主动大胆的求爱方式吗?

今年30岁的符丽红出生在西北一个普通家庭。2001年大学毕业后,符丽红应聘到某公司当秘书。

像许多女孩子一样,符丽红也幻想着有个高大帅气的男朋友。然而,她相貌普通,加上工作忙、交际范围小,她一直没有找到心中的白马王子。2006年5月1日劳动节,符丽红回家看望父母。父亲语重心长地说:"丽红,你年纪不小了,该考虑婚姻大事了,我和你妈好放心。"看着父亲头上的丝丝银发,符丽红感到一阵内疚,决定尽快谈个对象,解决终身大事。

一天,符丽红下班回来的路上,迎面走来一位阳光帅气的男子。她不禁怦然心动,这男子真帅啊!如果他是自己的男友该多好啊!为了引起该男子的注意,符丽红故意哼起了歌曲:"你知道吗?爱你并不容易,还需要很多勇气,是天意吧,让我爱上你……"尽管她唱得很动听,可该男子还是对她视而不见,擦肩而过。符丽红伤心极了。

大街上,帅气的男子很多,要是能引起他们注意并和自己交朋友该多

好啊！符丽红想。这天，符丽红在街上看到一个女孩穿着一条印有骷髅图案的 T 恤，吸引了众人的目光。她突然冒出一个大胆的想法：干脆在 T 恤上印上自己的求爱宣言，穿出去逛街，主动推销自己。同事得知她的想法后，都很惊讶地问她："你真的敢这么做吗？"符丽红自信地说："有什么不敢的？我又没犯法。"

说干就干，符丽红买来几条高档 T 恤，在上面印上自己的求爱宣言：本人女，28 岁，大学文化，公司职员。想寻找一位高大帅气、体贴温柔、有事业心和责任心的男朋友。有意者请联系：×××。

7 月 3 日，符丽红穿上求爱 T 恤去上班。当她走到广场时，立即引来不少人围观。一名男子嘲笑说："原来是个剩女，难怪这么急着要找男友。"另一名男子插嘴说："她还要找高大帅气的呢？也不拿镜子照照自己是什么货色。"符丽红听不下去了，连班都上不了，赶紧打车回到宿舍大哭了一场。父亲得知此事后，立即打来电话生气地责骂道："真是作孽啊，你这么做不觉得丢人吗？"身边的好友得知消息，也对她冷眼相看。然而，不服输的符丽红擦干眼泪后，继续穿着求爱 T 恤去上班、逛街。

尽管受到嘲笑和责骂，符丽红这种大胆的求爱方式还是吸引了很多单身男性。几天后，给符丽红发来短信，要求和她交朋友的人竟有 20 多个。经过对比筛选后，符丽红和在外企上班的英俊又有才华的何凡强确定了恋爱关系。父母得知符丽红找了个这么优秀的准女婿，非常高兴，当初的不快一扫而光。

符丽红的几个单身同事看到她以这种方式找到了这么优秀的男友，也想效仿她，穿求爱 T 恤。符丽红想，如今大龄未婚青年越来越多，他们苦于工作忙、交际范围小，没法找到理想的对象。如果他们都像自己一样，大胆地穿上求爱 T 恤，肯定会受到更多人的关注。他们找到理想伴侣的可能性就越大。求爱 T 恤是个很大的市场，我干脆辞职专门设计制作求爱 T 恤得了。男友何凡强得知她的想法后也大力支持她，符丽红于是辞去工作，积极准备起来。

符丽红以 800 元的月租金，租了一间 15 平方米的铺面作为办公室，然后注册了一家 T 恤设计工作室。

很快，符丽红的生意开张了。4 月 27 日，就有 12 个人来定做求爱 T 恤。符丽红先一一记下他们所穿 T 恤的尺码，为他们挑选合适的 T 恤。

接着,她依据每个人的情况,设计不同的求爱宣言。然后找到印刷店,把求爱宣言印刷在T恤上。可当求爱T恤制作出来后,T恤的主人都不敢穿着去逛街,都说太惹眼了。符丽红把自己的经历告诉他们,鼓励他们要大胆些。但除了个别人大胆地穿着求爱T恤去逛街外,绝大部分人还是不敢穿。符丽红于是提议,由她带头,大家一起穿着求爱T恤去逛街。这些单身男女才答应了下来。

5月1日劳动节,上午9点多,符丽红带着10多名穿着求爱T恤的单身男女刚来到街上,顿时引来了众人的目光。人们对这种独特的求爱方式很感兴趣,都驻足观看。有的还拿笔记下看上的对象的电话。一位60岁的大妈,看上了一个名叫才惠的女孩,立即记下了她的电话,说:"这个闺女挺水灵的,我要把我儿子介绍给她。"

最初,这些单身男女听到人们的议论,都不好意思。但是,慢慢地,他们不再感到羞怯,都大胆地穿着求爱T恤各自逛街去了。每设计制作一件求爱T恤,符丽红赚20元钱。第一个星期,符丽红赚了300多元。第一批求爱T恤被10多名单身男女顾客穿去逛街后,符丽红的求爱T恤名气逐渐大了起来,来要求定做求爱T恤的人也逐渐增多。

10月23日,符丽红正在店里忙着为顾客设计求爱宣言,一名神态憔悴的女孩走了进来,说:"你的求爱T恤把我害惨了。"原来,该女孩穿上求爱T恤后,的确引起了许多人的关注。其中,不少心术不正的人记下了她的手机号码,每天都给她发一些不堪入目的短信。有些甚至打来电话问她:"你愿意做我的二奶吗?"女孩整天被搅得心神不宁,不但没找到理想的男友,反而落下了精神抑郁。

后来,符丽红又遇到多起类似情况。苦苦寻思后,她找到了解决的办法。在设计爱情宣言时,她不再留顾客的电话或手机号码,而是留电子邮箱和QQ。这样,那些无聊的人就没法直接骚扰未婚女性了。为了惊吓不良男子,符丽红还在每件T恤上写下"拒绝骚扰,否则报警"。改良后的爱情T恤果然有效。那些心怀鬼胎的人一看到报警两个字,就不敢再骚扰T恤主人了。

最初,来定做求爱T恤的大多是女性。为了扩大业务,让广大单身男也喜欢上求爱T恤,符丽红有针对性地雇人到各个写字楼散发宣传单,还到几个著名网站发帖介绍自己的业务。在她的努力下,许多单身男性也被吸引了过来。在一家文化传播公司上班的张先生已是快"奔四"的人了，还没找到对象，看到广告后当即赶过来定制了3套求爱T恤，每天都穿着去上班。两个星期后，他终于找到了合适对象。他高兴得连声向符丽红道谢："你设计的求爱T恤，让我找到了合适的伴侣，真的太谢谢您了！"

开发了单身男性市场后，符丽红不可避免地遇到了一些问题。11月的一天，一个名叫阿花的女子，看到一名男子求爱T恤上的求爱宣言，觉得自己符合对方的条件，便主动与该男子联系，成了他的女友。可当她一心一意爱上该男子后，才发现该男子已是有妇之夫并且同时与多名女性有染。看着伤心欲绝的阿花，符丽红很同情她，同时意识到，如果不对单身男性"把把关"，检验他们是否真诚，求爱T恤就会成为骗子骗人的工具了。

为了杜绝这样的情况再发生。符丽红在为男同胞设计求爱T恤时，都要求对方出具未婚或离婚证明并且签订一份协议书，保证绝不利用求爱T恤来进行诈骗，玩弄女同胞的感情。增加了这道程序后，那些心术不正的人知难而退。求爱T恤在顾客中的声誉越来越好。

符丽红乘胜追击，在电视、报纸等媒体上大做广告，提升自己的形象。同时，她还在每位顾客的求爱T恤上印上工作室的名字和电话，方便有兴趣的人联系。另外，每位顾客购买了求爱T恤并穿去逛街后，符丽红还经常打电话询问他们进展如何。顾客如果遇到什么困难，符丽红都尽最大努力帮忙解决。

符丽红处处为顾客着想赢得了顾客的赞誉，找她制作求爱T恤的人纷至沓来。符丽红的求爱T恤生意逐渐做成了规模。

财富启示　　找伴侣就像做生意，需要推销宣传自己，才能找到最好的。求爱T恤这种自我推销的方式非常独特，自然受到单身一族的欢迎。因此，它给我们的启示是，成功就要大胆一点。

21. 墙上种花，另类创业财源滚滚

生活中，人们看到的花大都是种在地上或者种在花盆里，再摆放在阳台上、客厅里。可是，有人却把花种在墙上，赚到了大笔财富。

2006年4月,林蜜丰和女友小梅买了一套70平方米的房子,准备结婚。

6月3日,房子装修完毕后,小梅买了几盆花,准备放在客厅里增添绿色。然而,花买回来后她才发现,客厅里根本没地方放。原本就狭小的客厅早已被电视、沙发、茶几、饮水机等挤满,她只好把花放到阳台上。几天后,林蜜丰却又抱怨那几盆花遮光和挡住空气,而且晒衣服也不方便。爱花的小梅对此苦恼不已。

一天,小梅应邀到同事李红语家做客。李红语的家境很好,她家的房子有130多平方米,装修很豪华。客厅的各个角落里摆放了许多花,这些花不但使人感到绿意盎然,而且还能净化空气,小梅仿佛置身大自然中一般,倍感舒服。

回来后,她无比羡慕地对林蜜丰说:"李红语的家太漂亮了,她家的客厅里种了很多花,既美丽又环保。"林蜜丰自嘲地说:"人家的房子可比我们的大多了,谁叫咱们没钱呢?哪天我发财了,给你买套大房子,在客厅里设计个小花园。"小梅叹了口气说:"那我就等下辈子吧!"

7月的一天,小梅做饭时,把刚买来的蒜头放在抽油烟机旁边的小壁橱里。这个小壁橱是房子装修时林蜜丰特意叫装修工人挖的。他说,有个壁橱可以放点东西,节省空间。

一个星期后,小壁橱里的蒜头竟长出苗来。小梅欣喜地对林蜜丰说:"干脆就在小壁橱里种些大蒜吧!"林蜜丰依了她。两人在壁橱里填满了泥土,然后把大蒜埋在里面。很快,小壁橱里长出了鲜绿的蒜苗。这些蒜苗从壁橱里伸出来,贴在墙上非常好看,而且几乎不占用空间。

受到壁橱里种植大蒜的启发,林蜜丰提议在客厅的墙上掏些小壁橱,在里面种花,小梅拍手赞成。经过物业公司批准后,他俩请来装修工人,在墙上掏了6个花盆似的小壁橱,接着在里面填上土,种上花。这些花不但环保,而且还给原本单调空白的墙壁增添了自然之美。看着墙上那些惹人喜爱的花,小梅的心情灿烂无比。

8月9日,好友阿芬来看望小梅。走进客厅后,她立即被墙上那些美丽的花朵迷住了,赞叹说:"你们的想象力太丰富了,这些花种在墙上很漂亮而且还节省空间呢。"后来,林蜜丰和小梅的其他朋友来参观了他们的杰作后,都赞叹不已。他们都请求林蜜丰和小梅帮忙在自家客厅墙上也种些花。

林蜜丰想，如今房价越来越高，经济条件不太好的人买的房子面积都比较小。这些人当中有不少人都想在客厅里种几盆花，以美化环境、陶冶性情。可是，正如自己遇到的问题一样，他们的客厅都很小，很难放下几盆花。如果帮他们在墙上种花，不是可以满足他们对花的需求吗？他把自己的想法告诉小梅，小梅大力支持他。

8 月 13 日，林蜜丰辞掉工作，着手准备起墙上种花的业务来。墙上种花首先要解决的问题是，在墙上掏个壁橱或者砌个凸出来的半圆形小花盆。林蜜丰联系了几名水泥工，与他们商定合作条件：掏一个壁橱或者砌一个小花盆的价格为 30 元。接着，他与一家花卉销售公司签订长期合作协议，对方答应以批发价给他供应各种花卉。一切准备工作就绪后，林蜜丰在报纸上做了广告并印刷了一些传单，雇人散发。

林蜜丰的眼光瞄得很准，由于很多人买的房子面积都很小，墙上种花确实可以节省空间，想在墙上种花的人很多。广告刚投放不久，他的电话就接连不断地响起。爱花的张大姐拨打电话，让林蜜丰在她家的客厅和卧室、厨房的墙上总共砌了 20 个花盆，种了许多花。走进她的家，一抬头就是满眼的绿色，给人视觉上的享受。

某中学的王老师买了两盆铁树，但由于客厅放不下，只好一直搁在阳台。看到广告后，他打电话让林蜜丰帮忙在墙上种花。林蜜丰得知他想种的是铁树后很为难，因为铁树比花要高大很多，在墙上挖个洞是不可能的。经过再三考虑后，他在王老师客厅的电视柜两侧的墙上砌了两个大花盆，然后把铁树移植进去。王老师的客厅顿时绿意幽幽，而且铁树是种在电视机旁，还有利于吸收辐射。

林蜜丰在墙上种花，收费是按花的数量来收的，每种一盆，他赚 15 元钱。投放广告的那个月，他就接到了 30 多单活，赚了 4000 多元。

但在做业务的过程中，林蜜丰遇到了一些问题。10 月 3 日，一位顾客打来电话抱怨说，墙上的花没种多久，就已经枯死了。林蜜丰咨询了专业人士后了解到，那些花很娇嫩，它们种在室内，缺少阳光的照射，存活的时间不会太长。查明原因后，林蜜丰在开展业务时，专门向人们推荐适合在室内生长的花朵。

林蜜丰开展墙上种花业务最初是针对经济条件不是很好、房子较小的群体。可后来他惊喜地发现,一些有钱人也喜欢在墙上种花。

10月21日,自己开公司的李先生让林蜜丰在他那150多平方米的大房子里,砌了30多个很有特色的墙上花盆,在里面种了各种各样的花朵。为了让这些花晚上看起来更加美丽,李先生还别出心裁地在每个花盆的旁边安装了彩灯。晚上,当这些彩灯开启后,墙上的鲜花在朦胧的灯光的映衬下,格外的美丽迷人。

李先生的朋友参观了之后都赞不绝口,并纷纷效仿他,找林蜜丰在他们的房子里的墙上种花。林蜜丰忙得不可开交,收入自然也增加了许多。

当生意越来越好后,林蜜丰一个人已经忙不过来了。他招聘了8名业务员,并把办公地点搬到繁华的海秀路一栋豪华的写字楼里面。

为了尽快扩大业务,林蜜丰还经常开展业务推介活动。2007年4月,他用水泥制作了几根柱子,柱子上砌有许多花盆,花盆里种有各种各样的花。4月13日上午9点,他在市人民公园旁边租了一块地,把这些花柱拉到现场展示。这些别样的种花方式立即引起了市民的兴趣,许多人当场就与他签订合同,让他帮忙在自己家里的墙上种花。

6月的一天,林蜜丰接到一名陌生男子的电话。男子自称姓张,是某装修公司的老总。张总提出想和他见面,商谈合作事宜。原来,张总了解了林蜜丰的墙上种花业务后,觉得是个不错的商机。但他认为,盲目地在墙上种花会影响房子原先的装修效果。因此,他多方打听找到林蜜丰,要求与他合作,把他的业务和自己的设计融合在一起推广。

林蜜丰与小梅商量后认为,这是一个双赢的合作,对双方开展业务都有利,于是爽快地答应了下来。此后,张总接到装修业务时,都会向顾客推荐墙上种花业务。林蜜丰在开展墙上种花业务时,遇到有装修需求的顾客,也大力向张总推荐。这样,林蜜丰无疑多了一个业务推广渠道,生意很快红火了起来。

任何项目一旦火热起来后,势必有跟风者。林蜜丰的墙上种花业务火起来后,跟风者马上多了起来。不到一个月,市场上突然一下子冒出了10多家开展墙上种花业务的公司。这些公司良莠不齐、搅乱了市场,林蜜丰的业务量急剧下降,他开始感到举步维艰。

甩开对手的一个好办法就是把对手消灭在萌芽状态。林蜜丰咬咬牙,在报纸、电视上大做广告,树立起自己的品牌。同时,他重金聘请了专业设计师，专门设计墙上种花。一系列的方案实施后，他的业务开始回升，那些公司很快没了踪影。

摆脱对手后，林蜜丰迅速采取措施占领市场。他派出业务员到各个楼盘活动，拿到新购房业主的资料，然后向他们推销墙上种花业务。由于市场定位准确，他的业务开展得如火如荼。

为了使墙上种花更具特色，林蜜丰还费尽心思地把声、光和花朵结合起来，即在花盆里安装彩灯和流水、鸟鸣等音乐盒。夜幕降临时，一按开关，墙上的花朵在彩灯的映照下，透出一种朦胧、温馨之美，再加上音乐盒里传出的流水、鸟鸣、蛙鸣等动听乐曲，使人仿佛置身大自然中一般，倍感惬意。

林蜜丰通过墙上种花终于挖到了人生的第一桶金。他把70平方米的小房子换成160多平方米的跃层，还买了一辆轿车代步。

墙上种花？乍一听好像是异想天开，但不是不可能。天价的房子使我们的住宅空间很窄小。墙上种花充分利用空间、增加绿色，不失为绝妙之举。因此，想要创业，不妨把想象放飞得更高些，更远些。

同名俱乐部，赚不同人的钱

你知道和你生活在同一座城市的人中，有多少人和你同名同姓吗？你知道他们都从事什么职业吗？和与你同名同姓的人认识是一种缘分，或许也是一种机遇。同名同姓俱乐部，或许能给你一个惊喜。

2006年7月，王飞刚大学毕业就遇到了一件令他十分尴尬的事。7月初，他去参加一家大型企业的招聘会，初试、复试过后，人力资源部张经理告诉他，录用结果将于一个星期后公布在企业的公告栏里。

一个星期后，王飞在该企业的公告栏里看到了自己的名字。可是，当他欣喜万分地到那家企业报到时，张经理上下打量了他一番，满怀戒意地问道："我们并没有录用你，你干吗要冒充别人？"被问得一头雾水的王飞说："公告栏里明明写着我的名字啊，怎么说我冒充别人呢？"张经理赶紧打电话，把一个年轻人叫了进来，对王飞说："我们录用的是他。"原来，这次参加应聘的人中,有一个人与王飞同名同姓,人家录用的是那个王飞。明白了事情的原委后,张经理连声对王飞说对不起。王飞尴尬得满脸通红,恨不得在地上找个缝钻进去。

这次经历虽然令王飞感到很难堪,但他也有不小的收获,那就是和另一个王飞认识并成为好朋友。两人经常一起吃饭、喝茶,聊工作,聊人生。王飞进入一家广告公司当业务员后,那个王飞还通过同学父亲的关系,帮他拉到了一笔业务。王飞想,社会上同名同姓的人不少,如果办一个同名同姓俱乐部,给他们创造条件、帮他们互相认识,肯定会受到他们的欢迎。

王飞把自己的想法告诉好友阿刚,阿刚说:"很多人对陌生人都有戒备之心,你让同名同姓的陌生人互相认识,他们愿意吗?"王飞解释说:"很多人热衷于认识与自己同年同月同日生的人,我想结识同名同姓者也肯定会受到人们的欢迎。再说多认识一个朋友就多一条路。"

9月20日,经过深思熟虑之后,王飞终于辞掉工作,开始准备起同名同姓俱乐部的事情来。他先租了间20多平方米的房间作为办公室,接着到工商税务部门办理了相关执照。随后,王飞随机对一些年轻人做了调查,了解他们对此项目的看法。综合了许多人意见,王飞把同名同姓俱乐部的服务内容定为:帮人寻找和自己同名同姓的人,组织各种活动,让他们认识。

一切准备就绪后,王飞做了一些户外广告:你想知道和你同名同姓的朋友是个什么样的人吗? 你想和同名同姓的人交朋友吗? 那就赶紧加入同名同姓俱乐部吧。广告投放后不久,就有顾客上门了。一个名叫孙×兰的女孩子来到王飞的办公室,交了10元加入同名同姓俱乐部。她说:"我这个名很大众化,肯定有很多人与我同名同姓,如果能和他(她)们交朋友,那肯定很有意思。"

随着加入俱乐部的人越来越多,孙×兰很快就找到了两个与自己同名同姓的人,其中一个竟然还是男孩子。3个人见面的那一刻都好奇地仔细观看对方。接着,他们3个人一起吃了一顿饭,聊得很开心,临别时还互相交换了联系方式,并约定以后经常出来聚会。

然而,毕竟在茫茫人海中找到同名同姓的人不是一件很容易的事情。一个月过去了,有200多人加入同名同姓俱乐部,可只有10人找到同名同姓的人。那些没有找到与自己同名同姓的人不断地质问王飞为什么。王飞只好如实相告，同名同姓俱乐部目前名气还不是很大，报名的人少，以后人多了之后，就好找了。

可怎么样才能提高自己的知名度呢？广告已经做了，效果却不是很理想。仔细分析后，王飞找到了原因，自己投放的广告太小，很难吸引人们的注意。但凭他目前的经济实力，只能做小广告。

为了提高同名同姓俱乐部的名气，王飞狠下心印刷了一大沓传单，雇人在主要街道散发。同时，他还每天上网在各大网站宣传同名同姓俱乐部。为了吸引大量的顾客加入同名同姓俱乐部，王飞还把价格降到每人5元。

采取了这一系列措施之后，短短一个星期，报名加入同名同姓俱乐部的人增加到1500多人。人数增多后，许多人很快就找到与自己同名同姓的人。

已到了而立之年的王×雄加入俱乐部的第二天就找到了两名与自己同名同姓的人。3个人在一起聊得非常开心。后来，当得知他还没有谈到合适的女友后，另外两个王×雄热情地把自己的亲戚和朋友介绍给他。在他们的帮助下，王×雄竟和其中一个王×雄的表妹谈起了恋爱。高兴之余，他向朋友大力推荐同名同姓俱乐部。

由于收费低，加上广告支出和其他花销，前3个月平均下来，王飞每个月只赚了2000元左右。王飞并不满足，他想，向会员收取的费用太低了，这样下去很难把同名同姓交友事业做大，赚更多的钱。

一天，一个名叫彭×美的女孩向王飞抱怨说："你的同名同姓俱乐部应该适当地举办一些活动，这样我们可以通过活动加深彼此的了解，更有利于我们建立起好朋友的关系。否则，让我们坐着干巴巴地聊天，一点意思都没有。"

彭×美说得没错，王飞于是增加了棋子、纸牌、麻将等娱乐项目，租给会员玩乐。这样，他们的交往就不会枯燥了。后来，王飞还大胆地组织会员出去郊游，加强他们的交流沟通，促使他们结成好朋友。

12月7日，一个名叫符×清的男子加入同名同姓俱乐部后，找到了5名和自己同名同姓的人。当天晚上，王飞组织他们和其他会员开展集体歌唱比赛。符×清和其他几个同心协力，战胜了其他人，获得冠军。几个人很快发展成为好朋友。符×清高兴地说："才花5元钱就可以加入同名

同姓俱乐部，结交有缘分的朋友，扩大自己的人脉，很值!"

组织会员开办晚会，王飞向他们收取一定的费用。这样除去会员费，他又多了一项收入。

当同名同姓俱乐部的生意越来越红火后，王飞自己一个人已经忙不过来了。他只好招聘了2名员工作为自己的帮手。然而，这2名员工初来乍到，对业务不是很了解，犯了一些错误，引起了很大的麻烦。

8月的一天，一个名叫钟×飞的男子交了钱后，员工帮他找到了同名同姓的人。可他才和对方聊了几分钟便匆匆离去。对方发现自己放在包里的手机竟不见了，找王飞投诉。王飞询问了负责接待的员工小张，小张竟然没有查验对方的真正姓名，才给了对方可乘之机，盗走了别人的手机。

面对员工的满脸焦急与客户的愤怒，万般无奈的王飞只好答应赔偿客户的损失。事后，王飞严厉地向员工交代，在接纳别人为会员之前，必须查验对方的身份证，否则出事了必须由员工自己负责。这个做法深受顾客的欢迎，来报名的会员赞扬说:"这种做法使我们和同名同姓的人交起朋友来更安全，更让人放心。"

为了把同名同姓俱乐部办出特色，王飞还增加了同名同姓认亲活动，即如果同名同姓朋友之间如果互相感觉很投缘，可以在王飞的主持下，结成亲戚关系。

一个名叫苏×龙的青年男子加入同名同姓俱乐部后，认识了6个与自己同名同姓的朋友。在这6个朋友中，56岁的苏×龙经常给他讲为人处世的道理，为他的工作出主意。两人很投缘，苏×龙于是提出认他为干爹。56岁的苏×龙很爽快地答应了。在王飞的见证下，苏×龙向干爹磕头并亲热地叫了声:"干爹!"在场的人羡慕不已。

在外企工作的方小姐的名字很有"男人味"。加入了同名同姓俱乐部后，她认识了3名与自己同名同姓的朋友。在这3名朋友中，她觉得小自己5岁的方先生性格和行为都很像自己的弟弟。于是，她主动提议和方先生结成了姐弟。

"认亲"服务推出后，同名同姓俱乐部经营得红红火火。但细心的王飞还是处处留心着顾客的需求。一次，一名会员向王飞提议说:"能和同名同姓的人认识是一种缘分，但我们认识了之后，没有留点什么东西做纪念，感觉单调了些。"王飞觉得该会员说得有道理，为了了解会员的想法，王飞仔细地询问了许多会员，他们竟然都有这样的看法。

王飞于是采购了钢笔、笔记本、相框等礼物。每当顾客想留点东西作为纪念时，王飞就会把这些商品卖给他们，赚取一些差价。2008年1月，王飞买了高档摄像机后，又推出了同名同姓留影纪念活动。任何人只要想和同名同姓的人合影，王飞都很乐意帮助他们。后来，王飞还干脆用摄像机把同名同姓的人交谈的过程拍下来，再卖给他们。由于王飞推出的服务较多，他赚的钱也越来越多。

财富启示　　在互联网上输入你的名字，你肯定能找到很多和你同名同姓的人。此时你肯定会想，他们是什么样的人，长得怎么样？同名俱乐部正是抓住了人们的好奇心理。好好利用人们的好奇心，或许你会发现一片不一样的天地。

23. 小丑快递，附赠快乐

很多商家都采取赠送礼品的方式吸引顾客。吴海威也不例外，只不过他的赠品是快乐。

2006年，吴海威大学毕业后应聘到一家物流公司当送货员，工资只有800元。同学都笑他说："这种工作，初中生都能做，你一个大学生去干这种苦活，不觉得掉身价吗？"吴海威微微一笑，没有说什么。他只是隐约觉得，他能从给人送货中发现商机。

10月的一天，吴海威把包裹送给一名姓曾的先生后，曾先生问他："你能帮我去市政府拿份文件吗？我现在急着用，却又不能脱身。"看到曾先生满脸焦急的样子，吴海威答应了下来。20多分钟后，他帮曾先生拿到了文件。曾先生付给他20元钱的酬劳。

后来，吴海威又多次遇到这样的情况。他觉得，城市快递是个不错的创业项目，于是蠢蠢欲动起来。12月10日，吴海威遇见大学校友冯亮宇和张华发，他俩都有创业的想法。3个人一拍即合，决定成立一家快递公司，专门开展在市区内的快递服务。

租办公室、注册公司、打广告，生意就这么似乎简单又不简单地开始了。因为没有雄厚的资金,他们跑快递业务的工具只是1辆摩托车和2辆电单车。开业的当天只做成了一笔生意:吴海威开着摩托车为一所学校的5名教师送了5件雨衣,赚了25元。虽然钱很少,但3个人还是买了一瓶啤酒,到快餐店庆祝了一番。

第一个月,他们仅赚了1500元,第二个月赚了4150元……半年后,他们的月收入突破了万元。他们乐开了怀,踌躇满志地要把生意做得更大。可不久,业务越来越少,月收入先是降到8000元,再慢慢降回到1000多元。吴海威调查后发现,一些原本只专注做省外快递业务的公司,看到市内快递有较大的市场空间,也利用自身的资源做起市区内的快递业务。他们的交通工具是汽车,速度更快,收费也比吴海威他们低。土枪拼大炮,吴海威他们败了下来。

3个人脸上没了笑容,意见开始出现了分歧。冯亮宇和张华发打起了退堂鼓,想把公司关闭,各谋出路。吴海威百般劝阻,他俩才勉强答应继续坚持下去。

一天,吴海威看到一则故事:一个导游带一个团去旅游,途中,大家都沉默着,气氛很沉闷。导游想,为何不让旅途变得快乐些呢?于是,他给游客唱歌,带领大家一起做游戏。结果,几个小时的"苦旅",充满了欢声笑语。自那以后,该导游每次带团,途中都变着花样让游客高兴。后来,该导游被评为当地年度最佳导游。

吴海威想,商品越来越同质化的今天,只能靠服务来取胜。同样是快递,假如我能带给顾客快乐,必定受到顾客的欢迎。只有这样,我才能激烈的竞争中突围出来,提高知名度,从而夺回市场。"可是,怎样才能带给顾客快乐呢?"冯亮宇和张华发齐声问道。

是啊,怎么样才能带给客户快乐呢?吴海威皱起了眉头。

为了能给客户带去欢乐,吴海威他们3个人设想过装扮成明星、天使、动物等造型。可最终,他们选定扮成小丑来送快递,因为小丑最有喜剧意味。他们赶紧买来小丑衣服,然后照着图片上的小丑的样子给自己打扮。尝试了多次后,他们终于能把自己打扮成很逼真的小丑了。

在某外企上班的王女士委托吴海威给她那读幼儿园的儿子周丰源送午饭。吴海威穿上小丑服,化上小丑妆后,骑着摩托车出发了。10多分钟后,当他来到幼儿园时,幼儿园的小孩全都指着他,大叫起来:"小丑!"幼儿园的老师看到了也倍感惊讶。问明来意后，一位姓张的老师说："你们这种做法很有创意！"小朋友得知这个可爱的小丑是为周丰源送午饭的后，都非常羡慕他。周丰源一脸的自豪，回家跟王女士说了之后，王女士还特意打来电话表示感谢。

扮小丑送快递在路上也引起了轰动。10月21日，冯亮宇送包裹时，路边很多人驻足观看。其中一人说："这人肯定是马戏团的。"另一人插嘴说："马戏团的老板也太抠门了，竟然让他自己骑电单车赶着去演出！"冯亮宇心里暗暗感到好笑。

回来跟吴海威说起此事后，吴海威一拍大腿，惊叫道："这么好的宣传机会，我们竟然不懂得利用！"冯亮宇和张华发也顿时明白了过来。3个人赶紧在小丑服上喷上自己公司的名字和电话。此后，每当他们扮小丑送快递时，路人都知晓了他们公司的名字和业务。于是，他们公司的名声一下子火爆起来，业务开始蒸蒸日上。仅11月，他们的收入就回升到1万多元。

然而，扮小丑不仅仅是外形逼真就够了。11月27日，吴海威送快递给李先生时，李先生嘲讽地说："你们的想法很新颖，只是小丑会很多滑稽的动作，你却一点都不会。真是'画虎不成反类犬'啊！"吴海威脸上顿时火辣辣的。

李先生说得没错，小丑应该会表演一些滑稽的动作，才能更加逗客户开心。吴海威马上买来一些小丑表演的碟片，有空时，3个人边看碟片边学录像上的小丑的动作。两个星期后，3个人全都懂得表演小丑的滑稽动作了，比如扮鬼脸、跳一小段滑稽的舞蹈等。

一天，冯亮宇应当公务员的卢先生的要求给一名姓吴的小姐送花。吴小姐收到花后，冯亮宇张着鲜红的大嘴，扮了个夸张的鬼脸，接着扭扭屁股，跳了段"劲舞"。吴小姐被逗得抿嘴直笑。当天晚上，卢先生还特地找到冯亮宇，给了他30元的小费。原来，吴小姐是卢先生的意中人，却一直与卢先生保持着距离。今天，卢先生用如此特别的方式给她送花，使她觉得卢先生是个懂得体贴和浪漫的人，对他的好感大大增加。卢先生自然万分高兴。

小丑快递的名气越来越大，吴海威3个人已经应付不过来了，只好招聘了5名员工，并且干脆把公司的名字改为"小丑快递"。在5名员工上岗之前,吴海威对先对他们进行严格的"小丑"训练,让他们学习表演小丑的动作,做到形神都很逼真。有了这5名"小丑"的加盟,吴海威的业务像滚雪球般越做越大。

在送快递的过程中,吴海威发现很多人是为朋友、同学或者亲人送生日礼物的。2008年1月的一天,在学校当老师的魏先生因为将要出差,没法为在大学读书的女友过生日,于是委托吴海威给他的女友送去生日蛋糕。最后,魏先生问吴海威:"你能不能代我向我的女友唱首生日歌呢?我可以多付你3元钱。"吴海威爽快地答应了下来。

精明的吴海威想,每天都有客户委托我们送生日礼物,如果增加为过生日的人唱生日歌的服务,不是更加受到欢迎吗?这样还可以有些额外的收入呢。于是,每当有客户委托送生日礼物时,吴海威都向他们推荐唱生日歌的服务。果然不出他所料,绝大多数的客户都同意接受这样的服务。

后来,吴海威又把业务扩大到唱其他任何歌曲。最初,员工都强烈反对说:"我们都是五音不全,你让我们唱歌,我们一开口,不把客户吓坏才怪呢!"吴海威却说:"正是因为你们五音不全,才让你们唱歌。"他的想法是,小丑本来就是个不正经的角色,唱走调的歌更符合他的身份,更能令人捧腹开怀。

吴海威说得没错,员工们唱的走调歌常常让客户忍俊不禁。一次,一名员工受一名姓张的先生的委托,给他的妻子送结婚周年礼物。该员工把礼物交给张太太后,还根据张先生的要求,给张太太唱《纤夫的爱》这首歌。这首歌不但被该员工唱走调,歌词还被改成:"妹妹你坐床头,哥哥我坐床尾,恩恩爱爱,蚊帐荡悠悠……"张太太笑得眼泪都流出来了。

在送快递的过程中,吴海威还发现小孩子对小丑的好奇心特别的强烈。2月13日,吴海威受客户委托给一名小朋友送去礼物并表演动作后,该小朋友仍不尽兴,哭闹着要吴海威留下来陪他。吴海威只好安慰他说:"叔叔跟你合张影,这样你就可以永远把叔叔留在身边了。"该小朋友这才擦干眼泪,找妈妈要相机去了。

根据小孩子的性格特点,吴海威在给小孩子送快递时,推出一项服务:与小丑叔叔合影,如果小朋友家有照相机,"小丑"叔叔免费与他合影。如果小朋友家没有照相机,只需花1元钱,就可以与"小丑"叔叔合影。这项服务满足了小孩子的需求,公司的业务因此增加了不少。

其他大型快递公司发现了吴海威他们做大的秘密后，曾想模仿他，占领市场。可毕竟它们是大公司，主要精力都放在省外快递业务，没办法投入这么多时间来研究小丑、培训小丑。于是，在市内的快递业务中，它们逐渐丧失了优势。它们也曾打价格战，想以成本价击垮吴海威他们。但由于本城内快递本身收费不高，它们把价格降得再低，也只不过低几块钱。对于客户来说，如果多花几块钱，能给他们的亲人、朋友带去快乐，那是相当值得的，他们根本不计较。于是，吴海威的"小丑快递"迅速做大。

为了在人们心中树立起品牌形象，吴海威请了一家文化传播公司对公司进行全面包装。员工的帽子、衣服、鞋子、电单车、公司宣传画册、员工名片等全都出现"小丑"形象。但这"小丑"不是普通的"小丑"，而是一个手举包裹，向前奔跑的"小丑"，形象地把"小丑"和快递结合起来。对公司重新包装后，吴海威在报纸和电视投了广告，"小丑快递"很快深入人心，其品牌形象大大提高。

"选择'小丑快递'，我们将有丰厚的礼品赠送。我们的礼品就是快乐！"这是"小丑快递"的宣传语，也是他们成功的秘诀。

> **财富启示** 社会前进的脚步越来越快，人们对产品质量越来越放心后，追求的也许就是快乐。当你意识到你现在所做的事很平淡、枯燥并努力想把它做得快乐些时，也许你就离成功不远了。

培训准爸爸，圆了财富梦

即将当爸爸了，可你知道该怎么给孩子喂奶吗？知道该怎么给孩子换尿布吗？知道怎么哄孩子吗？没有当过爸爸的人大都对此一无所知。有人瞄准这个商机，办起了准爸爸培训班。

2006年4月，27岁的郝基佑终于当上了爸爸。然而，当他欣喜万分地抱起儿子时，小家伙却不买他的账，在他怀里哭个不停。妻子郑爱美接过来，抱在怀里，轻轻地拍一拍后，小家伙顿时停止了哭声，睁大眼睛看着这个陌生的世界。气得郝基佑直骂他，只认娘不认爹。

更令他无比沮丧的是，11月份郑爱美到外地出差那段时间，小家伙把他当敌人似的，跟他"作对"，拒绝由他照顾，整天哭个不停。郝基佑抱着他，心疼地说："宝宝不哭，妈妈出差了，爸爸来照顾你啊。"可任他怎么说，小家伙硬是哇哇大哭。郝基佑猜测他可能是肚子饿了，便给他喂奶粉。小家伙只吸了一口便吐出来，继续哭。

看着他泪流满面地样子，郝基佑又心疼又气愤地说："叫你哭，等你长大了，老子非狠狠揍你一顿不可！"后来，他到书店大量阅读有关育儿的书籍后，才掌握了照顾婴儿的技巧，把小家伙服侍得舒舒服服。

郝基佑的许多刚当爸爸的朋友，像他一样都遇到类似的情况，大家聚在一起时，都感叹小孩难伺候。一天，郝基佑在一本杂志上看到一篇有关育儿的文章介绍说，在小孩的成长过程中，父亲的爱抚对孩子的健康成长有很重要的影响。郝基佑想，大多数刚当爸爸的人，根本不懂得如何照顾孩子，如果举办一个准爸爸培训班，教这些人如何照顾孩子，会是个很好的创业项目。

郝基佑把自己的想法告诉了郑爱美，郑爱美白了他一眼说："你们男人大都是懒汉，照顾孩子又那么累，有几个会受得了？再说了，男主外、女主内，也没有几个男人有时间照顾孩子。"郝基佑反驳说："这不一定，如今社会上的女强人越来越多，女主外、男主内的也不少。"接着，他向郑爱美大谈父爱对孩子的重要影响。郑爱美拗不过他，只好同意了。

郝基佑于是开起爸爸培训班来。一个星期后，他招到了15名准爸爸。准爸爸的培训期限为两个星期，每个学员收费300元。

第一天，郝基佑详细向学员们讲解了有关婴儿喂奶方面的内容，学员听得很认真，很多人还记了笔记。看到学员这么投入，郝基佑心里暗暗喜欢。然而，下课后，学员们都围上来，问他是哪家医院的医生并向他索要名片。郝基佑告诉他们自己并不是医生后，一个学员说："你不是医生，我们凭什么相信你讲的是对的呢？万一我按照你所说的给孩子喂奶出现了问题，你负责吗？"其他学员听了，都纷纷跟着起哄，有些人甚至说他是骗子。从没遇到过这种事情的郝基佑，顿时慌了手脚。

为了缓和学员的情绪，郝基佑只好说："今天只是见面会，由我向大家简单介绍培训的内容，以后的课程将由专家向你们讲授孩子的养育知识。"听了他的话，学员才将信将疑地安静下来。

真要请专家，自己得花不少钱呢。但是不请的话，准爸爸培训班就没法办下去了。一番权衡之后，郝基佑只好到医院请了有名的儿科医生张医生为学员讲课。张医生每上一次课，郝基佑给他100元。

张医生有着20多年的从医经验，在小孩的养育方面很有研究。每次讲课，他都结合自己看病的经历，给学员讲解婴儿养育方面需要注意的事项以及具体方法。学员听了之后，很是受益。

陆先生刚当上爸爸，在一家企业当副总的妻子坐完月子后马上回到工作岗位上，孩子交给他看管。最初给孩子喂奶时，他简单地认为只要把奶嘴塞到孩子的嘴里任他吸就得了。听了张医生的课后他吓出了一身冷汗，说："幸亏有张医生的提醒，否则万一不小心，后果不堪设想。"

原来，张医生在工作中，曾经遇到过这样一个事例：一名刚当爸爸的男子给孩子喂奶时，奶水呛到孩子的气管里，最终抢救无效死亡。因此，张医生提醒所有的学员，给孩子喂奶时，要少喂、慢喂，孩子喝下奶后，要在他的后背轻轻地拍一拍，以防呛到气管里。

请了张医生来讲课后，学员们不再找碴，听课也更认真了。这期培训班结束后，除去场地租金、请张医生的费用和其他费用后，郝基佑只赚了1000多元。钱虽然少了些，但他从中吸取了许多经验。

第一期准爸爸培训班成功举办后，郝基佑的名气逐渐大起来。第二期，他很快就招到了31名学员。这次，为了避免学员因记笔记而跟不上张医生的讲课，郝基佑提前让张医生把养育婴儿的一些重点注意事项打印出来，分发给学员。郝基佑的细心赢得了学员们的赞扬，他也满心欢喜地盼望着这期培训班早点结束，他好早点把钱赚到手。

然而，培训了3天后，一名姓赵的先生向郝基佑抱怨说："张医生讲的一些方法很好、很重要，但是光凭他一张嘴说很抽象，我们很难完全把握每个细节。比如，他讲到怎样给孩子换尿布时，我们看不到他的实际操作，很难记住整个动作的过程。"

郝基佑觉得赵先生的抱怨很有道理，但是他又找不到解决的办法，为此他苦恼不已。郑爱美得知他的难处后，建议说："要不，你去买台幻灯机，让张医生做些幻灯片，放给学员看，这样就形象多了，学员肯定更容易掌握。"郝基佑觉得郑爱美的建议很不错，于是花几千元买了一台幻灯机，然后把自己的想法告诉张医生。张医生也欣然同意用幻灯片辅助讲解。

有了幻灯片的帮助，张医生讲起课来更加直观形象。后来，受此启发，郝基佑还不时地给学员播放一些有关婴儿抚养知识的碟片。他细心周到的服务赢得学员的好评。在学员的口口相传下，来参加准爸爸培训的人逐渐增多。郝基佑的收入也由最初的 1000 多元，增加到 5000 多元。

2007 年 5 月的一天，一名姓王的准爸爸前来咨询有关报名事宜。郝基佑向他介绍了培训的价格后，王先生问道："你的准爸爸培训班有没有介绍婴幼儿心理的内容？"郝基佑告诉他没有之后，王先生失望地说："婴幼儿也有他们特定的心理需求。你的培训班没有这方面的内容，是不完整的。"

王先生的一番话把郝基佑说得哑口无言。是啊，婴幼儿也有他们的心理特点，如果不了解他们的心理特点，怎么能做到正确地与他们进行亲子交流呢？郝基佑决定增加婴幼儿心理方面的培训内容。

经过几天的连续登门拜访后，郝基佑以每节课 100 元的价格请到了一家大医院的心理咨询师冯医生，让他来给学员们讲课。冯医生先是给学员们讲解了婴幼儿各种神态、动作所代表的心理需求，让学员掌握婴幼儿的心理特点。接着，他教给学员许多与婴儿沟通的面部表情。学员学了之后，都感觉受益匪浅。

林先生是一家 IT 公司的技术员。整天与电脑打交道的他原以为当爸爸不外就是给孩子喂喂奶、换换尿布。听了冯医生的课后，他惊奇地了解到，原来初当爸爸也有这么多学问。为了与刚出生不久的女儿沟通，他经常向女儿做出各种夸张的表情，把襁褓中的女儿逗得乐不可支，他也从中真正尝到初当爸爸的乐趣。

请了冯医生来讲解婴幼儿心理后，准爸爸培训的成本增加了许多。考虑到自己的利润，郝基佑只好把收费标准由原先的 300 元增加到 400 元。收费提高后，他曾一度非常担心准爸爸们会因为收费高而退却。但结果出乎他的意料之外，来报名的人丝毫不减。对这些准爸爸来说，花 400 元能掌握抚养好自己宝贝儿子、女儿的知识，很值。

随着参加培训的准爸爸越来越多，郝基佑也积累了很多经验，准爸爸培训班办得越来越有特色。11 月 9 日，一个姓黄的准爸爸在培训的最后一天，竟把自己 8 个月大的儿子带到教室，向其他学员展示他学到的照顾婴幼儿的知识，并向专家询问有关知识。其他学员看到小家伙的可爱模样，都忍不住捏捏他的小腿。

后来，细心的郝基佑观察到，很多学员都有抱自己的孩子来与他人交流的欲望。于是，他产生了一个绝妙的主意：在培训的最后一天，让所有的准爸爸都把自己的小孩带过来，学员之间可以互相交流并免费向专家咨询有关问题。

这个活动推出后，大受准爸爸们的欢迎。每到培训的最后一天，教室里充满了欢声笑语。学员既可以与小孩逗乐，还可以向专家、其他准爸爸咨询养儿、育儿的经验与良方。

当准爸爸培训生意越做越红火后，郝基佑又租了另一个房间，增设培训点。凭借培训准爸爸，他赚到了人生的第一桶金。

 可怜天下父母心，从孩子出生的那天起，父母就成了孩子的"奴隶"。而初为人父，如何照顾好孩子，相信大部分人都不知道。培训准爸爸正是打父爱牌，教给准爸爸照顾孩子的知识。爱心永远是一笔财富。

 ## 另类父爱，周末爸爸开启成功之门

身为老总，有几个人有空陪孩子、教孩子？没有父亲的管教，孩子的成长会不会受到影响呢？

大学毕业后第一次面试，赵态走进一家广告公司的总经理办公室。"总经理，你好，我叫赵态，从师范大学毕业。我的专业是幼教……"话还没说完，老总就打断了他："我这里不是幼儿园。"赵态羞得满脸通红。简历还没递上去，他掉头就走。

"等等。"赵态的后脚跟即将跨出门时，老总叫住了他，"你学的是幼教专业，应该对小孩的心理很了解吧？"赵态愣了一下，说："是的。"然后大谈小孩的心理行为特点，接着把自己的简历递给老总。老总看完满意地点点头，"你明天来上班吧。"竟然连赵态应聘什么职位都不问。

老总姓周，今年41岁，开广告公司已经8年多，身家几千万。由于工作繁忙，周总和爱人很少有时间陪孩子。平日里，两个双胞胎小孩和社会上的一些不良青年混在一起，打电子游戏、赌博，还吸烟。

周总只好把他们关在家里，这是无奈之举，他的心里永远有一处疼痛，孩子的哭声经常回荡在他耳边:"别人的爸爸经常带着他们出去玩,你只会把我们关在家里,你不是个好爸爸!"

赵态到公司报到后,周总没有安排他在公司工作,而是让他带他的两个小孩,工资是3500元。"如果你干得好,我还会给你加工资的。"周总说。

"这是赵叔叔,以后你们要听他的话。"周总把赵态介绍给两个小孩之后,就匆匆出去了。两个小家伙噘起嘴巴,丢给赵态白眼,根本不理睬。赵态径直走到电脑旁,装上游戏软件,自顾自地玩起来。"叔叔,给我们玩一下好吗?"两兄弟态度来了个180度的转变,他们一个叫周丰,一个叫周富,今年11岁,都是上5年级,在同一个班。

游戏只是个接近他们的幌子。第一天,赵态教周丰和周富游泳,之后,带他们到一家西餐厅吃比萨。回家后,赵态让他俩写日记。两人在日记里说:"今天是暑假里玩得最开心的一天,赵叔叔还教我们学会了游泳。"晚上,两人还高兴地和父亲谈起今天的乐事。这么久了,孩子第一次主动和自己说话,周总很庆幸那天及时叫住了赵态。

看到赵态和孩子那么投缘,周总把大部分当父亲的职责都交给了他。为了方便赵态照顾孩子,周总花钱让赵态学车并专门从公司里腾出一部丰田车给他使用。

每天,赵态都开车接送周丰和周富上学和回家。周末和节假日,赵态有时开车带他们出去逛街。两个小家伙花起钱来让赵态目瞪口呆。

一次,两人在一家玩具店看上了一架航模,非要买下来。赵态一问价格吓了一跳,8000多元。他身上哪有这么多钱?无奈之下,只好给周总打了个电话。20多分钟后,周总的司机开车送来了1万元。

可航模才玩不到一个星期,两人就腻了。8000多元的航模很快被打入冷宫——他们的玩具屋,一个10多平方米的房间,里面堆满了他俩玩腻了的各种高档玩具。这一屋子的玩具,赵态看得眼花缭乱。也难怪,他俩平时被关在家,除了玩具,还有谁和他们做伴呢?

为了把小孩带好,赵态很认真地安排两兄弟的周末活动。周六早上,赵态教兄弟俩功课;下午,赵态带两人去参加体育锻炼。周日早上是玩乐时间,他们爱玩什么,赵态都尽量满足。下午赵态教他们写作文,锻炼他们的写作能力。

几个月后,两人的作文水平大大提高。一次,学校举行作文大赛,周丰写的作文得了一等奖，周富写的得了三等奖。语文老师在课堂上表扬了他们，还给全班同学朗诵他俩的作文。课后，老师对他们说："你们的爸爸真了不起，他那么忙还带你们游览了这么多地方。"兄弟俩相视一笑。

回到家，一放下书包，两个家伙就迫不及待地打电话告诉父亲，"我们的作文获奖了，老师表扬了我们，这全都是赵爸的功劳。"鬼精灵的周丰说。"赵爸？"电话里的周总一下子糊涂了。"真笨！就是赵叔叔啊。"周丰说。电话里立即传来周总爽朗的笑声。

没想到两个小家伙竟真的把"赵爸"叫顺口了，一见到赵态，就"赵爸"叫个不停，弄得赵态无比尴尬。

一次，赵态和周总爱人带着两个小家伙上街买衣服。周丰挑自己喜欢的一条黄色上衣，问他母亲："妈妈，这件好看吗？"周总爱人点点头说："好看！"周丰随即转头对赵态说："赵爸，我要买这件。"周围的人莫不投来异样的目光。赵态脸上火辣辣的。

一年过去了，在赵态的看管下，两兄弟发生了很大的转变，不仅学习成绩在班里名列前茅，而且还学会了拉小提琴、下国际象棋等多种本领。

周总的好友对周丰和周富的变化感到很惊讶。他们问周总："你整天那么忙，怎么还能把小孩培养得那么优秀呢？"周总开玩笑说："我请了个'替身爸爸'！"然后，把赵态介绍给他们。

周总的朋友也大都是公司老总，他们一直在为没时间教育小孩而苦恼。听了周总的介绍，他们都找到赵态说："小赵，你顺便也帮我带带小孩吧。"

细心的赵态看到了这里面的商机：公司的老总都是整天忙碌，根本没有时间陪小孩。他们又不敢擅自将小孩放出来，一则怕小孩学坏；二则担心小孩的安全。赵态想开一家提供"替身爸爸"的服务公司，专门为有钱而又没时间的老总们看管孩子。

赵态的想法得到了周总的支持。周总出资帮赵态注册了公司并招了两名幼教专业毕业的大学生。凭借周总的关系，赵态很快就揽到了业务，为10名小学生提供"替身爸爸"服务。

赵态很快就和这10名孩子混熟了，有趣的是，这10名孩子竟然和周丰、周富一样，都喊赵态为赵爸。这些孩子从7岁到10岁不等，而且性格各异，管起来可不是件容易的事。

欧阳才今年10岁,正在上小学4年级,是某建筑公司的老总的小孩。欧阳才是个有多动症的小孩,为了防止他到处乱跑,他的父亲把他关在家里长达一年之久。结果,他的多动症不但没有改变,脾气反而变得非常暴躁。

一个周六早上,赵态组织孩子们上兴趣课。欧阳才不断地和同桌说话,赵态发现后说了他两句,结果他拿起书本砸向赵态。教室里闹哄哄的,根本没法上课。

赵态对他头疼不已。后来,赵态终于找到治疗欧阳才多动症和脾气暴躁的好方法。他让欧阳才学习刺绣。这是女孩子干的细活,开始欧阳才说什么也不愿意学。当赵态拿出一些绣着精美图案的成品后,欧阳才被那些精美的图案吸引了。最终他很认真地学起了刺绣。这种穿针引线的慢活还真的慢慢把欧阳才的不良性格纠正了过来。

带孩子出去玩时,赵态不是盲目地让孩子随便玩,而是在玩的过程中培养他们的动手能力和互助精神。

六一儿童节那天,赵态把孩子们带到郊区农村,让孩子们体验农家乐。10个小孩像放飞的小鸟,一下车就直奔果园帮农民摘果子。中午,赵态让孩子们自己动手做饭。这些平时衣来伸手、饭来张口的小皇帝竟勤快地拿起锅碗瓢盆忙碌起来。他们有的洗米,有的生火,有的洗菜,分工还很到位呢。一个小时后,饭菜做好了,虽然味道很差,但小家伙们竟吃得津津有味。晚上,赵态组织孩子们生火烧烤,10个小家伙边烧烤边表演了精彩的节目。

第二天回校后,他们在日记中写道,六一儿童节我们过得非常有意义,赵爸带我们去农村玩得很开心……

一天,赵态发现一个名叫卢全的小男孩眼圈红红的,好像受了什么委屈。赵态问他:"全全,你怎么了?谁欺负你了?"卢全抬起头对赵态说:"赵爸,以后学校开家长会,你能替我爸爸去参加吗?"说完,竟然"哇"的一声大哭起来。"全全不哭,快跟赵爸说说是怎么回事?"赵态安慰道。

原来,卢全的爸爸妈妈都是生意人,经营一家国际贸易公司。夫妻俩经常到国外出差,很少在家,更不用说去参加孩子的家长会了。班上的同学从来没看到卢全的爸爸妈妈来开家长会,便私下议论纷纷,都说卢全是个没爹娘的孩子,骂他是野种。小小年纪的卢全怎么受得了这样的委屈?

　　听了卢全的遭遇，赵态心里很不是滋味，他安慰卢全说："全全别哭了，赵爸答应下次和你去开家长会。"卢全这才擦干眼泪，露出笑脸。

　　6月的一天，当赵态和卢全出现在家长会现场时，卢全拉着赵态的手，大声地亲切地喊赵态"爸爸"。同学们顿时投来惊讶的目光，卢全满脸自豪。那一刻，赵态心弦一直颤动着，眼泪都快要滴下来了。

　　后来，赵态才发现，他所带的孩子里面竟然大半的父母都没去参加过孩子的家长会。孩子心里的失落可想而知。为了维护孩子的面子，赵态只好充当每个孩子的爸爸去参加孩子的家长会，然后再把会议的内容传达给家长。

　　由于赵态的细心周到，处处扮演着孩子们父亲的角色。他所带的孩子缺失的父爱得到了补偿，他们过得很充实开心。孩子们的家长发现孩子的巨大变化后，都对赵态感激不已。他们把赵态介绍给商界的朋友。那些商界的朋友纷纷找到赵态，让赵态充当他们孩子的替身爸爸。赵态的业务量陡然增多，月收入已经突破了2万元。

> **财富启示**　　公司老总每天都忙得不可开交，他们的孩子大都交给妻子照看。这样的孩子容易与父亲产生隔阂。替身爸爸周旋在父亲和孩子之间，巧妙地把父爱传递给孩子，替繁忙的老总祛除了一块心病，也为自己打开了一扇财富之门。

26.　小小幸福袋里的大财富

　　日常生活中，祝福语的使用频率很高。"祝你一切顺利"、"祝你幸福"、"祝你万事如意"之类的祝福语经常挂在人们的嘴边。然而，有谁想到，一位细心的女孩无意中发现了此中的商机，她把这些日常生活中的祝福语物化为一个个小巧精美的幸福袋，大受人们的欢迎，自己也赚到了大笔财富。

　　大专毕业后，李秀葭南下深圳打工。临行前，母亲把一个红色的小布包塞到李秀葭的手上说："女儿啊，这是娘为你缝制的幸福袋，你把它挂在身上，就会带给你平安和幸福，娘才放心。"李秀葭听从母亲的话，把幸福袋挂在了身上，因为她知道，那袋里装着母亲浓浓的牵挂。

很快，李秀葭在一家广告公司当上了秘书。一个人在外，免不了有想家的时候。9 月的一天，李秀葭无意中翻出母亲给她的那个幸福袋，家的温暖顿时出现在她的脑海中。身处异地的她不由得感到难过起来。为了缓解对家的思念，李秀葭把这个小小的幸福袋重新挂在腰上。

下午上班时，同事何颜看到李秀葭腰上的幸福袋，好奇地问："李秀葭，这是什么玩意儿？"李秀葭告诉她，这是幸福袋。何颜赞叹道："真好看！能帮我织一个吗？"李秀葭小时候跟母亲学过织幸福袋，看到何颜那么喜欢，便同意答应为她织一个。第二天，何颜拿到幸福袋后高兴得哼起了小曲。

后来，又陆续有好几个同事要求李秀葭为她们做幸福袋。李秀葭想："既然这么多人喜欢幸福袋，我为什么不织一些来卖呢？"李秀葭于是买来几块彩色布料，利用业余时间织了几十个幸福袋。接着，李秀葭找到一家礼品店，让对方代销。对方爽快地答应了。令李秀葭感到意外的是，这些幸福袋子还挺畅销，仅一个星期，几十个幸福袋就全卖完了。只是由于代销商提出的条件很苛刻，李秀葭仅赚了 80 多元。

10 月 15 日，李秀葭所在的公司破产了，她只好每天到人才市场找工作，可两个星期过去了还没找到。此时，代销商又催李秀葭快点织幸福袋。一直想干一番事业的李秀葭于是决定自己创业，卖幸福袋。

她到布料批发市场批发回五颜六色的布，买来剪刀、迷你缝纫机等设备，每天窝在出租屋里缝制幸福袋。一天忙碌下来，李秀葭能缝制 30 个左右的幸福袋。每个幸福袋，她以 8 元的价格给代销商代销，除去成本，每个幸福袋李秀葭大约赚 6 元钱。为了扩大销路，李秀葭又发展了两家代销商，每天忙得不可开交。一个月下来她竟赚了 3000 多元钱，比打工强多了。

2007 年 4 月，有了一定积蓄后李秀葭以 800 元的月租金租了一个店面专卖幸福袋。母亲知道李秀葭的决定后不远千里从黑龙江赶来帮忙。店开起来后，生意挺不错，第一个月，李秀葭就赚了 4000 多元。可从第二个月开始，生意就慢慢下滑了。第三个月，李秀葭才赚了 2000 多元。李秀葭不明白问题到底出在哪里。

一天，一位顾客在店里转了半个钟头，仔细看了多个幸福袋，可最终一个都没买。李秀葭好奇地问他："这么多款式的幸福袋，没有一个是你喜欢的吗？"顾客说："这些幸福袋的外观很漂亮，我很喜欢。我是买来送给朋友的，我朋友下周生日，我想祝福他事业有成。可这些幸福袋都统一标上了幸福袋，没有祝福语，不知道送给朋友合不合适。"

顾客的一席话使李秀葭恍然大悟，她决定对幸福袋进行改良。

李秀葭在每个幸福袋的背面绣上不同的祝福语，比如："生活愉快"、"事业有成"、"大展宏图"、"早生贵子"、"生日快乐"、"身体健康"等。接着，李秀葭把这些幸福袋按亲情、友情、爱情，生活、事业等不同的类别在店里摆好，做到顾客一进门即可一目了然。接着，李秀葭印刷了一沓传单，雇人在街上散发。生意很快就上来了。

一对青年情侣来到李秀葭的店里，买了两个一模一样的幸福袋，该袋的背面绣的是"我们的爱永远不变"。女的告诉李秀葭："我爱人后天就要离开这里到外地工作了，我们都深爱着对方，他走后，我会很想念他，他也会很想念我。因此我们买两个一样的幸福袋，每天看到袋子就仿佛看到对方，这样可以缓解我们思念之苦。"男的点点头，付钱后，他们当场就让李秀葭拿来别针，把幸福袋别到他们的衣服上。后来，他俩还介绍了不少人来买幸福袋。

还有一位张小姐因为幸福袋收获了爱情。张小姐有一位家境非常优越的好朋友王先生。9月12日，王先生生日，他邀请了许多好友参加他的生日晚会，张小姐也被邀请参加。在选择生日礼物时，张小姐费尽了脑筋，不知道选什么礼物好。

一次偶然的机会，她经过李秀葭的店时被店里琳琅满目的幸福袋吸引了，于是买了一个绣有"幸福美满"的幸福袋作为生日礼物送给王先生。当天晚上，王先生收到了许多昂贵的生日礼物，然而，给他印象最深的却是张小姐送的幸福袋。他不由得关注起张小姐来，后来，随着交往的深入，两人确定了恋爱关系。王先生告诉张小姐："要不是你送的那件特殊礼物，你还真的不会引起我的注意呢。"为此，张小姐特意找到李秀葭表示感谢。

李秀葭对幸福袋做的这个小小的改进，使得幸福袋大受欢迎，生意也日益红火，月收入达到了6000元。

11月5日，李秀葭经过一家饰品店时，被店内陈列的香囊吸引住了。这些香囊只有糖果般大小，里面裹着一些植物的叶子，不断散发出淡淡的迷人的芳香。店主告诉李秀葭，这些香囊都是天然香味，没有经过任何化学加工的。令李秀葭感到惊讶的是，这些小小的香囊竟然卖到3元钱一个,而且购买的人还络绎不绝。

既然香囊那么好卖,假如我把它装入幸福袋,不是更受欢迎吗? 李秀葭想。李秀葭与店主商谈,店主同意以批发价卖给她一些香囊。香囊买回来后,李秀葭把它们一个个装入幸福袋中,装满各种祝福的幸福袋,顿时也成了香囊。

这些香囊幸福袋特别受女孩的欢迎,她们纷纷前来购买。在银行工作的刘小姐在李秀葭的店里一下子就购买了 10 个香囊幸福袋。她告诉李秀葭:"这些香囊幸福袋又吉祥又芬芳,我很喜欢。10 个香囊中,1 个是送给男朋友的,其他都是送给好友的。"

12 月 12 日,一对年轻夫妇漫无目的地走进李秀葭的店中,男的不耐烦地催女的说:"走吧,幸福袋有什么好看的,你想听祝福的话语,我天天说给你听就是了。"女的撒娇说:"急什么嘛! 咱们结婚两年多了,你不是想要个孩子吗? 咱们买个香囊幸福袋回去,就算是图个吉利吧。"男的没办法,只好答应了。

几个月后,年轻夫妇兴冲冲地找到李秀葭,连声道谢。原来,他们买了个绣有"早生贵子"的香囊幸福袋回去后,女的竟然真的怀孕了。男的高兴地说:"没想到一个小小的幸福袋还真带给我们好运。"说完,他又在李秀葭的店里购买了几个绣有"合家幸福"的香囊幸福袋。

香囊幸福袋经过顾客的口口相传,知名度越来越高,顾客也越来越多,李秀葭的月收入又增加了不少。

幸福袋上绣的是祝福语,李秀葭怎么也想不到,它还会和性感联系到一起。

2008 年 4 月 12 日,李秀葭的一名老顾客,在外企工作的卢小姐带着10 多名女同事来到李秀葭的店里,向她们介绍说:"就是这里。"李秀葭正纳闷儿,她带这么多人来这里干啥呢? 卢小姐的同事就高兴地挑选起幸福袋了。

卢小姐告诉李秀葭:"前些天,我在这里买了1 个绣有'生日快乐'的香囊幸福袋,送给过生日的同事齐柳美。齐柳美很喜欢,把它挂在腰上。其他同事都说很性感。齐柳美的男朋友看到后也赞叹说,很性感。于是其他女同事都缠着我,硬要我带她们来买香囊幸福袋。"

原来如此,只是李秀葭还是有点不明白,以前,这么多女孩买香囊幸福袋，为什么没人说性感呢？卢小姐选了一个红色的香囊幸福袋示范给李秀葭看。原来，卢小姐选的是扁长形的红色香囊幸福袋，这个幸福袋卢小姐不是像别人那样挂在腰上，而是用腰带裹住，缠在腰上，白嫩的肌肤衬着红色的幸福袋，看起来确实很性感。

美丽性感是多少女孩心中的梦想啊！幸福袋能够突出女孩的性感，如果加以宣传必定大受女孩的青睐。

李秀葭找到广告公司，印刷了一批宣传画，画面的图片就是女孩带着红色幸福袋的性感照片。李秀葭把这些精美的宣传画挂在店里的显著位置，顾客在门口就可以看到。为了更加突出幸福袋的性感，李秀葭还特意设计缝制了好几款红色的幸福袋，并且在店里列出一个专柜，专卖性感幸福袋。

性感幸福袋一推出就大受欢迎，李秀葭小小的店里挤满了来买性感幸福袋的顾客。在中学任教的赵先生慕名来李秀葭的店里买了两个绣有"爱你到海枯石烂"的性感幸福袋。他有点羞涩地告诉李秀葭："每年女朋友生日，我送给她的礼物她都说太普通了，一点神秘浪漫感都没有。下周一就是她的生日，我从朋友那里听说性感幸福袋才特意来的，但愿这性感幸福袋她能喜欢。"

两周后，赵先生打来电话，高兴地说："我女朋友很满意这份生日礼物，生日晚会上，她的朋友都说我懂得浪漫。以后，我会给介绍朋友去你那里买幸福袋的。"听了赵先生的讲述，李秀葭也由衷地替他感到高兴。

6月10日，一个女孩面带愁容地走进李秀葭的店里，心不在焉地拿起幸福袋看了看又放下，还不时地叹气。李秀葭忍不住问她有什么心事。女孩告诉李秀葭，因为她的相貌平平，没有男孩子看上她。

可李秀葭仔细观察了女孩后发现，女孩其实长得不错，只是由于不懂得打扮，才显得她不出众。李秀葭于是教她一些打扮技巧，然后送给她一个性感幸福袋。女孩才将信将疑地离去。

几个星期后，女孩牵着一名男子的手来到店里，向李秀葭表示感谢。原来，听了李秀葭的一番话，女孩回去后认真地打扮自己，并把李秀葭送的红色幸福袋别在外面。她顿时像变了个人似的，引来了许多男孩的目光。不久，爱神竟真的光顾她了。

2008年8月，李秀葭的幸福袋生意在连续火爆了一年多后，终于第一次出现了小幅度的下滑。任何事物都有低潮的时候,生意偶尔下滑本来是很正常的现象。然而,一心想不断挑战成功的李秀葭却为此事而大伤脑筋,她思考着,如何把幸福袋的生意再推向又一个高潮。

9月23日这天,一名顾客逛了李秀葭的店后摇摇头,一个幸福袋都没买就走了。第二天,该顾客拿来布钱包,问李秀葭:"你能在我的钱包上绣'前程似锦'几个字吗?"看到李秀葭疑惑的眼神,该顾客解释说:"我觉得你的幸福袋太花哨了,一点实用价值都没有。因此,我才让你帮我在钱包上绣字,我想把这个钱包送给做生意的好友,祝他事业有成。你放心,我会给你劳务费的。"

李秀葭这才答应了对方的请求。后来李秀葭想,那名顾客的话不无道理。自己卖的幸福袋确实没有什么实用价值。母亲建议说:"咱们如果把幸福袋做成钱包或者手提袋,不就具有实用性了吗?"

李秀葭认可了母亲的建议,忙了好几天,她带领工人赶制了一批钱包幸福袋、手提包幸福袋,这些幸福袋除了具有普通钱包的功能,还绣有吉利的祝福语。为了做到多样化,满足不同顾客的需求,李秀葭做的这些幸福袋,有的可以直接装在口袋里,有的则直接挂在胸前。

这些具有实用价值的幸福袋一推出就很受欢迎。在工厂打工的李小姐一下子就买了钱包幸福袋和手提包幸福袋各两个送给朋友。她说:"幸福袋既可以把我的祝福送给对方,又能当钱包、手提包,真的很划算。对我们打工妹来说,可以节省一些费用。"

11月的一天,一名企业的公关经理欧先生找到李秀葭,要她为他们公司缝制一批绣有"生意兴隆"、"财源广进"、"马到成功"等与事业有关的可以装公文的幸福袋。欧先生说:"我们公司最近要采购一批礼物送给顾客。我思考了很久,一直想不出该送什么礼物好,好的礼物以往都送过了,这次再送就没有什么意义了。我从朋友那里听说了你的幸福袋,觉得很有新意,这些幸福袋上的祝福足以表达出我们公司对客户的衷心祝福。"

李秀葭爽快地答应了下来。几天后,这些幸福袋就赶制出来了。欧先生非常满意,当场就把货款结清了。

欧先生把这些公文幸福袋送出去后,无意中为李秀葭做了一次免费宣传。其他的生意人看到这些既实用又带有祝福的幸福袋很满意,他们纷纷找到李秀葭,要求她为自己公司也缝制这样的幸福袋。

李秀葭于是又找了一批工人,专门做企业用的幸福袋,这些幸福袋有会议用的幸福袋、礼品幸福袋、节日幸福袋等。这些绣有美好祝福的幸福袋很受各个公司的欢迎,李秀葭又狠狠地赚了一笔。

> **财富启示**　祝福的言语可以说是日常生活中使用频率最高的话。但人们大都把祝福挂在嘴边。幸福袋却一改传统,把祝福别在身上。成功往往就是突破传统的过程。

心愿丛林: 每一个心愿都是一笔财富

种树是再平常不过的事了,然而有眼光的人却能从中发现商机。有一名女孩在远离市区的荒野上租了一块空地,做种植心愿树的生意。只要你花 200 元,即可种下一棵树,然后许一个心愿。业务推出后,来种心愿树的人络绎不绝,女孩实现了自己的财富梦。

2005 年,符小霞应聘到一家贸易公司当文员。8 月 25 日是她的生日,还没有男朋友的她只好回到农村的老家,和家人一起度过生日。上午,母亲像往常一样,给她煮了两个鸡蛋。下午两点多,她正睡得迷迷糊糊,父亲就把她喊起来,说:"别再睡懒觉了! 起来到后院种植一棵树,然后许个心愿吧。"

过生日时,种一棵树许一个心愿是他们家的习俗。自懂事起,父亲就告诉她:"只要你种下一棵树再许个心愿,你的心愿就会像那棵树一样不断地长大,变成现实。"因此,从小到大每次过生日,她都会亲手种下一棵心愿树。

今年也不例外,她到后院种下了一棵相思树,然后许了一个心愿:早日找到心中的白马王子。

2006 年 3 月 2 日,在好友阿莹的生日晚会上,符小霞认识了来自东北的黎刚元。高大帅气的黎刚元一下子就打动了她的心,黎刚元对美丽聪颖的符小霞也颇有好感。通过一段时间的交往后,两人终于走到了一起。

符小霞希望自己的男朋友是个有事业心的人,为此,她多次对他说:"打工不是咱们的最终目标,我们应该拥有自己的事业。"黎刚元明白她的意思,可是社会竞争是如此的激烈,创业不是一件容易的事!

3月12日,符小霞所在的公司组织员工到野外植树。员工的兴致很高,在植树现场大家干得热火朝天。符小霞触景生情,往年过生日种植心愿树的情景,一幕幕出现在她的脑海里。她突然冒出一个想法:把种植心愿树作为自己的事业,即租一块荒地,人们可以花钱来此种一棵树,然后许个心愿。

她把自己的想法告诉了黎刚元。黎刚元犹豫说:"你的想法听起来不错,就是不知道人家买不买你的账。"经过商量,符小霞决定出来创业,黎刚元则继续打工。符小霞的考虑是,黎刚元的工资比她高,万一她失败了,黎刚元可以给她支撑。

父亲知道她的想法后,反对说:"你不好好工作,胡思乱想什么呢? 种植心愿树能做出什么名堂?"母亲也劝她不要盲目行事。

可符小霞还是固执己见,于3月26日辞掉了工作。辞职后,她到郊区转了一圈,想找适合种树的空地。可她找了一个星期都没找到,郊区周围的空地人家都是买来盖房子的,没有人愿意租给她。符小霞像泄了气的皮球,沮丧不已。

然而,好强的符小霞不甘心还没开始就失败。在郊区实在找不到合适的荒地后,她把目光转向更远的地区。4月10日,在离市区10多公里远的灵山镇,有一户人家愿意把一块5亩左右的荒地租给她。

经过讨价还价,4月18日,双方签订了协议。对方以每年3000元的租金,把这块荒地租给符小霞,租期为20年,租金按年支付。接着,符小霞花了1000多元,找人把荒地上的杂草除净,再用栅栏围起来。在围栏的门口,她还挂了一块大木牌,上面写着:心愿丛林。

租下场地后,符小霞制作了一叠精美的传单,雇人散发,还在报纸上做了个小广告。很快,她的电话就响个不停,咨询种植心愿树的人很多。

可是,当听说种树的地点离市区有10多公里后,很多人都摇摇头走开了。1个多月过去了,只有极少数有私家车的人开车过去种了几棵树。符小霞意识到,要想把心愿树做出成绩,首先必须得解决交通问题。

她大胆地做出一个决定,包一辆中巴车,去种心愿树的人可以免费乘坐。此举果然见效,早已厌倦了钢筋丛林的都市人,都想到野外放松一下,种一棵树给自己许个愿。符小霞包车解决了交通问题后,报名的人骤然增多。"六一"儿童节这天，几十个家长带着孩子到心愿丛林种树。每种一棵树苗，符小霞收费 200 元，树属于买树者拥有，场地租期满后，树的主人可随意处置。那天，符小霞就赚了几千元。

在观察人们种心愿树的过程中，符小霞发现绝大多数的人种树的目的不是为了拥有这棵树，而是为寻求一种乐趣，当作一种休闲放松的方式。一个家长说："这次带孩子出来种树，除了让他许个心愿外，还想让他吃点苦。同时，种树也有利于保护环境。"

一个年轻的女孩带着她的心上人来种树。她说，她和心爱的人一起种下了一棵树并许了共同的愿望：两人白头偕老，爱情永远不会枯萎。

由于心愿丛林集休闲、娱乐、健身、浪漫为一体，很快受到人们的追捧，其中又以年轻人居多。

10 月 3 日，一群年轻人趁着国庆节，到心愿丛林种树。一个名叫大伟的男孩，种下了一棵相思树苗，还在树苗上挂了一个密封的小铁盒。符小霞好奇地问他："你在树上挂这个铁盒干吗？"

大伟说："这个铁盒里装着我对一位女孩的爱，我把它挂在树上，我对她的爱就会随着树的生长而不断长高，直到永远。"在场的人都被他的浪漫举动感动了，许多人也效仿他，写下自己的心愿，用盒子装起来，挂到树上。

可是，他们使用的盒子外观很丑，有些甚至是用纸做成的，一点也不牢固，遇到下雨天肯定会漏水。符小霞于是找到一家塑料厂，定做了 1000 多个小塑料盒，卖给追求浪漫的年轻人。后来，她还在心愿丛林门口开了个小卖部，卖饮料、太阳帽等杂货。这些附加服务，为她增加了一笔不小的收入。

半年过去了，符小霞的心愿丛林里，大部分都种上了各种各样的"心愿树"。看着这些葱翠的、给自己带来财富的树，符小霞感到无比自豪。父亲也认可了她的选择。

2007 年 4 月的一天，一个女孩来到心愿丛林后，问符小霞："今天是我的生日，我想种一棵生日树，应该在哪里种呢？"符小霞说："哪里都可以，你随便种吧。"女孩不满地嘀咕说："怎么能随便种呢？应该划出一块地专门种生日树才好，这样随便种太乱了。"

说者无意，听者有心。符小霞觉得女孩的话很有道理，决定好好规划一下心愿丛林。她把剩下的空地划成 4 块，分成四大类，分别是生日、亲

情、友情、爱情。凡是想在生日的时候,给自己或他人许愿的,可以到生日心愿丛林种树并许愿,其他依此类推。

符小霞的不断创新使她的心愿丛林名气大噪。来种植心愿树的人日益增多。到2007年6月的时候,她租来的空地已经全部种满了心愿树,她也很轻松地赚了几万元。让她感到意外的是,人们对种植心愿树的兴趣竟是如此的高,那块空地种满树后,还有许多人打来电话,强烈要求符小霞带他们去种植心愿树。符小霞决定再找一块空地,开展种植心愿树业务。

7月5日,她在云龙镇租到了一块8亩的空地,除完杂草围起栅栏后,她的心愿树生意又开张了。但与上次不同的是,这次她提供给人们种植的树是各种各样的果树。她的想法是,突出实用性。这些果树都是嫁接的,树苗种植下两三年后即可结果。到时候,树的主人可以来采摘果实,享受乡村的乐趣。业务推出后很受人们的欢迎,来种植心愿树的人络绎不绝。

然而,意外却出现了。9月3日,一名顾客打来电话责怪符小霞说:"我种下的心愿树怎么枯萎了?"原来,第一片心愿丛林种完后,符小霞根本没时间去照看。丛林里的树因为没人浇水开始枯萎了。

这个问题该怎么解决呢? 自己根本抽不出时间去浇水,雇人成本又太高,符小霞为难了。几天后,她想出了一个好办法:每隔一段时间就组织树的主人去浇水。去野外给树浇水既是一种乐趣,又能锻炼身体,放松精神,很多人都乐意前往。个别人实在去不了的,符小霞才代劳。

为了迅速扩大心愿丛林的业务,符小霞又接连在远离城市的野外租了8块空地,种上了数以万计的心愿树。这些承载着各种各样心愿的树给她带来了滚滚财源,实现了她的房车梦。

> **财富启示** 　　每个人都有心愿,但符小霞却把心愿变成了财富。她给我们的启示是,要注意把具体的事物和人们的感情、思想联系起来,用具体事物来实现人们的情感渴望。

第四章　发挥自身优势,特殊技艺成揽金高手

每个人都有优点,每个人都有自己的爱好,有的人把自己的爱好发挥到极致,成了特长。有特长的人千万要记住,只要你善于思考,勇于行动,它就能给你带来成功。

 ## 翻译族谱,故纸堆里翻出的成功

绝大多数的家庭都有族谱,它记载了一个家族的兴衰成败。可族谱都是用晦涩的古文记录的,很少有人能完全读懂其内容。一次偶然的机会,一个女孩发现了里面的市场,做起了翻译族谱的生意。

2005 年 7 月,柯思芊大学毕业后听从父亲的劝说,应聘到一所学校当语文老师。然而,喜欢挑战自我的她才教了半年多的书就厌倦了。2006 年4 月,她递交了辞呈。

从学校出来后,她才感觉到社会竞争的残酷。简历投了上百份,却没有一个回音。3 个月过去了,她的工作依然没有着落。眼看口袋中的钱越来越少,她第一次感到心慌。即便如此,她仍然很兴奋,因为这是她自己的选择,因为她很"自由"。

8 月 5 日,她接到好友冯云妹的电话,要她帮忙把她们家的族谱翻译成现代汉语。冯云妹和她同一所大学毕业,她学化学,柯思芊学中文。

柯思芊仔细研究了冯云妹的族谱后,才后悔当初在大学没有把古文学好。族谱上的内容全都是用古文写成的,她只看懂了一部分。一些非常晦涩的地方,她绞尽脑汁也没法理解。

看到柯思芊这个中文系的高才生眉头紧锁的样子,冯云妹哀求道:"拜托了! 你一定要帮我翻译出来,我们家准备根据族谱制作祖先的牌位,可没人看得懂族谱上的内容,牌位就没法做。"柯思芊面露难色地说:"我只看

懂了一部分,不过我可以让我们的古文老师帮忙。"冯云妹感激得连声道谢。

柯思芊把族谱中自己不懂的语句一一输入到电脑中,然后给母校大学教古文的张教授发了封求助信。很快,张教授把那些晦涩的语句翻译成现代汉语发了过来。柯思芊终于把整个族谱完整地翻译成现代汉语,交给了冯云妹。冯云妹慷慨地请她到高级饭店大吃了一顿,感谢说:"这些古董东西并不是人人都能看得懂的,多亏你帮忙!"

细心的柯思芊想,大多数家庭都有族谱,族谱记录了一个家族的历史变迁、兴衰成败。子孙后代都想了解家族的历史,缅怀祖先。可是正如冯云妹所说,族谱是用生僻的古文写成的,没几个人能看得懂。因此,翻译族谱大有市场。

几番考虑后,柯思芊不再找工作,决定把翻译族谱作为自己的事业。

她用 A4 纸打印了几百张翻译族谱的广告。天黑后,她到各个居民楼、住宅小区转悠,趁没人时贴广告。从晚上 8 点忙到深夜 12 点左右,她才把几百张广告单贴完。回来的路上漆黑一片,她的心扑通扑通地跳个不停,害怕到了极点。

第二天 9 点多,她还没睁开眼,手机就响起来了:"你好,请问你翻译一份族谱要多少钱?"这个问题,柯思芊竟没有考虑过。她随口报了个价:100 元。对方没有还价,叫她过来拿族谱去翻译。

第一笔生意就这么简单地开张了。柯思芊先把族谱上自己看得懂的句子翻译成现代汉语,剩下的交给张教授。拿到酬劳后,她把一半汇给张教授并告诉他:自己在做翻译族谱的生意,以后不懂的地方请他帮忙,她付给他酬劳。张教授答应了下来。

柯思芊的目光瞄得很准。几乎每个家庭都藏有祖先留下来的族谱,但是大多数人都只是把族谱当古董般珍藏着,少有人知道上面具体记载的是什么。柯思芊的广告贴出后,找她翻译族谱的人接连不断。那个月她做成了 80 多单生意,除去给张教授的酬劳,她赚了 3000 多元。

9 月 27 日,她接到一名姓李的男子的电话。李先生问她:"我们家族准备续写族谱,你能不能把现代文翻译成古文?"柯思芊觉得很逗,别人都找她把族谱上的古文翻译成现代文,李先生却逆而行之。但是李先生自有道理:"我们准备修族谱,把家族目前的情况写进族谱里。族谱本来是古文写成的，我们如果用现代文来续写，岂不是狗尾续貂？"

柯思芊答应了李先生的要求，把他们家族目前的情况先用现代汉语写下来，再翻译成古文。为了稳妥起见，她还把自己的翻译发电子邮件给张教授，让张教授审阅、修改。

李先生拿到翻译好的族谱后非常满意，还多付给柯思芊30元的酬劳。后来，又陆续有几个人找柯思芊把他们家族目前的情况用古文写进族谱里。柯思芊意识到这也是个不小的市场。

于是，她在报纸上做了个续写族谱的小广告。广告刊登出来后，找她续写族谱的人还挺多的。仅10月5日这天，她就接了8笔生意，赚了近千元。

11月初，柯思芊谈了个在外企当翻译的男友阿志。阿志建议她说："如果你想把翻译族谱的生意做大，必须把业务范围扩大。干脆这样吧，你推出把族谱翻译成英语的服务，只要你接到业务，我负责把族谱翻译成英文。"

柯思芊说："你以为这里是美国还是英国？人家钱多到没处花才会想到把族谱翻译成英文。"

阿志解释说："这可不一定，说不定他们有后代生活在海外呢？谁能保证以后他们在海外的后代不回来认祖呢？"

听了男友的解释，柯思芊决定尝试一下。她在广告中，加入了把族谱翻译成英文的服务。

男友的眼光不错，找她把族谱翻译成英文的人还不少。一位姓王的老先生说："民国时期，我们王姓家族有不少人流浪到英、美、加拿大等国。他们的子孙如今已成了他国国民。他们中的许多人还联系上我们，想回来认祖。有了英文族谱，他们对自己的祖先就会一目了然了。"

有些人则纯粹是为了追赶潮流而把族谱翻译成英语。这样，这项业务又为柯思芊打开了一条财路，她的收入又增加了不少。

在翻译族谱的过程中，柯思芊发现大多数族谱都很旧，字迹不大清楚，发黄的纸张也起了毛，轻轻拍打还有不少灰尘洒落。更有一些族谱，由于主人保管不妥而破损、残缺。柯思芊想，如果把族谱装裱起来，保管将更加美观、安全。

2007年3月，柯思芊认识了从事书画装裱、旧相片翻新业务的张伟峰。

柯思芊把自己的想法告诉了他。张伟峰装裱了几份族谱样品,竟引来许多人的赞叹。于是,柯思芊与张伟峰商定,由她给张伟峰介绍族谱翻新装裱业务。每做成一笔业务,她得到 4 成利润。

在翻译了多种族谱后,柯思芊还惊奇地发现,族谱里面记载着许多有趣的事。慢慢地,她喜欢上了族谱。每次帮人家翻译完族谱后,她都说服对方让自己复印一份留念。到 2007 年 8 月份,她已收集了几百份各种各样的族谱复印件。

她把这些族谱复印件和翻译件像装裱字画那样装裱好,挂在房间里。一有空,她就慢慢地欣赏、阅读每一份族谱,感悟古人的智慧。

后来,许多人慕名而来。有的想通过查阅族谱,找寻自己的远祖;有的想通过族谱了解历史事件和时代变迁的轨迹。

一天,一名女孩多方打听找到柯思芊,说:"能让我看看吴姓的族谱吗?"原来,女孩姓张,是河南人。不久前,她结交了一名姓吴的男友。她是个很浪漫的女孩,非常相信两个之间的缘分。这次找到柯思芊,目的就是查阅吴姓族谱,看看自己和男友是否有前世姻缘。

2007 年 12 月,柯思芊租了一套房子,简单装修后,把自己收藏的族谱的翻译件全都在里面展出,供人们观看、查阅。在房间门口,她挂了个字牌:前世姻缘查阅室。

查阅室开放后,立即引来了一大批青年男女前来查询。一对情侣专门从保亭赶来查询两人之间的前世姻缘。女的说:"我们小时候曾上同一所幼儿园,后来他搬家了,我们 20 多年没有见面。去年,我去三亚旅游时和他同车,通过聊天才知道我们小时候上同一所幼儿园。我们之间好像是命中注定的。因此,今天我们想来查看一下,我们前世是不是已结下了姻缘。"

前世姻缘查阅业务满足了年轻情侣追求浪漫的需求,因此,每天来查阅的人络绎不绝,生意非常红火。从这些故纸堆里,柯思芊淘到了第一桶金。

财富启示　好的古董价值连城。族谱虽然不如其他古董那么值钱,但它也有价值,只要能好好地把它利用起来。柯思芊的成功给我们的启示是,只要眼光独到,废物也是一笔财富。

给高楼大厦戴绿帽　农大学生勇闯财富路

卖花的张翔龙是个不安分的人。一天,他突发奇想,把花种到楼顶上。别人都笑他是白痴,他却迎难而上,毅然做起了楼顶种花的生意。经过不懈的努力,他把楼顶种花的生意做得红红火火,赚到了人生的第一桶金,实现了自己的财富梦。

2003 年,张翔龙从农业大学毕业后,应聘到一家饭店当秘书。不久,他辞掉工作,拿出 2000 多元积蓄租了个摊位卖盆栽花。

每天,他守在花摊旁,为花施施肥、浇浇水,与客人讨价还价,忙得不亦乐乎。平均下来,每个月能赚到 2000 多元。钱不算多,但张翔龙感到很满足。看着朝气蓬勃的朵朵鲜花,嗅着淡淡的花香,张翔龙的心情灿烂得像初升的太阳。

2004 年 5 月,张翔龙谈了个在某政府单位上班的女友。女友家里有关系,她希望张翔龙到她们单位做后勤工作。张翔龙不同意,他觉得做后勤工作不外乎是给人打杂,没什么意思。为此,女友奚落他说:"难道你就这样守着这个花摊一辈子吗？你这样卖花能卖出什么名堂呢？"

女友的话不无道理,经营这个小花摊应付一下生活还可以,要把它做大确实很难。说不定哪天生意不好,自己会加入失业队伍呢。可张翔龙又不想丢掉这些惹人怜爱的花。花摊的生意怎样才能做大呢？张翔龙常常思考这个问题。

张翔龙平时很爱看报纸。6 月的一天,张翔龙在报纸上看到一则新闻,我国将加大环保投入,大力发展环保事业。张翔龙隐约意识到环保行业大有商机。

2004 年 8 月 13 日的早上,一位顾客一下子就向张翔龙购买了 200 多盆花,张翔龙赚了 300 多元。这是自卖花以来,张翔龙做成的最大的一笔生意。张翔龙心里很高兴,但同时又很奇怪,这位顾客买那么多花干什么？

忍不住好奇,张翔龙问了顾客这个问题。顾客告诉张翔龙:"我买回去种在我家的楼顶上。""把花种到楼顶上？"张翔龙很惊奇。顾客说:"是啊,在楼顶上种花可以使周围的空气变得清新,还可以起到隔热的作用呢。"

送走顾客后，张翔龙沉思起来，城市每天都在建楼，到处高楼林立，绿化却根本跟不上。在楼顶种花，确实可以起到隔热和绿化、美化作用。对，在楼顶种花，这里面肯定有市场，这是个绝佳的商机。张翔龙找到了自己的事业方向。

2006年4月初，张翔龙把花摊交给赋闲在家的婶婶看管，开始准备起楼顶种花的业务。

可外出联系业务初期，张翔龙屡屡碰壁，人家一听说在楼顶上种花，都用异样的眼光看着他。

两个星期过去了，张翔龙竟然没有一点收获。此时，张翔龙花摊的生意也急剧下滑。原本一天能赚80元左右的花摊，现每天只赚20多元钱。张翔龙检查后发现，原来婶婶每天都给花浇大量的水，导致花根腐烂，花当然也蔫了，谁还愿意买这样的花？

女友以前偶尔来帮忙打理花摊，懂得照看花，张翔龙想让女友抽空来帮忙。没想到女友断然拒绝，她说："你现在已经知道楼顶种花行不通，就应该收手做正经事，不要再胡来。"

女友不仅没有安慰他，反而以极其陌生的眼光看着他，最终头也不回地走了。事业和爱情的挫折使张翔龙沮丧到了极点。

又是两个星期过去了，张翔龙还是没有任何收获。由于整日操劳，他瘦了许多，看到镜子中那张憔悴苍白的面孔，张翔龙不敢相信那个人就是自己。张翔龙是个要强好胜的人，他不甘失败，尤其不甘心以失败的姿态来面对那个背叛他的女人，他决定勇敢面对困难。他把花摊承包给别人经营，自己继续外出联系楼顶种花的业务。

2005年6月的一天，张翔龙在报纸上看到一位市民投诉说，他购买了某楼盘顶楼的房子。装修完住进去之后才发现楼顶没有隔热层，每天太阳一出来，家里像烤炉似的，非常热。职业的敏感使张翔龙意识到，这是个好机会。

他打电话到报社问清了该市民的住址，然后上门推销业务。当他来到李先生家时，李先生正为此事满脸愁容。原来，李先生和开发商交涉后，开发商赔偿了李先生一笔钱，让他自己解决这个问题。李先生觉得找人来施工太麻烦了，而且价钱也高。

张翔龙对李先生说："你干脆在楼顶上种花吧，既可以很好地隔热，还可以使空气变得清新，价格也不贵。"李先生觉得张翔龙说得很有道理，当即决定让张翔龙为他在楼顶上种花。

把花种到楼顶与种在室内不同。室内种花没有风吹雨打，什么花都可以种。而楼顶种花只有那些生命力强的花才容易存活。为此，张翔龙选择了价格相对较低生命力却很强的九里香、野菊花、太阳花等。忙了两天，6 月 15 日，张翔龙终于把几百盆不同的花种到了楼顶上。当太阳火辣辣地烤着大楼时，李先生家里像开着空调般凉爽。李先生很爽快地付给张翔龙2500 元的花钱和工钱，他高兴地说："你帮我解决了个大难题，要是找工程队来加隔热层不知要花多少钱呢，而且即使加了隔热层，隔热效果也没有种花好。"

除去各种费用，张翔龙这笔生意赚了 900 多元。终于做成了一笔生意，张翔龙信心大增。接下来的几个星期里，张翔龙把业务的重点放在住宅楼，专门找住在最顶层的住户，向他们推销业务。由于住在顶层的住户或多或少都饱受高温的困扰，好多住户都让张翔龙在楼顶上种花。那个月张翔龙做成了 8 笔生意，赚了 7000 多元。

正当张翔龙准备大干一场的时候，一件意外的事情发生了。7 月 3 日下午，张翔龙正忙着跑业务。李先生打来电话责备张翔龙说："你为我种在楼顶的花，因为没人浇水，已经全部枯萎了。"没人浇水，花肯定活不成，这事责任不在张翔龙。但李先生的解释很有道理："我花钱种了花，还要天天去浇水，我哪有这么多的空闲时间啊！"李先生要求张翔龙为他想想办法。

这可是个很现实的问题，如不能很好地解决，张翔龙的楼顶种花业务会困难重重。几经思考，张翔龙决定为李先生安装自动喷水设备。但这项服务，张翔龙只收成本费，绝对不赚李先生一分钱。张翔龙的诚信周到赢得了李先生的好评。

由于楼顶种花是个新事物，加上绿色环保，很快引起了人们的关注，许多人纷纷主动找上门来，要求张翔龙为他们在楼顶种花。张翔龙的生意开展得如火如荼，仅 2005 年下半年他就赚了 20 多万元。

2006 年 5 月的一天，张翔龙向一家四星级酒店的老总推销楼顶种花业务时，该老总很感兴趣。但当他得知张翔龙在楼顶种的花是盆栽花后，失望地说："这样种的花不好看，要是你在楼顶铺上泥土种花就好看多了，因为这样种花很平整、美观。"

在楼顶铺上泥土种花？张翔龙眼睛一亮，以前他怎么没想到过这种种法？该老总的话很有道理，用泥土种花确实比用花盆种花来得美观。张翔龙立即拍胸脯对那老总说："你要用泥土种也可以，这没什么难的。"该老总当场与张翔龙签订了合同。

铺泥土种花，说起来容易，做起来很难。把泥土运到酒店楼顶的过程中，张翔龙雇来的临时工在酒店大厅和电梯内洒落了一些泥土。酒店老总很是不满意，他抱怨说："你叫的工人怎么这么不小心？早知道这样我就不跟你签合同了。"张翔龙只好拼命赔不是，然后花钱找清洁工来打扫。

忙了好几天，张翔龙终于用泥土在该酒店的楼顶种上了各种美丽的花。酒店老总看到这整齐、美观的空中花园后，非常高兴。

张翔龙对比用盆种花和铺泥土种花后发现，铺泥土种花更加漂亮。于是，他决定把业务重点放在铺泥土种花上。他把在那家酒店种的花拍下来，制作了许多在楼顶铺泥土种花的精美广告，雇人散发。

果然不出所料，人们在看了这些精美的传单后，都被张翔龙颇具创意的想法打动，许多人找到张翔龙，要他帮忙在楼顶种花。张翔龙的生意好得不得了。

12月3日，一房地产公司的老总甚至主动找上门来，要求张翔龙在他开发的住宅楼楼顶上种花。他说："我们公司开发的都是高档住宅楼，我们的目标就是让住户像住在花园里一样舒服，你的楼顶种花业务正是我们所需要的。"

由于楼顶种花是个完全空白的市场，张翔龙的业务发展很迅猛。他很快赚了100多万元。在跑业务的过程中，张翔龙还收获了爱情，谈了个在某集团当财务总监的女友。

财富启示	人口膨胀，环境越来越恶化，环保问题已引起人们的重视。楼顶种花可以净化空气，而且节省空间，不失为一箭双雕的好方法。如今，各国都在强调环保，环保的商机不可忽视。

无心插柳，小伙开家庭饭店圆了房车梦

在外拼搏的人如能吃到地道的家乡菜，那将是多么幸福的一件事。有需求就有市场，谁能提供这样的服务，谁就找到了一条通往财富的道路。

2004年3月20日，于军只身一人从成都来到上海闯荡。于军初中毕业就开始学厨艺，一手川菜做得相当地道。凭自己的厨艺，于军很快就在一家知名度较高的饭店找到了一份厨师的工作，月薪4000元。

初来乍到，上海对于军来说很陌生，于军没有一个朋友。工作之余，于军倍感孤独。好在这里四川老乡不少，通过网络，于军很快就认识了不少老乡。相聚时，大家玩得很开心，很合得来。双休日里，一帮老乡经常聚会。

一个周六早上，10多个老乡相约到于军的出租屋打牌。大伙玩得很开心，直到中午11点多肚子咕噜叫时，大伙才想起午饭的问题该怎么解决。玩在兴头上，老乡都不想停下来，有人向于军建议说："于军，你是厨师，干脆我们凑钱给你，你去买菜回来做吧，这样不耽误大伙继续打牌，而且还可以省钱。"为了不让老乡扫兴，于军只好到市场买回来一些肉和菜，自己一个人忙了起来。

中午12点多，玩完牌后，老乡一起吃饭。大伙尝了于军做的菜后都大呼好吃！这帮老乡大都是普通的公司职员，平时都是吃快餐，很少下馆子。今天吃到味道如此纯正的家乡菜，他们胃口大开，个个狼吞虎咽。不一会儿，几盘菜被他们扫得一干二净。吃罢，他们对于军的手艺赞不绝口。

此后，老乡们聚会总喜欢把地点选在于军家。他们醉翁之意不在酒，目的是想吃于军做的菜。随着于军认识的老乡越来越多，于军的家也越来越热闹。

于军所打工的饭店颇有名气，饭店主要经营各种特色套餐，每天的客流量很大。于军的厨艺在这家饭店很受欢迎。许多顾客尝了于军做的菜之后都说味道很好，于军的回头客也很多。但饭店的老板是个苛刻的人，对待员工很刻薄，经常找借口扣工人的工资，于军很看不惯。

2005年5月15日，于军患了重感冒，发高烧卧床不起。于军很要好的

一名老乡得知消息后，向公司请假陪于军去看病，于军心里很感动。回到家，于军打电话向酒店餐饮部的张经理请假。没想到张经理断然拒绝。他对于军说："一般的小病酒店是不准请假的，你不来就当做是旷工，旷一天工从工资中扣100元。"这是哪门子的规定？于军气呼呼地挂了电话。两天后，于军恢复了健康。回酒店上班的那天，于军带上病历找到张经理证明自己真的是生病。但张经理态度还是那样坚决。于军找到酒店老总，老总说："这是酒店的工作制度，谁都不能搞特殊。"最终，于军还是被扣了200元。于军很生气，很想当场炒掉老板的鱿鱼。但考虑到工作不好找而且这家酒店给的工资也高，于军只好忍气吞声。

6月初，到了发工资的日子，于军领不到工资。于军以为饭店故意刁难他。但一打听，饭店所有员工都没领到工资。几天后，饭店老总向员工解释，因为现在正在开分店，资金一下子还不能周转过来。老总保证，两个月后一定把拖欠的工资全部发完。可两个月过去了，饭店的承诺没有兑现。老总说："再等一等。"可到了10月份，员工还是没领到工资。于军坐不住了。他联合几名员工向劳动监察部门投诉。很快，劳动监察部门介入调查。一周后，于军终于领到了工资。但领到工资的那天，张经理告诉他："从明天开始，你不要再来这里上班了。"

失业后，于军想开个小饭店，自己当老板。但连续逛了几天后，于军泄气了。在上海很难找到合适的铺面，位置好的铺面租金高得吓人，位置差的铺面太偏，行人稀少。自己手头的积蓄不多，即使把饭店开起来了，如果生意不好，自己也支撑不了多久。于军想再去找工作，可好的饭店不缺人，一些小饭店想请于军，但每月几百块钱的工资于军根本不感兴趣而且工作量又很大。无奈之下，于军只好给自己放假，整天出去逛街，偶尔为老乡做菜，给他们解解馋。

看到于军无所事事，几个要好的老乡开玩笑说："于军，干脆你在家开饭店吧，我们会经常来捧场的，老乡这么多，你的生意肯定会红火的。"于军想，这个主意不错，反正自己没事干，不如在家给他们开伙，先应付应付生活，以后有机会再说。

第二天，于军买来锅碗瓢盆等各种用具和炒菜用的各种调料，然后把两室一厅的出租屋进行了简单的装修。2005年11月2日，于军用红纸写了"小于家庭饭店"几个大字贴在门口，于军的家庭饭店算是正式开张了。

开张的这天，于军挨个打电话把这个消息告诉认识的老乡，并强调家庭饭店开张第一天，只收成本费。得知于军开家庭饭店的消息，老乡们蜂拥而至，他们对于军的手艺一直是垂涎三尺。饭桌上，大家有说有笑，吃得很开心。于军向老乡们保证，以后来吃饭，价格绝对很优惠。

在家开饭店，于军不用承担高昂的铺租和花钱雇员工，饭菜的价格自然有很大的调整空间。为了给老乡最大的实惠，于军把每个菜的价格定在外面饭店价格的一半。为了让老乡消费得起，于军不做大菜，专门做一些家庭小菜，菜的价格大都在4～10元之间，真正做到让老乡吃得起，吃得好。

由于菜的价格低、味道可口，于军的老乡都喜欢到于军家开饭。住在于军附近的老乡更是把于军家当食堂，天天来于军家吃饭。住得远的老乡平时上班，没有时间过来吃饭，只好周末才过来。每到周末，于军家非常热闹，两室一厅的房子竟摆了6张桌子。一些成了家的老乡甚至举家来于军家开伙。老乡们吃着家乡菜，用乡音聊着家乡事，小小的屋子里充满了浓浓的乡情。

随着认识的老乡不断增多，于军的家庭饭店名气越来越大。一些在做生意的老乡也开始光顾于军的饭店，李老板就是其中一个。李老板是做家具生意的，有自己的家具厂。第一次来于军的家庭饭店尝了于军的手艺后，李老板赞不绝口，他说："到这么多饭店吃过饭，这里最有特色，最有家乡味。"此后，李老板也成了于军的常客。

一天下午，于军接到李老板的电话，电话中李老板庄重地说："小于，今晚准备几个特色川菜并且把房间整理干净整洁，8点钟我要在你的家庭饭店招待一个重要的客户。"李老板要在这里招待客户？于军很惊讶，他不敢怠慢，赶紧把房间整理干净，还特地到花店买了几束鲜花插在饭桌上做装饰。接着，于军到市场仔细挑选了一些菜，回到家他精心做了回锅肉、辣子鸡、鱼香肉丝等几个特色川菜，这几个菜是于军最拿手的。

晚上7点多，一辆奔驰车停在于军租住的小区门口。李老板和两名男子从奔驰车上下来，手里还提着一瓶茅台酒。走进于军的房间，看到于军整理、布置的房间整齐而不失幽雅，李老板满意地点点头。第一次在家庭饭店吃饭，李老板的两名客户充满了好奇。李老板介绍说："这是我老乡小于开的家庭饭店，就这么一家，小于的川菜做得很好。咱们是自家人，你们就当作是在自家吃饭吧,随意些。"饭桌上,李老板和客人交杯换盏,有说有笑,喝得很痛快,谈得很投机。对于军做的菜,他们赞不绝口。事后,除了饭钱,李老板还塞给于军1000元。于军赶忙推辞。李老板说,这是你应得的,并告诉于军事情的原委。原来,那晚,李老板的两名客人对这样的招待很满意,李老板因此轻松地谈成了一笔大生意。此后,李老板还多次在于军家招待客户。于军的家庭饭店快成了李老板的商务饭店了。

开家庭饭店,于军不用受别人的指点,看别人脸色行事,既给老乡带来了方便,自己收入也不错。月底,在扣除了各种成本后,于军竟赚了2000多元。钱虽然不是很多,但很自由、快乐,于军很喜欢这样的生活。

正当于军的家庭饭店日益红火时,于军的麻烦也随之而来。由于来吃饭的人多,吃饭时,老乡们都爱说笑,嘈杂声很大,严重影响了同一楼层的住户。2006年3月4日,恰好是周六,50多个老乡相约到于军家吃饭,其中一个老乡还买来了一箱啤酒。大伙吃得很开心,喝得很痛快。几个老乡觉得不够尽兴,开始猜拳喝啤酒,其他老乡也跟着吆喝起来。中午1点多,整栋楼里其他住户都已休息,只有于军的出租屋里一片闹哄哄。中午2点多,吃饱喝足的老乡正准备离去,突然外面传来一阵紧急的敲门声,于军打开房门一看,外面站着一群穿制服的工作人员。原来由于于军的家庭饭店太吵闹,严重影响了其他住户午休,他们投诉到了工商和城管部门。工商部门和城管部门找上门来了,一查,于军没有任何资质,属于无照经营。两个部门的工作人员当场开出处罚通知,于军被狠狠地罚了一大笔钱并被告知马上停止营业。于军关闭了家庭饭店,又回到以前无所事事的日子。

看着日渐红火的家庭饭店就这么夭折,于军很不甘心,他决定迎难而上。在生活小区开家庭饭店的阻力大,经过详细分析,于军觉得租商住两用房开家庭饭店的可行性大。商住两用房进出的人较多,本身也较嘈杂,在这样的楼房里开家庭饭店不存在影响别人的问题。经过几天的努力,于军花1700元租了一套四室两厅的商住两用房,签了一年的合同。接着,于军到工商、卫生、税务、消防等多个部门办齐了各种手续。

2006年4月5日,于军的家庭饭店再次开张。于军的老乡知道于军的家庭饭店重新开张后,继续来开伙,于军的家里依旧热闹。但由于租房成本的提高以及缴纳各种费用,于军赚的钱却比以前少了。一个月下来,于军只赚了1200元左右。开家庭饭店只能小打小闹吗?月底结算时,于军一直在思考这个问题。

一天中午，于军到楼下买东西，在楼下，无意之中于军抬头看到这栋楼三楼的一家装饰公司把公司的名字和电话挂在窗外，这样楼下过往的行人抬头即可看到。于军突然眼睛一亮，这是多么好的广告宣传啊，既廉价又有效！几天后，在5楼于军的家庭饭店窗外，也挂出了一块广告牌，上面写着于军的家庭饭店的名字和电话。

这块小小的广告牌给于军的家庭饭店带来了意想不到的效果。由于这栋楼是商住两用楼，楼里绝大多数的住户都自己开有公司，每天他们都忙于做生意，根本没时间自己做饭。得知于军的家庭饭店后，他们都把于军的家庭饭店当做食堂了，每天两餐都在于军的家庭饭店里吃。以往，于军的家庭饭店一般只有周末老乡聚集时才爆满，现在由于这栋楼商户的频繁光顾，于军的家庭饭店几乎天天爆满。月底结算，于军竟然赚了6000多元。这时，于军一个人已经忙不过来，他只好雇了个帮手。

于军的一手川菜做得很地道，深受顾客的欢迎，来吃饭的人日益增多，于军的家庭饭店名气越来越大。附近很多人都知道有这么一个家庭饭店，都想来尝尝。四室两厅这个有限的空间已经满足不了需求。有些顾客带着欣喜的心情想来此吃饭，却因为没有座位只好悻悻离开。看着他们那失望的表情，于军决定开分店。

于军租了一套四室一厅的商住两用房，简单装修后，2006年9月3日，于军的第一家分店开张了。这次，于军不再等待别人以口口相传的方式来提高自己的知名度了，为了加快饭店的经营步伐，于军主动出击。他印刷了一些传单，花钱请人到各个写字楼散发并且开展各种促销活动。由于瞄准了市场空白，加上菜价低廉、味道好，开业没多久，于军的第二家家庭饭店生意火爆，丝毫不亚于第一家。

财富启示　　身处异地他乡，每个人都有乡愁。家乡永远是那么亲切，于军的成功在于，他把思乡和吃饭联系了起来，想到了开家庭饭店这样一条路。因此，创业路上思维要多往财富方向拐。

教老人使用现代化家电，另类"扫盲"也来钱

如今，科技的发展日新月异，各种各样的家用电器层出不穷。面对这些现代化家电，很多老年人即使研究一整天，也很难掌握它们繁多而复杂的功能。再加上由于工作上的原因，老年人的子女大都不在身边。于是，这些老年人对家里的现代化家电束手无策。有些人根本不敢使用，有些人盲目使用发生了意外事故。

一名从事家电销售工作的小伙子发现了这里面隐藏的商机，办起了老年人家电使用培训班，做起了教老人使用家电的生意。

刘金才高考落榜后应聘到一家电器公司当售货员。一天，一名60多岁的老汉抱着一台DVD机，气喘吁吁地走进来，劈头盖脸地朝刘金才大骂道："你是个骗子，竟然把坏的DVD机卖给我，我要退货！"被骂得莫名其妙的刘金才，忍住心中的怒火，安慰他说："您先别生气，DVD机到底发生了什么问题，您先跟我说说好吗？"

老汉于是气呼呼地把事情的原委说了一遍。原来，老汉姓张，3天前，在新兴电器公司购买了一台DVD机。昨天，他想放DVD碟片唱歌，可当他把DVD机和电视机连线后，竟然放不出来。电视机屏幕上既没有图像也没有声音。他摆弄了大半天，依然如此。他怀疑DVD机是坏的，一气之下找上门来退货。

刘金才很奇怪，当初张先生买DVD机时，他反复试过了好几次，没有问题才给他打包装的。可如今怎么才3天机器就发生故障了呢？刘金才把张先生的DVD机通电试了一下，DVD能播放碟片，根本没问题。张先生纳闷儿地说："为什么我在家播放不了呢？"

当问清了张先生是怎么连接DVD机和电视机后，刘金才哭笑不得。原来，DVD机上繁多的接口把张先生给弄糊涂了。他把DVD机的音频线错接到电视机的视频输入端口，把DVD机的视频线错接到电视机的音频端口。

找到原因后，张先生懊恼地说："我年纪大了，这么复杂的玩意儿，我还真搞不清楚。"那天，刘金才耐心地给他讲解、示范了好几次，张先生才完全

掌握了 DVD 机的功能、用法。

9 月 13 日，刘金才在报纸上看到一则消息，一名 70 多岁的阿婆，第一次使用微波炉烤鸡翅时，因不懂得使用微波炉上的定时器，以至于把鸡翅烤焦，最终导致火灾，老太太被烧伤。

刘金才想，如今因工作上的需要，很多子女都不在老人身边。老人们又跟不上时代发展的步伐，面对日新月异的现代化家电他们往往束手无策，很难掌握它们繁多复杂的用法与功能。如果教他们使用现代化家电，他们肯定很乐意。

刘金才辞掉工作，着手开始做教老人使用家电的业务。他花了 15 元打印了一盒名片，上面写明了服务的内容，即教老人使用电脑、电视等各种现代化家电。接着，他到街上人多的地方，看到老人就散发名片。

可是，几个小时过去了，他还没拉到一笔生意。老人看到他散发名片要么远远就躲开了；要么接过来后，随手就丢掉，根本没仔细看上面的内容。

上午 11 点多，终于有一位姓吴的大爷，仔细看了名片后说："我儿子刚从上海给我寄来一套音响，想让我平时多听音乐，放松精神。可我根本不懂得怎么使用，你能教我使用吗？"刘金才爽快地答应了下来。

到了老人家后，他才发现吴大爷儿子寄给他的竟是一套日本进口组合音响，有很多按键，功能也很多。刘金才先告诉他音响上每个按键的作用，以及如何操作。接着，他接通电源，手把手教吴大爷如何使用组合音响上的收音机、磁带机、VCD 机。半个多小时过去了，吴大爷终于完全掌握了音响的使用方法。

他感激地给了刘金才 20 元并建议说："小伙子，你的想法很好。只是，你用发名片的方法来做宣传不太好。名片太小，老年人大都眼花，看不清。如果你做成传单，把字体印刷大点就会更容易引起老年人的注意。"

刘金才觉得吴大爷说得很有道理，于是他用粗体字设计印刷了一叠传单，上街散发。果然，吴大爷说得没错。传单散发出去后，很多老人都仔细看着上面的内容，不少人还向刘金才询问价格。短短几天，刘金才就做成了 5 笔生意，赚了 100 元。

然而在街上散发传单毕竟不是万全之策。很多老人上街都有事情要办，没时间向刘金才了解更多的情况。而且在街上散发传单还会被城管驱赶。刘金才为此头疼不已。

11月5日，刘金才经过盐灶路时，看到该社区的老人活动中心里成群的老人聚在一起聊天、打牌。他高兴地想，老年人大都在各个社区老年人活动中心活动，如果到这些地方推广自己的业务，肯定大受欢迎。

第二天，刘金才带着一叠传单来到滨海社区散发。老人们看到有人散发传单，都好奇地围过来看个究竟。当得知刘金才是来教他们使用电器之后，他们都很感兴趣地问道："是不是免费的？"刘金才告诉他们要收费后，他们七嘴八舌地议论开了。

一位大爷说："现在的家电越来越先进，我小孩给我买了不少，可我大都不会用。小孩又不在身边，这些家电放在家里根本就没用过，成了摆设。"一位老奶奶冲刘金才大声说："我们确实不大懂得使用现代化家电，可你如果收费，我们干脆让家人教得了，省得浪费钱。"

刘金才微笑着说："如果您的家人能够教你使用那就最好不过了。您完全不必找我教您。可是您的家人在您身边吗？而且有些家电您的家人也未必完全懂得其功能、用法和使用注意事项。"

刘金才合理的一席话博得了在场老人的认可，连那位老奶奶也点头称是。一位70多岁的沈大爷问清价格后，回到家中拿来一部数码相机，对刘金才说："这部相机是我那在北京工作的儿子买给我的，可我根本不懂怎么操作，一直放在家中没用。下周，我单位要组织退休职工去云南旅游，你就教我如何使用。去旅游时，我带上它拍些照片。"

刘金才接过相机，先教老人如何装电池，接着耐心地教沈大爷调焦距、取景、拍摄等功能。最后，他让沈大爷自己操作，直到他熟练掌握为止。

一直围着观看的老人看到沈大爷在刘金才的教授下，这么快就掌握了数码相机的各个功能，都说："数码相机的功能那么多，能这么快就掌握它的用法挺不容易的。"一位姓赵的老奶奶还拿出一部手机，对刘金才说："小伙子，这是我在山东读大学的孙子给我买的手机。他说这手机有照相功能，让我拍张我和他爷爷的照片发给他，可我只懂用这手机打电话，根本不懂拍照和发送照片，你能教教我吗？"

刘金才接过手机，先教赵奶奶把手机按到照相状态，然后再教她拍照和保存照片。接着，他教赵奶奶怎样发送短信。10多分钟后，赵奶奶终于懂得如何照相和发送照片了。她立即给自己拍了张照片，然后给她孙子发送过去。没多久，她就收到孙子的回信，喜笑颜开。

在场的许多老人受到赵奶奶情绪的感染，纷纷要求刘金才教他们使用现代化家电。有的要求他教如何使用手机，有的要求他教如何使用摄像机，有的干脆把他带到自己家中，让他教如何使电磁炉、洗衣机、DVD 机等。那天，刘金才一直忙到中午 12 点才回到出租屋。清点自己的战果，刘金才惊喜地发现，一个上午他竟赚了 90 多元。

接下来的日子里，他挨个到市各个社区的老年人活动中心宣传自己的业务。很多老人都不懂如何使用现代化家电，再加上他们的子女都在外地工作，家中也没有其他亲人，因此没人教他们如何使用现代化家电。刘金才介绍了自己业务后受到老人的欢迎，每天都有不少老人找他教如何使用电器。那个月，他赚了 3000 多元。

一天，刘金才正在大林社区散发传单，推广自己的业务，该社区的一名工作人员走过来，一把夺走刘金才手上的传单，严肃地说："我们这里不允许从事商业活动，请你立即离开。"刘金才解释说："我教老人使用电器是为了方便他们的生活，对他们有好处。"可无论刘金才怎么解释，该工作人员还是连推带搡，把他轰了出去。

后来，在别的社区，刘金才又多次遇到这样的情况。无奈之下，他只好与社区的领导商量，向他们交一点钱，让他们允许自己在社区老人活动中心宣传自己的业务。

7 月的一天，刘金才经过市海秀路时，看到一家药店正组织一些老年人听讲座。他突然来了灵感，为什么不把老年人集中在一起，像上课那样教他们使用电器呢？这样既省事，又能多赚钱。

刘金才把自己的想法告诉好友阿鹏。阿鹏说："如今家用电器的种类那么多，这个老人有的，另一个老人未必有，你该选择哪一种来教呢？"经过筛选，刘金才决定选择电脑、手机、电视、电冰箱、洗衣机、空调、微波炉、电磁炉、消毒柜、音响等常用的家电作为讲解内容。

内容选定后，新的问题又出来了。教老人使用电器，必须有电器实物。可自己只是一个普通打工仔，家里根本没有这么多类型的电器，怎么办呢？苦苦思索后，刘金才决定向朋友租，每件电器日租金 10 元。

解决了这些问题后，7 月 13 日，刘金才到市大元社区联系业务。该社区的领导同意，以 100 元的租金把社区老年人活动中心租给他使用一天，同时帮他宣传并招到了30名老年"学生"。这些学生只要每人交20元,即可学习使用传单上列举的家用电器。

上午9点种,刘金才叫车把自己家里的电器和向朋友租来的电器拉到该社区老年人活动中心。接着,他挨个详细讲解每个家电的使用方法以及注意事项。其中,因电脑的功能太多,刘金才只讲解了开机、关机、上网、收发电子邮件、QQ聊天等几种常见的功能。手机的种类也很多,功能差别也很大,刘金才只是讲解了手机的拨打、接听、充电、发短信、拍照等几种常用的功能。

在场的老人听得很认真,有些还用笔记下一些关键的地方,有的则直接走上来亲手操作。一位姓林的老大爷刚从农村搬到城市居住不久。1个月前,他那在北京工作的儿子给他买了电脑、电视、音响、空调等多种电器。可他还没来得及教老人使用这些电器,就因为工作的原因匆匆返回北京了。听了刘金才的讲解后,林大爷高兴地说:"只花了20块钱就掌握了这么多种电器的使用方法,很划算。"

这次教老人使用电器,除去场地租金、电器租金和车费,刘金才赚了300元左右。在讲解过程中,他还遇到了不少问题。一些老人向他抱怨说:"我家里没有那么多电器,却同样交了20元钱来学,感觉很浪费。"刘金才只好安慰他们说:"你们学会了,将来如果买了,就不愁不会用了。"

9月20日,刘金才在街上遇到以前当售货员时认识的一个朋友,国内某知名品牌空调办事处的韩经理。当得知刘金才正在开展教老人使用现代化家电的时候,韩经理说:"你的想法不错,这是个不错的市场。咱们一起合作怎么样?"

原来,韩经理所说的合作是指,向刘金才免费提供他教老人时使用的电器。这样,刘金才就不必花钱找朋友租电器了。韩经理这样做的目的是,刘金才教会老人使用他们公司的产品,就相当于为他们公司培养了一批潜在的顾客,是一种很好的广告宣传方式。而对刘金才来说,这是他求之不得的好事。他当即答应了下来。

后来,刘金才受到启发,找到其他电器公司的市场部经理,与他们商谈,要他们免费提供教老人使用电器时所需的实物电器。那些电器公司的市场部经理和韩经理一样,都意识到其中的利益并爽快地答应了。这样,刘金才就免去了租朋友的家用电器的费用,他的收入又增加了不少。

10 月 5 日，一家电器公司的黄经理找到刘金才说："我们公司刚推出一款针对老年人的豆浆机，你能不能和我们合作，教老人使用这款豆浆机？"接着，黄经理开出了很好的条件：他们派出讲解员讲解，不用刘金才操心。刘金才在现场挂出他们产品的广告宣传横幅，他们将给刘金才 100 元报酬。面对这么好的条件，刘金才立即和对方签订了协议。

此后，每当教老人使用电器时，刘金才都提前通知黄经理。黄经理果然履行协议，派出讲解员讲解豆浆机的使用方法。刘金才在现场挂上他们的横幅后，黄经理也履行承诺给了他 100 元的报酬。

后来，其他厂家也模仿黄经理的做法，与刘金才签订协议，由厂家派出讲解员，讲解家用电器的使用方法。刘金才如果在现场挂他们的广告宣传横幅，他们也同样给刘金才报酬。

这样，教老人使用电器的活全都交给了各个电器公司的专业销售人员。刘金才转身成了活动的组织者和策划者，工作轻松了许多，月收入已经突破了一万元。

财富启示　科技日益发达的今天，许多老人面对现代化电器总感到束手无策。教他们用现代化电器，无疑会给他们的生活带来乐趣。帮助他们，其实也是帮助自己。

5. 老外开 WC，坚持自我有"钱途"

在海口市龙昆南路有一家名为"西方城市"的咖啡吧，这家咖啡吧营业面积不是很大，但这是海口第一家由外国人投资的咖啡吧，也是第一家从饮食口味到装修完全西方化的咖啡吧。咖啡吧的英文名字叫 Western City Café Bar，简称就是 WCCB，餐厅的主人和他的朋友戏称之为 WC 咖啡吧。

2001 年，杰夫来中国旅游后，为古老而神奇的中国文化所折服，同时中国高速发展的经济也吸引着他。杰夫觉得 13 亿人口的中国是个大市场，机会很多。

2002 年夏天，在澳大利亚，杰夫通过互联网了解到，湖北仙桃一所学校招聘外籍教师。杰夫把自己的简历通过电子邮件发给了那所学校。不久，他收到了聘请通知。打包好行李后,他只身一人飞到湖北,任教英文。

但在仙桃,杰夫遇到了前所未有的困难。由于语言障碍,杰夫几乎成了哑巴,出门购物只能与对方打手语。仙桃的老外很少,杰夫没有什么朋友,心里倍感孤独。

最麻烦的是吃饭的问题。湖北人爱吃辣,很多菜都放有辣椒,而且是特别辣的那种,杰夫吃不惯,只好自己做西餐。

杰夫找来做西餐的有关书籍,买来做西餐的原料,自己边做边尝边改进。不久,他的西餐厨艺水平大大提高,一些老外朋友尝了都赞不绝口。

2003年年初,杰夫和朋友到海口游玩,一下飞机,杰夫就被海口迷住了。蓝蓝的天空中飘着朵朵白云,海风轻轻地吹拂着,让人感到无比惬意。婀娜的椰子树结满了累累硕果,晚上还可以看到深蓝的夜空中繁星点点。这一切和澳洲很相似,杰夫一下子就喜欢上了这座城市。于是,杰夫决定到海口工作。

2003年7月,杰夫辞掉仙桃的工作来到了海口,在一所外语学校找到一份英语教师的工作。这份工作很轻松,每天只需上几节课,薪水也挺高。海口的老外很多,杰夫很快就结交了一帮老外朋友。

这帮老外朋友工作之余,经常聚在一起打打牌、聊聊天。晚上,他们还相约到海边烧烤、做游戏。围在篝火旁,大家边唱边跳,玩得不亦乐乎。

和这帮朋友聚会时,杰夫发现了一个问题。海口虽然有许多自称西餐厅的饭店,但菜的口味大都中国化。因此,平日里海口的老外大都自己做西餐。为了买到诸如奶酪、黄油等正宗的西餐佐料,老外们搜遍了海口的大街小巷。

一次,几名老外朋友到杰夫家做客。品尝了杰夫为他们做的西餐后,他们大呼好吃,一边还不断竖起大拇指,对杰夫的厨艺赞不绝口。其中一个老外还说:"如果你开一家西餐厅肯定大受欢迎。"杰夫觉得朋友的建议很不错,如果在海口开一家正宗的西餐厅,既可以为这帮老外朋友提供西餐服务,又可为他们提供聚会的场所。在海口的老外不少,而且如果经营得好,还可以把中国朋友也吸引过来。这可是个不小的市场。杰夫开始忙碌着筹备起来。

起名时,杰夫费了一番心思。有朋友建议杰夫用外国著名电影的名字来命名他的咖啡吧,杰夫觉得这样的名字没有新意。有人建议杰夫用澳洲的特色风景来命名,杰夫认为在海口的老外来自各个国家,不大合适。

一天,杰夫经过龙昆路时,看到路旁的中国城上的英文 China City。他突然来了灵感,给咖啡吧起名为:Western City Café Bar。当杰夫把咖啡吧的名字告诉朋友时,他们都捧腹大笑,因为这个名字的简称就是 WC。

为了找到合适的经营场所,杰夫经常一个人在街上左顾右盼。但由于对海口的街道不熟悉,杰夫常常迷路。迷了路后,又由于语言不通没法问路,大半天都回不了家。

最终,杰夫看中了海口龙昆南路禧龙商务大酒店的顶层。顶层的场地开阔,很安静,推开玻璃窗即可俯瞰海口的车水马龙,而且租金还很低。

2006 年 5 月,杰夫的 WC 咖啡吧终于开业了。开业的那天,杰夫的老外朋友和一些要好的中国朋友都来捧场。一个朋友甚至送给杰夫一辆曾经流行一时的摩托车放在咖啡吧里做装饰。

来自澳大利亚、美国、加拿大、德国等多个国家的老外朋友聚集在杰夫的 WC 咖啡吧。他们喝着咖啡,津津有味地吃着杰夫做的正宗西餐。大伙都说:"咖啡吧的生意肯定会很火爆。"

但事实恰恰相反,咖啡吧的生意很冷淡。第一个月,来就餐的顾客寥寥无几,杰夫亏了几千元。杰夫心情很不好,经常一个人抽闷烟。必须想方设法改变这种状况,他想。

咖啡吧对面是海南师范大学,杰夫决定先开发学生市场。杰夫有几个老外朋友在海师教英语,杰夫便让这几个朋友为他做宣传。

杰夫的朋友于是把 WC 咖啡吧介绍给了海师的学生。知道有这么一家咖啡吧后,海师外语系的学生和一些英语爱好者经常光顾杰夫的咖啡吧,找机会锻炼口语。

后来,通过同学之间的口口相传,海口其他几所高校的一些学生也得知了杰夫的咖啡吧。他们也经常光顾杰夫的咖啡吧,来咖啡吧里学口语。

看到这么多人想学英语,杰夫决定办一个英语角。为此,杰夫腾出一个小空间,在四周张贴了一些英语文章,还在显著位置摆放了一些英语杂志。杰夫把英语角开放的时间定在周末,这样大家都有时间来参加。

得知杰夫的咖啡吧开了英语角后,想学好英语的学生周末都扎堆到 WC 咖啡吧了。WC 吧里终于挤满了人,杰夫脸上开始露出了笑容。

但是,令杰夫吃惊的是,月底结算时 WC 吧还是亏。杰夫百思不得

其解。

"原因其实很简单,来 WC 吧的人虽然多,但大都是学生,学生的消费能力有限,你不亏本才怪。"杰夫的中国朋友安解释说。

杰夫这才明白过来。"你最好想方法把公司的白领吸引到你的 WC 吧来消费,这样你才有钱赚。"安建议。

杰夫听从安的建议。他印刷了一叠介绍 WC 吧的传单,然后自己一个人到海口的一些写字楼散发。

中午 11 点多,当写字楼里的白领鱼贯而出时,杰夫迎上去递给他们传单,然后用生硬的中文说:"欢迎光临!"白领们看到老外发传单,都很好奇,他们纷纷接过,仔细地看起来。

不远处的城管发现了杰夫。城管朝杰夫走过来,想制止杰夫。杰夫看到有人走过来,习惯性地迎上去,递给城管一张传单,生硬地说:"欢迎光临!"城管哭笑不得。

传单发出去后,很快就有了效果。出于个人职业发展需要,白领们都想把英语口语锻炼好。他们开始频频光顾杰夫的 WC 吧,出手大方的白领使杰夫的 WC 吧营业额迅速攀升,杰夫终于扭亏为盈。

为了吸引更多的白领,杰夫经常开展各种活动。比如做游戏、开派对、搞化装舞会等。丰富多彩的活动使白领们玩得很开心。

杰夫的 WC 吧名气开始传开了,杰夫的收入也增加了不少。此时,有人建议杰夫把 WC 吧本土化,这样可以吸引更多的人。

但杰夫拒绝了。"如果把 WC 吧本土化,那和其他的中餐厅就没有什么区别了。"杰夫说。

杰夫不但不本土化,反而更加西化。他把 WC 按西方风格重新装修一遍。音响是进口的,里面播放的全是西方流行音乐。杂志全是从澳洲邮寄过来的时尚杂志。啤酒也是从澳洲空运过来的畅销品牌。做西餐用的黄油和奶酪,也全是杰夫托朋友从美国和澳洲邮寄过来的。连 WC 咖啡吧里的小烧烤炉都是外国产的。走进 WC 就能感觉到浓浓的外国情调。

杰夫的目标就是以纯西方文化来吸引中外朋友,让外国朋友在 WC 能感觉到家的温暖,让中国朋友不出国门就可以感受纯正的西方文化。

杰夫的眼光瞄得很准。由于 WC 完全西方化,在海口工作和来海口旅游的外国人都喜欢到 WC 里用餐。海口市民听说这里有最纯正的西餐,都纷纷来品尝。杰夫的咖啡吧生意越来越好，杰夫也赚了不少钱。

> **财富启示**　当一个商机出现时，人们往往一窝蜂涌上去，只为分一点蛋糕。杰夫的成功给我们的启示是，坚持自我是一种更美的成功姿态。

时尚女孩：我的裸露装火了

卢湘妮是一家服装公司的老总，手下有 60 多名员工。与众不同的是，她的服装公司只生产一种服装，即裸露装。即使如此，她的生意依然做得红红火火。

卢湘妮刚大学毕业，就遭受了一个不小的打击，相恋 3 年多的男友突然提出了分手。后来，她才知道他有了新欢，对方是小她一届的师妹。见到她的那一刻，卢湘妮很是不解，他怎么会喜欢上她？只见她穿着超短裙，袒胸露背，打扮得很妖艳，相貌又平平。卢湘妮的同班的男同学却说："她很性感。"

原来裸露不是妖艳，而是性感。卢湘妮这才明白自己输在哪里，自己太土，一直以来穿着很朴素，像个乡妹子，难怪男友会抛弃自己。伤心之余，她开始注意起自己的打扮来。

不久，卢湘妮应聘到一家服装公司当总经理秘书。该服装公司主要生产各种时尚女装。耳濡目染，她对服装设计感兴趣起来。业余时间里她设计了不少时尚服装，还得到了老总的表扬。

卢湘妮设计制作了一款领口很低、露脐的超短上衣和一条超短裙子。当照着镜子穿上这一套衣服时，她的脸上顿时火辣辣的，太裸露了！但不可否认的是，穿上这套衣服后，她的线条美马上显露出来，变得非常性感了。

犹豫了很久，卢湘妮才穿上自己设计的裸露装去上班。当她走进办公室的那一瞬间，同事马上尖叫起来："好性感！"最初，她感到很不好意思，慢慢地转变为享受这种受人瞩目的感觉。老总看了她的杰作后，赞叹不已并决定以 8000 元的价格买下卢湘妮的设计。设计一套服装就能赚 8000 元，卢湘妮惊讶不已。但令她更吃惊的是，衣服生产出来后，售价高达 200 元，

而且还供不应求。原来做衣服这么赚钱！

她产生了自己单干的念头，她把自己的想法告诉好友小青。小青劝她说："自己创业风险很大，你有那么多的资金吗？而且你一个女孩子家的，创业会遇到很多苦，你能扛得住吗？"可小青的劝阻始终动摇不了卢湘妮的信念。

卢湘妮辞掉工作，走上了创业的道路。她注册了一间服装设计工作室，然后接连几天把自己关在工作室里，设计了3款裸露装。由于刚起步，她还没有自己的加工生产车间，只好找到一家服装加工厂，委托他们生产。

一个月后，200套裸露装生产出来了。卢湘妮赶紧拿上样品挨个向每家服装店推销。可人家一看是默默无闻的杂牌货，都拒绝了她。她只好找低档的服装店推销，可对方却把价格压得很低，连成本都不够。

两个月过去了，卢湘妮的裸露装一套都卖不出去，眼看口袋中的钱越来越少，她急得连饭都吃不下。

处处碰壁后，卢湘妮咬咬牙，干脆花钱在商场租了个柜台，自己卖。第一天，她把裸露撞挂出来后，少有人问津。旁边的卖袜子李小姐问她："你卖的是泳装吗？"卢湘妮告诉她："这不是泳装，是裸露装。"李小姐很惊讶地说："这些裸露装太像泳装了，你这样挂在架子上，很容易让人误解为泳装，你最好找个假人模型穿着展示，才能引起顾客的注意。"

卢湘妮于是买了个假模特儿，竖在柜台前，把裸露装穿在上面。这一穿果然很快就招来了顾客。在外企工作的张小姐看到裸露装后，马上走过来了解并最终买了一套。她说："过去我的男友老是说我很土，这次我要让他大跌眼镜。"

裸露装慢慢有了市场。5月1日，商场将要举办文艺演出，她主动找到主办方，表示可以给女主持人提供服装赞助，作为回报，她将在现场挂一个广告牌。商场答应了她的要求。演出当天，女主持人穿的裸露装成了全场的焦点，人们对性感的女主持人议论纷纷。电视台摄影机的镜头围着她转个不停。卢湘妮的裸露装广告牌不时出现在电视屏幕中，自然也出尽了风头。

演出结束后两个多月的时间里，她的200套裸露装全都卖完，卢湘妮赚了2万多元。她把赚来的钱投入扩大生产中，这次她生产了500套。

有了一定的销售经验和技巧后，这500套裸露装的销售根本不成问题。只是顾客穿上裸露装后，她总感觉好像少了什么，但具体少什么她却说不出来。

一天，她在翻一本时尚杂志时，一位女明星的照片引起了她的注意。这位女明星的穿着固然漂亮，但让人感到妙不可言的却是她胸前的那朵粉红色的花。卢湘妮眼睛顿时一亮，要是把花和裸露装搭配在一起会不会更美丽？她马上买来不同颜色的花朵，穿上裸露装，对着镜子比较起来。果然，裸露的肌肤搭配鲜艳的花朵使她整个人变得更有气质，更美丽。

于是，在卖裸露装的同时，卢湘妮准备了许多花朵，现场教顾客如何用花朵搭配裸露装。此举大受顾客的欢迎。她那小小的柜台每天都围满了前来咨询和购买裸露装的人。500套衣服很快就卖完了，卢湘妮拿出一部分钱租了个20多平方米的铺面专卖自己设计的裸露装。

当裸露装持续畅销后，卢湘妮发现仅有的几个款式已经远远不能满足顾客的需求了。她只好招聘了2名销售员，替她卖衣服。她自己抽出时间设计更多款式的裸露装并联系厂家生产。然而，由于还没有完全了解顾客的需求，她设计出来的产品竟遭到退货。

一天，在媒体工作的陈女士找上门来，硬是要求退货，服务员却坚决不同意，于是两人吵了起来。闻讯赶来的卢湘妮制止了他们并耐心询问陈女士："你为什么想退货呢？我们的产品有质量问题吗？"陈女士犹豫了一下，才说出了原因。原来，陈女士今年已经快40岁了，但她很爱美，并且思想也很前卫。可是穿了卢湘妮的裸露装后，她才发现衣服过于裸露了，以至于她腿部和小腹的赘肉都显露出来了，结果不但不美，反而变得难看。

听了陈女士的解释，卢湘妮才明白：一件裸露装只适合特定年龄段的人。此后，在设计裸露装时，她都详细考虑到顾客的年龄、肤色和胖瘦。经过3个多月的努力，卢湘妮设计了几十款裸露装。为了保险起见，每一款裸露装在投入生产前，她都先拿到店里征求顾客的意见，反复修改后才交付厂家生产。

由于她的认真仔细，她的裸露装越卖越火，赚了50多万元。可此时卢湘妮发现，市场上裸露装多了起来。有了实力后，她注册了自己的品牌。此时，厂家看到卢湘妮的裸露装生意越做越大，开始把生产价格提高。最初，卢湘妮同意提价，把一部分利益让给厂家。可后来，厂家竟得寸进尺，连续几次提价。

忍无可忍，卢湘妮终止和对方的合作，自己购进设备，快马加鞭地招人，自己生产。有了自己的后方工厂，裸露装的利润完全掌控在自己的手中。她的生意像滚雪球般越做越大。

在业务往来中，卢湘妮结交了在广告公司当策划的男友赵宾。在赵宾的帮助下，卢湘妮成功举办了几次品牌推介活动。她的裸露装品牌在顾客心中树立起了良好的品牌形象，成了爱美女性追逐的目标。

如今她的裸露装生意已成规模，许多外地的服装店都向她进货，有的甚至还派人来学习裸露装的搭配技巧。为了不断推陈出新，卢湘妮把生意交给赵宾打理。她自己带领一个裸露装设计团队，专门设计时尚新潮的裸露装。

财富启示 　　爱美之心人皆有之，裸露装的魅力在于，它大胆地把女孩的美含蓄地露出来。卢湘妮给我们的启示是，爱美是女孩的天性，破解了美丽的密码，你也许就揭开了财富之谜。

7. 手指舞： 巧手百变舞出滚滚财源

李霞彩长相并不十分出众，但她有一双美丽的手。谁能料到，这双美手不但让她收获了爱情，还给她带来滚滚财源。

"老天爷，你为什么不给我美丽的容颜？你为什么不给我一份动人的爱情？"李霞彩对着镜子不断地叹气。好友一个个都找到了白马王子，唯独她还是孑然一身，忧愁经常涌上她的心头。

一个周末，李霞彩和几个同事去逛街。在一家珠宝店，同事郝丽美看中了两款戒指，不知道该选择哪一款好。她打算年底结婚，所以急着选一款称心的戒指。"要不你们几个都戴上试试，综合几个人的意见就知道了。"珠宝店的老板建议说。

于是，几个人轮流戴上戒指比较起来。轮到李霞彩戴戒指时，旁边一个帅气的小伙子赞叹道："小姐，你的手真漂亮！"店老板和同事也附和说："你的手指白嫩修长，真的很漂亮！"最终，那两款戒指在李霞彩的手上比出了高低，大家一致认为那只镂花的铂金戒指更漂亮。

从珠宝店刚走出来，那名小伙子就追上李霞彩，腼腆地问道："小姐，能和你交个朋友吗？"这么久以来，从来没有男孩子这么主动地表示想和自己交朋友，而且对方又很帅，李霞彩的脸刷地红到了耳根。她还没反应过来，小伙子就递过来一张名片。她接过一看，他叫文强，是一家装修公司的设计师。她抬头想和他说点什么，可他已消失在茫茫人海中。

后来，李霞彩是鼓起了很大的勇气才拨打文强的电话的。多次来往后，两人谈起了恋爱。李霞彩问文强："你为什么喜欢我呢？"

文强拉起她的手说："是因为你的手。一直以来，我都觉得，能反映出一个女孩子的气质的，不是她的脸，而是她的手。"李霞彩疑惑地说："怎么会呢？"

文强吻了一下她的手，深情地说："'纤纤擢素手，札札弄机杼'，你的手让我想起古代的女子穿针引线时的美妙情景。我常想，有一双白嫩纤长的手的女孩必定很温柔贤惠。"听了文强的话，李霞彩感动地把头靠在他的肩膀上。她想起了一句话：上帝关上一扇门的同时，也会打开另一扇门。自己虽然长得一般，可老天爷毕竟给了自己一双美丽的手。

爱情是甜蜜的，可不久，一个坏消息传来：李霞彩所在的公司倒闭了。失业后的李霞彩整天闷闷不乐。

这天，文强兴冲冲地找到李霞彩说："咱们开始创业吧，别再去打工了。"看到李霞彩一头雾水，文强把自己的想法一五一十地告诉了她。原来，文强在网上了解到，许多戒指、手链、手表等生产厂家为了宣传推广其产品，四处寻找手指美丽的女孩做广告。因此，他想让李霞彩凭借她的手创造一番事业。

李霞彩于是打电话到各个珠宝、手表厂家，告诉对方，自己的手指很漂亮，问人家要不要做广告。两个月过去了，她只做成了一个广告，赚了900元。文强鼓励她说："别气馁！刚开始创业肯定会遇到很多困难，只要你努力，市场会慢慢打开的。"

可后来，李霞彩发现情况并非文强所说的那么简单。很多厂家做广告时，都找有名的模特儿展示其产品。这些模特不但相貌出众，手也很美。面对这样的竞争对手，李霞彩一点信心都没有，甚至想到了放弃。

就在李霞彩进退两难的时候，一件事使她燃起了希望。7月的一天，好友蒙颜春拉她去跳舞。到了舞厅，李霞彩才知道，要跳的是钢管舞。她有点生气地说："这种舞我连听都没听过，你拉我来这里不是浪费我的时间吗？"蒙颜春笑着说："这种舞蹈很好看，而且又能锻炼身体，试一下，你也会喜欢的。"无奈之下，李霞彩只好学了起来。这一学，李霞彩还真的喜欢上了。

在学习钢管舞的过程中，李霞彩突然产生了一个想法：假如编创一个手指舞，会不会受到商家的欢迎呢？于是，钢管舞还没学会，李霞彩就匆匆赶到书店，买了一些有关舞蹈的书，再赶回家一头扎进书中研究起来，一边研究，一边还对着镜子舞动手指。

几个星期后，李霞彩还真的编出了一套手指舞。为了做到更加专业，李霞彩找到在大学教舞蹈的王老师，把自己的手指舞蹈表演给他看。王老师看了之后，给她指出一些不足之处。李霞彩马上加以修改。几天后，李霞彩的手指舞终于大功告成。

11月19日，李霞彩得知一家高档珠宝公司新推出一款女式钻戒，准备大量投放广告，进行宣传。李霞彩马上找到该公司的李总，表明来意。李总遗憾地说："很对不起，我们已经物色到合适的手模特了。"李霞彩面带微笑地问道："你们找到的手模特会手指舞吗？""手指舞？我从没听说过。"李总惊讶地说。李霞彩当即把自编的手指舞表演给他看。看完李霞彩的表演，李总赞叹不已，马上找来几个副总和策划部经理。几个人商量之后，最终让李霞彩当他们产品的代言人。

一个月后，李霞彩的手指舞广告在电视台一播出，立即引起了轰动。李霞彩纤细柔嫩的双手戴着耀眼的戒指，流畅地舞出各种动感、优美的动作，再配合着动听的音乐，美感扑面而来。戒指的品牌顿时家喻户晓，广告的效果十分理想。李总非常满意这个广告，大方地给了李霞彩2000元的报酬。仅仅2分钟的广告，就赚了2000元，这是李霞彩没有意料到的。

首战告捷，李霞彩的名声大振，来找她拍广告的人逐渐多了起来。她的收入也由原来的每月几百块钱增加到了4000多元。李霞彩高兴地和文强到饭店吃了一顿，一边还筹划着怎样把生意做大。

可不久，有顾客反映李霞彩的手指舞不够新潮。她仔细观看了自己的表演录像，确实有点呆滞，可如何改变才能更新潮呢？李霞彩经常思考这个问题。

一个周末，李霞彩和文强一起逛街时，看到广场上悬挂的大屏幕液晶电视正在播放蔡依林演唱会，文强顿时停住了脚步。他是蔡依林的歌迷，每次看到蔡依林的演出，都不会错过。这次也不例外，他站在广场前，久久不肯离去，李霞彩催了多次都没有用。

无奈之下，李霞彩只好耐着性子陪他看。随着音乐的起伏，她发现蔡依林的舞跳得很好，双手更是舞出各种劲爆、优美的动作。李霞彩眼睛一亮：这些舞蹈多么时尚新潮流啊！如果能够把它融入自己的手指舞中，不是可以更加吸引人吗？

看完演出后，李霞彩硬是要文强陪着自己到音像店购买了许多蔡依林的演出碟。回来后，她把每个碟放慢速度看了一遍又一遍，把蔡依林手指的每个动作画下来，详细分解成许多小动作，然后慢慢练习。两个月过去了，李霞彩终于把手指舞改编成新潮时尚的舞蹈了。

她的一名老客户得知消息，再次找她拍广告。开拍后，只见她的手指忽伸忽屈，忽前忽后，忽弯忽直，时而向上翻转，时而向下低旋，伴随着动感的音乐，一股时尚新潮的气息扑面而来，在场的人莫不入神地看着，仿佛在欣赏一场精彩的演出。

广告播出来后，该客户的产品知名度大大提高，许多商家纷纷找到他，请求经销他的产品。一时间，他的公司顾客盈门，生意非常红火。李霞彩也得到了丰厚的报酬。

李霞彩乘胜追击，花钱在电视上做了1个月的广告，宣传自己的手指舞。由于手指舞是个新事物，广告一出来，立即引起人们的关注，找她拍广告的商家接连不断。李霞彩的月收入增加到了7000多元。

一天，李霞彩接到一个女孩子的电话，问她："你能不能教我手指舞？我可以付学费给你。"李霞彩当即拒绝了她，如果教她学会手指舞，自己不是多了一个竞争对手吗？谁会那么傻。

文强得知此事后，建议说："要不咱们办个手指舞培训班，这样可以增加收入。"李霞彩反对说："手指舞是我花费了很多心血才编创出来的，办培训班教会她们以后，她们不和我抢拍广告才怪！"文强分析说："相比较而言，培训班市场比拍广告要大。而且你也不能光靠一种手指舞竞争，咱们一边办培训班，一边编创更多的手指舞，才能长期立于不败之地。"

李霞彩觉得文强分析得很有道理，于是办起了手指舞培训班。为了尽快招到学员，她印刷了许多传单，散发给打扮时尚女孩，还在报纸上做了些广告。很快,来报名的人络绎不绝,第一期就招到了40名学员。每个学员的收费是400元。李霞彩的月收入一下子就突破了万元。她一边教别人手指舞,一边又编创了多种不同风格的手指舞,每种手指舞一推出,都受到赞许。

随着来报名的人越来越多,她一个人已经忙不过来,只好让文强辞职出来帮忙。如今,他俩已经办起了8个手指舞培训班,收入也不断增加,早已圆了房车梦。

> **财富启示** 　　手指跳舞,这样的事并不多见。李霞彩却自创了手指舞并闯出了一条与众不同的路。她的经历提醒我们,要大胆地让自己的思想跳舞。

爱情文身: 文在身上的爱永远不褪色

提到文身,大多数人想到的是不良社会青年身上文的各种令人生畏的图案。可是,谁能想到,文身也会成为一种赚钱的浪漫手段?

经过3年的苦苦追求,2006年3月,庞国平终于和暗恋已久的周秋眉走到一起。为了哄周秋眉开心,庞国平隔三岔五地请她看电影,给她送花。

周秋眉经常问他:"你是不是真的爱我?"庞国平信誓旦旦地说:"我是真的爱你,我可以对天发誓。"周秋眉哼了一声说:"男人都爱来这一套,说不定你是个伪君子呢。"庞国平急了,说:"你要怎么才相信我对你的爱?"周秋眉想了半天也答不上来,毕竟他的心隔着一层肚皮呢,总不能叫他把心挖出来吧?

5月的一天,两人一起看电视时,周秋眉看到一名NBA篮球明星手臂上文着几个字时,她顿时来了兴趣,拉起庞国平的手,一脸认真地问道:"你说,你真的爱我,对吗?"庞国平看她严肃的样子,吃惊地问:"没错,怎么啦?"周秋眉说:"那你把我的名字文在你的身上吧,这样我就相信你是真心的。"

庞国平哭笑不得地答应了她。可他逛了一些繁华的街道,都没有找到文身的地方。后来,经别人介绍,他才在一条偏僻的小巷找到一个文身店,花了 20 元，终于在自己的胳膊上，文上了周秋眉的名字。

当挽起庞国平的袖子，看到他胳膊上纹有自己的名字后，周秋眉把头依偎在他的怀里，动情地说："我是很认真地对待我们的感情才要求你这么做的，你不会怪我吧？"庞国平捏了一下她的鼻子，说："傻瓜，只要你喜欢，你叫我干什么我都愿意。"

自从庞国平在胳膊上文了周秋眉的名字后，两人感情更加亲密了。周秋眉经常向朋友炫耀说："我在他身上文上我的名字，他永远属于我了。"在周秋眉的影响下，她的一些朋友也要求男友文上她们的名字。周秋眉想，恋爱中的情侣都喜欢浪漫，爱情文身应该是个不错的市场，为何不试试？下定决心后，她把自己的想法告诉了庞国平，得到了他的支持。

花了几百块钱的学费，经过 1 个多月的艰苦学习后，周秋眉终于学会了文身。接着，她以 500 元的月租金在商场租了一个柜台，然后张贴出爱情文身的宣传标语：如果你爱她，就在你身上文上她的名字吧。生意很快就开张了。

一个姓冯的小姐挽着心上人的手，来到周秋眉的柜台前说："我和我男友恋爱已经 4 年多了，我们的感情非常好。为了让他爱我到永远、决不变心，我决定把我的名字文在他身上。"周秋眉忙了 10 多分钟，终于在冯小姐男友的胳膊上文上她的名字。可冯小姐还不满足，又要求周秋眉在她男友的另一只胳膊上也文上她的名字。她说："这样叫成双成对，我要和他永远成双成对。"

周秋眉每纹一个名字收费 20 元。第一天开业，顾客不是很多，她只做成了 3 笔生意，赚了 60 元。但几天后情况慢慢好转，来文身的人逐渐多起来。月底结算，她赚了 1200 多元。虽然赚得不是很多，周秋眉却很高兴，因为至少这证明自己的想法是可行的。

在顾客的口口相传下，周秋眉的爱情文身店名气逐渐大了起来。然而，由于是第一次涉及这个行业，经验不足的周秋眉还是遇到了不少麻烦。

7 月 11 日，在给在酒店工作的张先生文身时，周秋眉边文身，边和张先生聊天。结果文身完后，她才发现，文在张先生胳膊上的名字大小不一，歪歪斜斜。原来，由于张先生是个肌肉型的男人，其胳膊上的肌肉很突出，文身的难度大；加上周秋眉文身时，注意力不大集中，最终导致了这样的结果。好在张先生是个大度的人，没有为难她。此后，周秋眉吸取教训，为顾客文身时,不再与顾客聊天,全神贯注于工作中。

最初,周秋眉的爱情文身都只是文名字。8月的一天,一名姓何的女子和男友来文身时,除了在男友身上文上她的名字,她还要求周秋眉文上他们的爱情誓言:我们相爱到永远! 周秋眉对她说:"纹这么多字,花费的时间和精力较多,收费就不止20元了。"经过讨价还价,周秋眉最终以50元的价格,在她男友身上文上了他们的爱情誓言。

后来,周秋眉发现,很多来文身的情侣都不满足于仅仅纹对方的名字,都想像何小姐那样在爱人身上纹上爱情誓言。周秋眉于是把业务范围扩大到文爱情誓言,收费也相应提高了一些。业务扩大后,那些极度追求浪漫爱情的年轻人纷纷来找周秋眉文身。周秋眉的收入迅速增加。

一次,一个名叫阿美的女孩看了周秋眉的文身后,叹气说:"你的文身只用一种颜色,太单调了!"周秋眉愣了一下,觉得她的话很有道理。确实,只用一种颜色纹身,色彩太单调了。可是,她没有尝试过用其他颜色文身,不知道用别的颜色文身是否可行。

男友得知她的困惑后,建议她尝试一下并表示自己可以当她的试验品。周秋眉于是买来黄、红、蓝、绿等各种颜色,混入文身药水中,然后在男友庞国平的身上试验起来。经过几天的试验,周秋眉惊喜地发现,用别的颜色文身没问题。

接下来的日子里,周秋眉贴出广告,隆重推出五彩爱情纹身,根据顾客要求,用不同的颜色,在他们心爱的人身上文上他们的爱情誓言。业务一推出,前来咨询纹身的人陡然增多,周秋眉忙得不可开交。

可是不久,周秋眉的生意又慢慢冷淡了下来。她调查之后找到了原因。文爱情誓言的人多了之后,人们不再感到新鲜,于是便没了兴趣。看来,要想吸引顾客,必须不时更换内容满足顾客的口味。

第一次和对方接吻是整个恋爱过程中最美好的时刻,如果把第一次接吻的时间和说的话文在身上,必定勾起恋人们的美好回忆。周秋眉于是推出第一次接吻文身业务。

她的眼光瞄得很准,业务一推出,来纹身的人又增多起来。刚大学毕业的李小姐和男友都是初恋,她让周秋眉在她和男友身上都文上他们初吻的时间、地点和动情话语。她说:"一看到这个时间、地点,一看到这些话语,我仿佛回到了初恋的美好时光。"

一天，一个名姓郭的女子泪流满面地找到周秋眉说："我和男友分手了，我该怎么办？"原来，几个月前，郭小姐和男友一块儿来文身。当时，男友当着周秋眉的面，信誓旦旦地说，爱郭小姐一辈子。随后，两人都在身上文上了各自的爱情宣言。可如今，男友竟然变心了。郭小姐想擦掉身上的文身，却怎么也擦不掉，只好向周秋眉求助。

周秋眉用药水帮她清洗之后，她身上的文身顿时消失了。她向周秋眉道谢后，转身离去。看着她的背影，周秋眉的心情久久不能平静。女孩的文身虽然擦去了，可她心灵的伤痕永远无法抹平。世界上最美好的事物是爱情，伤人最深的也是爱情。有什么办法使前来文身的痴情男女的爱情永不褪色呢？周秋眉的脑海里久久地盘旋着这个问题。

5月15日，一名女孩带着男友前来文身。与别人不同的是，女孩除了在男友身上文上爱情誓言，还在男友身上文上男友发的毒誓：如果变心将遭雷劈。女孩的男友说，这个毒誓是他们爱情的"护身符"，只要看到毒誓，他就不敢对别的女孩有非分之想。

文完身后，惊讶之余，周秋眉想，女孩这招虽然太狠了点，但用来对付花心男人不能不说是个好办法。后来，周秋眉大胆地把女孩的"毒誓文身"推荐给顾客。令她意想不到的是，追捧的人还不少。

一对情侣的疑心很强，经常互相怀疑对方有情人。看到周秋眉的"毒誓文身"广告后，两人一起前来文身，他们文上的毒誓是：我将永远忠贞于对方，如有变心，天打雷霹。

在外企工作的方小姐，男友一个月前曾出过轨。得知周秋眉的"毒誓文身"后，她硬拽着男友来文身。周秋眉把他发的毒誓文到他身上后，他说："以后再也不敢对她不忠了，一想起毒誓，我的身体就发麻。"

由于周秋眉不断地对爱情文身的内容加以创新，她的文身生意越做越红火。

财富启示　提到文身，人们往往想到不良青年手臂上张牙舞爪的龙。但周秋眉却把文身做成了事业。其成功的启示是，改变一下船的方向，也许船就会驶向有金山的地方。

变废为宝，装修废料摇身成抢手儿童玩具

装修公司使用胶合板施工时，或多或少都会留下一些边角料。这些边角料大都被当成废物丢弃掉。有个细心的打工仔却从中发现商机，把这些废弃的边角料制成儿童玩具，大受欢迎。他也由此走上了成功的道路。

19岁那年，孙伟灵应聘到一家装修公司业务员。在工作中，他发现装修公司的工人们施工完后，都会剩余许多胶合板边角料，这些边角料都被当成废物丢掉了。每次看到，他都觉得怪可惜的。

2005年9月的一天，孙伟灵遇到以前一位客户——做家具生意的王老板。王老板正在装一车木屑。他告诉孙伟灵，这些木屑是他的家具厂在生产过程中产生的废料，他准备装车运到农村，卖给农民当柴火。孙伟灵的眼睛一亮，如果把装修公司施工中产生的废木料收集起来卖到农村，不是也可以赚到一些钱吗？他高兴地向王老板详细咨询了废木料的价格和运费等方面的情况。

接下来的日子里，他一边跑业务，一边与各个装修公司联系，提出免费帮他们处理装修废木料。装修公司都巴不得有人帮他们处理这些废物好省些事，都爽快地答应了。随后，孙伟灵雇了辆车，到各个施工现场收集废木料，拉到近郊的农村当柴火卖。每天，他都能收集到一中型卡车的废木料，转手卖掉后赚了60元，一个月下来，竟然也能赚到近2000元。能够从废木料中赚到外快，孙伟灵很开心，然而这钱赚得并不轻松。

11月3日，他正在一个凌乱不堪的工地上收集废料，突然不小心踩到了一颗钉子。钉子穿过皮鞋，深深地扎进他的脚底，顿时鲜血如注。他到医院包扎，花了几百块钱，几天的辛苦都白费了。

由于废木料要在各个施工工地收集，需要耗费很多时间，孙伟灵还因此影响到了工作。2006年3月的一天，孙伟灵正在收集废木料，公司老总打来电话把他臭骂了一顿。原来，由于他忙于收集废木料，没有太多的时间跟踪客户，公司交给他的一笔金额较大的业务被别的公司抢走了。最后，老总威胁说："下次再出现这样的情况，你马上给我走人！"

孙伟灵不想失去工作，卖废木料于是成了鸡肋，赚钱不多，丢掉又很可惜。废木料的生意能不能做大呢？孙伟灵经常思考这个问题。

一天，他经过一家玩具店时，看到店里有许多小孩正在购买木制玩具。他想，木制玩具这么受欢迎，如果把废木料制作成玩具卖不是有利可图吗？再三考虑之后，他毅然辞掉工作，开始个人创业。

从公司里出来的时候，孙伟灵身上只有6000多元。他花了近2000元买了一些木工工具和美术工艺书籍、玩具书籍。接着，他收集了一些废木料，然后把自己关在出租屋里设计制作玩具。考虑到小孩喜欢卡通漫画，他决定把废木料制作成卡通人物形象。经过半个月的日夜忙碌，他终于设计制作成了卡通猫、卡通老鼠等各种玩具。这些玩具有的是切割成平面的，有的拼接成立体的，每个玩具都栩栩如生，形态可人。随后，他带上玩具到多家玩具店推销，可大的玩具店都拒绝进他的产品。

无奈之下，他只好找一家小店代销。由于制作玩具的材料都是孙伟灵免费收集来的，根本不需要投入材料成本，因此他以每个5块钱的低价给店家代销。令他感到意外的是，这些玩具很畅销，100个卡通形象玩具才3天就卖完了，他赚了500元。

其他玩具店看到他的玩具进价如此低而且又很畅销，都纷纷主动找到他要求经销他的产品，孙伟灵决定大干一场。他退掉自己原先租的小房子，以每月800元的租金在郊区租了一套3房2厅的房子作为"厂房"，然后以700元的月工资招聘了两名工人，一个简陋的"玩具厂"就诞生了。

每天，他到各个装修公司的施工场地收集胶合板废料，然后和两名工人一起，把废料切成小片，再制作成玩具。1个月后，700多件木制玩具一生产出来就被玩具店抢购一空，除去房租和工人工资，他赚了近3000元。紧接着，他又把赚到的钱用于玩具工作室的注册和招聘工人，扩大生产规模。由于他生产的玩具不但好看，而且价格又低廉，因此很畅销。除了本地的玩具店，其他市县的玩具店也向他要货。截至2006年年底，他投入的几千块钱像滚雪球般，滚出了10多万元。

2007年年初，孙伟灵租了块200多平方米的空地，搭建了厂房，准备再次扩大生产规模，狠赚一把。然而，此时生意出现了下滑。以往，玩具一生产出来马上就有客户要走。如今却出现了滞销的场面，最初是玩具生产出来几天后才能销出去，后来发展到1个月后才勉强卖完。孙伟灵感到了前所未有的压力，问题到底出现在哪里呢？

一天，一家玩具店的张老板来要货时，孙伟灵让他多进点货。张老板说："任何一种玩具都只能风靡一时，况且你生产的玩具又不是非常时尚，小孩子玩过一段时间后就腻了。再过一段时间，我就不敢进你的货了。"

一语惊醒梦中人，孙伟灵意识到必须不断创新才能使自己长久立于不败之地。后来，他观察到，市场上有一种拼图的智力玩具很受儿童欢迎。他想，如果能设计一些木制的智力玩具该多好啊。可是，对智力玩具还不是很了解的他，怎么也想不出具体的操作方案。有员工建议他招聘玩具设计师，专门设计玩具。但是孙伟灵觉得成本太高，得不偿失，于是不予考虑。

看着一堆卖不出去的玩具，万般无奈，孙伟灵只好让工人们暂时停工。一天，闲着无聊的工人把玩具拆了又拼接，打发时间。孙伟灵看到了，突然喜上眉梢，这不就是很好的智力玩具吗？如果把制作玩具的最后一步，即拼接玩具留给儿童，不就可以让他们动脑筋，开发他们的智力了吗？这样还可以节省劳力呢！孙伟灵的想法得到了员工的一致认可。

孙伟灵和员工马上动手，把那些已经拼接好的玩具一个个全部拆开，逐个装进塑料袋子里，然后找到玩具店推销。不了解情况的玩具店老板，看到孙伟灵亲自上门推销玩具，都很不耐烦地说："你的玩具现在不好卖，我们不敢进太多的货。"孙伟灵告诉他们，这些玩具是智力拼接玩具，跟以往的不一样。玩具店老板这才半信半疑地进了一些。

然而，一个月过去了，这些智力玩具根本卖不出去，玩具店老板纷纷打来电话要求退货。明明是很好的玩具，为何卖不动呢？孙伟灵百思不得其解。经过几天调查询问，他找到了原因。原来是这些玩具的包装太差，不能吸引小孩子的注意力。

孙伟灵找到一家包装公司，对这些玩具进行包装。包装的外面印刷有玩具造型的图片，并明显注明"智力玩具"几个字。袋子里还装有玩具的具体玩法，即用袋子里的木片，拼接成外包装上印刷的玩具造型。经过包装的智力拼接玩具，其主题更鲜明，外表更吸引人。

当这些玩具出现在各个玩具店时，顿时吸引了小孩子的目光，不少人掏钱购买。由于这些智力拼接玩具需要动脑筋思考，动手拼接，很有趣味性，因此很快在小孩子中流行开来。购买的小孩越来越多，经销商纷纷上门要货。原先积压的玩具，全都成了抢手货，仅一个多星期就卖完了。

由于这些玩具是用胶合板做成的，因此还非常环保。8月的一天，一位家长一下子买了3个智力拼接玩具，说："这些玩具能够锻炼孩子的思考能力、动手能力，而且又是用木料做成的，没有化学成分，给孩子玩很放心。"那个月，孙伟灵赚了近2万元。

此时，装修公司看到他频频来收集废木料，也起了疑心，后来干脆直接提出，必须付点钱才给他收集。孙伟灵感觉到，这样下去不是长久之计。已挖到第一桶金的他决定转型。

他不再收集废木料，而是直接与胶合板厂家谈判，签订长期合作协议，厂家以批发价给他提供胶合板。接着，他招聘了两名玩具设计师，专门设计各种智力拼接玩具，真正做到专业化。另外，为了抢夺市场，他与各个玩具店老板谈判，要他们与自己签订长期销售合同。玩具店的老板看到他生产的玩具越来越专业，都毫不犹豫地与他签订了合同。这样就把其他跟风者排斥在了门外。

財富啟示　装修废料本没有什么价值，但经孙伟灵鼓捣之后，却成了抢手货。其中饱含智慧。因此，多动动脑筋，废物说不定会成为宝贝。

10. 重温红色经典　唱红歌的大学生圆了创业梦

"村村寨寨，哎，打起鼓，敲起锣，阿佤唱新歌……跟着共产党，跟着毛主席……"这首革命歌曲年轻人或许不熟悉，但老一辈的人一定不陌生。过去像这样的革命歌曲经常被人们传唱，可如今它们大都留存在人们的记忆中了。

这些革命歌曲中不乏一些旋律优美的经典。有一名大学生突发奇想，唱红歌赚钱。别人嘲笑他脑子有问题，他却克服重重困难，把唱红歌的生意做得风生水起。

27岁的周尚杰出生在一个普通农民家庭。周尚杰的父亲很爱唱歌，尤其是革命歌曲唱得很动听。从小受父亲的影响，周尚杰也喜欢上了革命歌曲，没事就跟着父亲对着大山，扯开嗓子大声唱革命歌曲。时间久了，他的革命歌曲也唱得非常动听。

　　大学毕业后，周尚杰在一家房地产公司当售楼员。5月1日，公司举办卡拉OK歌唱比赛。爱唱歌的周尚杰第一个报名参加。在选择参赛歌曲时，其他选手都选择现今流行的歌曲，周尚杰却选了革命歌曲《红星照我去战斗》，他对这首歌特别有感情，因为这首歌是父亲教给他的第一首歌。赛场上，当周尚杰用富有激情的高声唱响这首歌时，在场的人莫不感到耳目一新。最终，周尚杰获得了一等奖，他顿时成了公司里的名人。

　　4月20日下午，周尚杰接到一个陌生的电话。对方自称是一家艺术团的负责人，问他能不能和他们的队员一起参加五一慰问老人的演出。负责人说："考虑到老年人不爱听流行歌曲，我们安排唱革命歌曲，但我们团里没有会唱革命歌曲的人。我好不容易才打听到你。"周尚杰爽快地答应了对方的请求。

　　5月1日晚上，人民广场坐满了前来观看表演的老人。周尚杰演唱了《二郎山》《弹起心爱的土琵琶》《我爱五指山，我爱万泉河》等几首革命歌曲，博得了老人们阵阵热烈的掌声。演出结束，许多老人围上来向周尚杰表示感谢。一位大爷说："小伙子，非常感谢你，这几首歌我已经好几年没听到了。你唱得很棒，我仿佛回到了过去。那时，这些歌曲我们可是每天都要唱的啊！"

　　艺术团的负责人也竖起大拇指，直夸周尚杰唱得好，还当场给了周尚杰200元的报酬。周尚杰很惊讶，唱这些老土的歌还能赚钱！周尚杰平时也偶尔和朋友到的酒吧里听人唱歌。但酒吧里的歌手唱的歌全都是流行歌曲。唱红歌获得报酬的事使周尚杰产生了一个大胆的想法：唱红歌赚钱。

　　朋友们知道他的想法后都嘲笑他异想天开。好友王花说："别傻了，去酒吧的都是年轻人，年轻人都喜欢听流行歌曲，谁愿意花钱去听你唱老土的革命歌曲？"公司领导知道周尚杰的想法后，冷冷地说："不要以为自己会唱几首歌就了不起，丢了工作，可不容易再找到啊！"这明显是在警告周尚杰，可周尚杰还是毅然辞掉了工作。

　　周尚杰对自己充满了信心，他想：正是因为酒吧里的歌手唱的都是流行歌曲，年轻人听多了会腻。好比一道菜，天天吃谁都会腻。如果在流行歌曲中穿插革命歌曲，肯定让人耳目一新，大受人们的欢迎。

　　辞职的当天晚上，周尚杰就到的酒吧自我推销，但却屡屡碰壁。一家酒吧的老板甚至毫不留情面地说："你脑子是不是有问题啊？都什么年代了，你唱这样的歌曲谁听？"那晚，周尚杰一口气问了5家酒吧，竟然一无所获。

第二天晚上，周尚杰又上门向各个酒吧推荐自己。一家酒吧的老板听了周尚杰的介绍后说："你的想法听起来不错，只是现在酒吧之间的竞争很激烈，我们不敢贸然做决定。"周尚杰急中生智，说："老板，要不这样吧，我先免费在你们的酒吧唱两个晚上的红歌，如果受顾客的欢迎，我们再谈合作的条件好吗？"酒吧老板这才勉强同意。

晚上9点多，当周尚杰用他那高亢的音调唱起《毛主席的战士最听党的话》这首革命歌曲时，场下的人竟然欢呼起来，掌声一浪高过一浪。一曲唱罢，观众还意犹未尽，高声喊着："再来一首！"周尚杰只好接连着又唱了好几首。酒吧老板想不到周尚杰唱的革命歌曲竟然这么受欢迎，当场跟周尚杰签订协议，同意周尚杰在他的酒吧驻唱，每唱一首歌，酒吧付给周尚杰40元。

终于做成一笔生意了，周尚杰高兴得手舞足蹈。每晚，周尚杰都准时到酒吧，十分投入地为顾客演唱。一晚下来，能赚到100多元。但周尚杰并没有满足，该酒吧给他演唱的时间只有短短的10多分钟。他想，有那么多酒吧，如果在多家酒吧跑场不是可以赚更多的钱吗？

周尚杰于是利用空余时间到其他酒吧拉活。其他酒吧老板听了周尚杰的介绍后犹豫不决，周尚杰就像上次那样，先为酒吧免费试唱，观众欢迎，老板再跟他签协议。由于人们听流行歌曲听多了感到腻了，每当周尚杰唱起红歌时，台下总是一片欢呼。周尚杰很快就和5家酒吧签了协议。这样下来，周尚杰每月能赚6000多元。

周尚杰唱红歌每月能赚6000多元的事很快就被以前的同事知道了，他们非常羡慕他。周尚杰也很自豪，庆幸自己的当初的选择没错。然而，事情很快发生了变化。

10月20日晚上9点多钟，在一家酒吧，周尚杰上场唱了一首《红军不怕远征难》。以往，轮到周尚杰上场时，下面都会响起热烈的掌声。可今晚，鼓掌的人很少。周尚杰又唱了《东方红》《唱支山歌给党听》两首歌。这两首歌一直都很受观众的欢迎，周尚杰唱完了之后，还是没有多少人鼓掌，场面很沉闷。而其他歌手上台唱起流行歌曲时，场上的气氛顿时又活跃起

来。周尚杰感到很尴尬。

接下来的几天情况都是如此，后来这种情况在其他酒吧也出现了，周尚杰想不通是什么原因。酒吧的老板也注意到了这种变化。一家酒吧的老板给周尚杰敲警钟说："小周，你唱的革命歌曲最近喜欢的人越来越少了，这是什么原因呢？继续这样下去是不行的，你得想想法子，否则到时候不要怪我不讲情面。"

唱红歌受冷遇，使周尚杰的情绪很低落，以至于还差点要了他的命。一天晚上12点多，周尚杰唱完歌回来的路上，一直思考着自己唱的歌为什么不受欢迎。过马路时，由于精神不集中，他躲闪一辆急驰而过的摩托车不及被撞倒在地，驾车者竟逃逸了。幸好目击者及时打"120"把他送到医院救治。他在医院躺了几个月，赚的钱全花光了，还欠了1万多元的债。

周尚杰出院后，父亲劝他说："既然你唱歌不受欢迎，就不要去唱了。找份稳定的工作吧，免得让我操心。"可周尚杰还是坚持去唱歌，他不甘心就这么失败。好在那些酒吧老板还给他面子，同意他继续演唱。但他们下了通牒：一个月后，如果周尚杰唱的歌仍然不受欢迎，就终止合作。

为了找出自己唱红歌不受欢迎的原因，周尚杰煞费苦心。每次唱完歌，他就下来与观众交谈，了解观众的想法，同时也观察其他歌手的演唱。经过一个星期的观察，周尚杰终于找到了原因。

原来，周尚杰唱的革命歌曲虽然唱得好，但他唱的方法太传统正规了。每次唱歌，他几乎都是站着唱，没有什么动作表情，这样呆板的演唱，观众看多了不腻才怪！周尚杰决定改变自己。

第二天晚上上场时，周尚杰不再像以前那样慢条斯理地走出来。音乐一开始，他连蹦带跳地出来，大声喊着："观众朋友们，你们好吗？"这一招果然见效，台下的观众马上回应道："好！"接着，周尚杰边唱边挥动着手向观众致意，还不停地又蹦又跳，做出各种煽情的动作。观众全都被周尚杰的激情所鼓动，马上欢呼起来。有的还不由自主地跟着周尚杰挥动双手。

观众非常喜欢周尚杰的这种演唱方式，一位观众激动地对周尚杰说："你这种转变方式很成功。革命歌曲本来是很庄重的，如果以刻板的方式来演唱，观众很快就感到疲倦。你这种亦庄亦谐的演唱方式真是太有创意了！"

还有一位观众把全家人都带来观看周尚杰的演唱。他说："革命歌曲本来只有老一辈人喜欢，可是你这种轻松活泼的演唱方法连我们年轻人都喜欢了。你唱的革命歌曲可以说是老少皆宜啊。"酒吧老板发现周尚杰的变化后很是高兴，他们也不再提解除协议的事了。

一天晚上，周尚杰正卖力地唱着歌，一名年轻漂亮的姑娘走上来，送给他一大束鲜花，还对着话筒跟着他唱起歌来。下面顿时掌声如雷，不少人还尖叫了起来。当晚，周尚杰听到了他唱红歌以来最热烈的掌声。

这件事使周尚杰明白了一个道理，作为一个表演者，千万不能忽略观众。为了使自己唱的歌曲更受欢迎，周尚杰决定在演唱时与观众互动。每次唱歌时，周尚杰都邀请几名观众上台和自己一起演唱。观众参与的积极性很高。

一次，周尚杰唱《毛主席派人来》这首歌到一半后，就停下来问："谁愿意上来和我一起唱？"话音刚落，竟然有 10 多名观众上来和周尚杰一起来个"大合唱"。当他们放开嗓子唱起来后，台下的观众竟然全都跟着唱起来，酒吧里顿时成了歌声的海洋。

后来，周尚杰还在唱歌的过程中加入做游戏、猜歌名等互动内容，人们都热情参与。周尚杰的演唱很快火爆起来，成了许多酒吧里最受欢迎的节目。

周尚杰的名声越来越大，以前一些拒绝跟周尚杰合作的酒吧看到他这么火，纷纷找上门来，请周尚杰也到他们酒吧演唱红歌。

一天，周尚杰接到一名男子的电话。男子姓张，是一家超市的老总。张总说："4 月 8 日是我们超市开业周年纪念日，当天早上，我们将在超市门口举行文艺表演，你能不能来参加我们的表演？"周尚杰爽快地答应了。4 月 8 日早上，周尚杰演唱了 3 首革命歌曲，引来观众的阵阵掌声。演出完毕，张总给了周尚杰 300 元钱。

后来，又有许多商家慕名找到周尚杰，请他参加各种庆祝活动。这样，周尚杰除了晚上在酒吧唱歌赚钱外，还经常在白天参加庆典表演赚钱。由于活动很多，他经常累得像一摊泥。

一次，周尚杰参加一家汽车销售公司举行的庆典文艺表演。唱完歌后，在场下休息时，周尚杰听到有人在议论自己。一人说："刚才那个小伙子唱的革命歌曲很有特色，只是光他一个人在唱，没法表现出革命歌曲的气概。"另一人说："没错，这些革命歌曲要多人唱才能有力量感。"

听了他们的议论,周尚杰突然眼睛一亮,想到了个扩大业务的好方法:组建一支唱红歌的乐队,专门为商家的开业和其他庆典活动提供表演服务。

说干就干,周尚杰马上在报纸上打广告,招聘了会唱歌的青年男女各10名。接着,周尚杰把他们集中到一起,教会他们唱所有的红歌。经过近一个月的培训,6月15日,周尚杰的红歌演唱队终于横空出世了。

周尚杰把目光转向文艺演出,凭借自己的名声,很快就有几家单位找上门来。6月19日,一家制药厂举办文艺表演,周尚杰的红歌演唱队受邀参加。表演时,红歌演唱队首先出场。当队员们齐声唱响《阿佤人民唱新歌》这首歌时,在场的人都被这洪亮整齐的歌声迷住了,他们都夸奖主办单位别出心裁,安排了这么精彩的节目。演出结束后,制药厂付给了周尚杰1000元的酬劳。

然而,要让红歌演唱队赚到钱也不是件容易的事。第一个月,周尚杰虽然带领队员参加了10多场演出,赚了10000多元。可发完20人的工资,周尚杰没赚到什么钱,这样下去还不如自己一个人唱。有什么办法可以使红歌演唱队赢利呢?周尚杰经常思考这个问题。

一天,周尚杰参加朋友的婚礼,酒店里悬挂的红灯笼使周尚杰的眼睛一亮。他想:红歌不是跟红色有关吗?红色代表红火,代表吉利、胜利。有那么多的商家,每天都会有各种开业、周年纪念日、促销等多种活动,如果主动出击,向他们推销唱红歌业务应该有收获。

周尚杰马上印刷了一批传单,宣传自己的红歌演唱队并特别注明红歌象征大红大紫,红红火火。接着,周尚杰发动队员拿着传单出去联系业务。周尚杰的目光瞄得很准,看了传单,有庆典或者促销活动的商家都请周尚杰的红歌演唱队去演唱助兴、烘托气氛。

8月3日,一家刚开业的床上用品店请周尚杰的红歌演唱队去表演。早上9点多,队员们分两列刚在店门口排开,马上就吸引了很多人来围观。在周尚杰的指挥下,队员们唱起了《北京的金山上》,"北京的金山上光芒照四方,毛主席就是那金色的太阳……"这些昔日的经典歌曲博得阵阵掌声,人们里三层外三层地围观,许多人还进到店里购买床上用品。

店老板万万没有想到,请红歌演唱队来演唱会取得这么好的效果。演出结束后,老板硬是多付了300块钱给周尚杰。他说:"没料到,你们唱的红歌竟然这么有吸引力！以后我如果有促销活动还请你们来演唱。"

那个月，周尚杰的红歌演唱队共参加演唱 90 多场，除去员工的工资，周尚杰赚了 1 万多元。有了红歌演唱队，周尚杰赚钱轻松多了。白天，他只需在演出现场观看监督即可。晚上，他照样独自到酒吧唱歌。凭借唱红歌，周尚杰已经实现了房车梦。

> **财富启示**　我国有许多人人传唱的红色革命歌曲，而红色代表的是胜利、吉利。哪个商家不希望自己吉利、赚大钱？为商家唱红歌，首先是吉利的象征；其次，这种庆贺方式非常少见，能够立即引起人们的关注，商家宣传自己的目的也会很快达到。它给我们的启示是，唱得好不如做得好。

11. 给孩子导奶，导出大事业

人人都知道母乳喂养宝宝好。但刚做妈妈的人未必知道如何正确给宝宝喂奶。给宝宝喂奶时，一不小心宝宝就可能呛奶，严重的话会导致生命危险。那年轻的妈妈该如何是好呢？

2003 年，张秀霞终于走进了婚姻的殿堂。次年，她的儿子来到了人间。张秀霞抱着这个粉嘟嘟的小家伙，一股做母亲的伟大幸福感油然而生。

初为人母，张秀霞显得手忙脚乱。孩子尿尿、啼哭、惊悸……张秀霞应接不暇，原来养育孩子这么辛苦。每次儿子啼哭，张秀霞都以为他饿了，可当她把奶塞进他嘴里时，小家伙却只吸了一口，就吐出来，继续哇哇大哭。张秀霞既心疼又生气，自言自语道："我的小祖宗啊，求你不要为难妈妈，好不好？"小家伙根本不领情，哭得更凶了。

看到喂奶这么麻烦，加上自己又没有什么奶水，张秀霞向丈夫提出，给孩子喂奶粉，丈夫当即反对，说："那不行，奶粉远远不及母奶有营养，再说一些奶粉的质量也很难让人放心。"张秀霞只好硬着头皮，学着给儿子喂奶。

8 月的一天，张秀霞上班时感觉奶水很涨。11 点多，她下班赶回家，小家伙已经饿得哇哇大哭。她赶紧把奶塞进他的嘴里，心想，今天妈妈奶水很多,你尽管喝得饱饱的。谁料,儿子猛吸了两口后,突然剧烈咳嗽起来,脸涨得通红,呼吸急促。张秀霞吓得魂飞魄散,赶紧抱起儿子,打车赶往医院。

医生检查后发现,原来孩子吸奶太猛,奶水呛进气管里了。由于抢救及时,小家伙最终脱离了危险。经过这件事张秀霞才意识到,给孩子喂奶看起来事小,实际上不简单。一不小心会伤害到孩子,甚至夺去孩子的生命,丝毫不能马虎。

张秀霞于是到书店买了很多有关给孩子导奶的书,仔细阅读。一个星期后,她边学习,边实践,终于掌握了如何给孩子导奶。比如孩子太饿时,不能让孩子猛吸奶,而是先一点一点地给他喂,一边慢慢拍他的后背。给孩子喂奶时,要让孩子坐好姿势,孩子吸奶时,有节奏地抚摩他胸前等。

掌握了导奶技巧后,张秀霞每次给孩子喂奶都成了种享受。看着小家伙酣畅地吸着奶水,一股甜蜜充盈心田。

小家伙逐渐长大了,吸奶的时候也变得调皮起来,有时正吸着奶,会冷不丁地狠狠咬张秀霞一口。张秀霞痛得哎呀地叫起来,扬起手欲给他一巴掌,可手举到半空就停下来了。"谁叫你是妈的心头肉呢!"她自言自语。

张秀霞查看有关书籍后发现,原来小家伙是牙龈痒,才这么做。张秀霞很快找到了应对的办法,给小家伙喂奶前,先把小家伙逗得咯咯地笑个不停。小家伙笑累了,吸奶时,就显得乖多了。

小家伙终于断奶了,张秀霞舒了一口气。此时,张秀霞的一些刚做妈妈的朋友纷纷找上门来,向她讨教初当妈妈的经验。这些朋友大都有工作,平时很忙,没有时间去学习如何给孩子喂奶。张秀霞想,初当妈妈的人都不知道该如何给孩子喂奶,假如我做一名导奶师,专门给孩子导奶,肯定会受到她们的欢迎。

张秀霞给认识的亲朋好友都发了短信,告诉她们如需要导奶服务,可以跟她联系。接着,她花了100元,在报纸的分类广告栏里登了则小广告。

低成本的广告做出去后,张秀霞很快就接到了业务,为在某外企工作的冯女士刚出生不久的女儿荧荧导奶。荧荧吸奶时,只见张秀霞轻轻地抚摩着她的后背,荧荧便安静酣畅地吮吸起甘甜的乳汁。荧荧每天要喂四五次奶,张秀霞于是每天四五次往冯女士家跑。张秀霞为荧荧导奶的收费是按月计算，每月收费 300 元。第一个月，张秀霞只接到两笔业务，赚到了 600 元钱。钱虽然很少，但她感到很开心。毕竟万事开头难，她相信随着知名度的提高，生意肯定会越来越好。

4 月的一天，张秀霞正在给在学校当老师的王女士的儿子导奶，王女士的婆婆竟冲她生气地怒骂道："孩子根本不需导奶！你纯粹是个骗子！"张秀霞被骂得一头雾水，心想："明明是你们叫我过来给孩子导奶的，现在却骂我是骗子，到底是怎么回事？"后来，她才了解到事情的原委。

原来，王女士看了张秀霞的广告后，为了孩子的安全起见，拨打了她的电话请她来给孩子导奶。王女士的婆婆知道后，强烈反对说："孩子自己会吸奶，用不着浪费钱。"两人意见不合就吵了起来。

张秀霞莫名挨了骂之后，一怒之下，终止了该业务。然而，一个星期后，王女士的婆婆竟亲自打来电话，请张秀霞去给她的孙子导奶。原来，张秀霞停止导奶后的第 5 天，王女士给儿子喂奶时，奶水把他给呛住了，猛烈咳嗽了大半天。婆婆这才相信很有必要请一个导奶师，比起孙子的生命健康，花这点钱不算什么。

给孩子导奶看起来似乎很简单，但个中的苦张秀霞深有体会。在导奶的过程中，张秀霞多次遇到婴儿拉屎撒尿。每次，她拼命忍住恶臭不说，有时遇到雇主要求她帮忙换尿布时，为了博得对方好的评价，张秀霞只好硬着头皮答应。

当客户越来越多后，张秀霞忙得不可开交。往往刚在这家导完奶，另一家就打来电话，让她马上过去给孩子导奶。为了节省路费，张秀霞买了一辆电单车作为交通工具。谁知，崭新的电单车吸引了小偷的目光，才用了不到一个月，价值近 2000 元的电单车就被偷走了。张秀霞相当于白忙活了一个月。

后来，张秀霞只好买了一辆非常破旧的单车作为代步工具。破旧的单车虽然免去被偷的担忧，但是给她带来了危险。一次，她刚在一家导完奶，另一家雇主就打来电话说孩子饿得哇哇大哭呢，要她马上过去导奶。张秀霞马上骑上单车飞奔过去。由于单车太破旧，骑到半路后车轮竟脱落了出来，张秀霞重重地摔了一跤。她顾不上疼痛，把单车丢在一边，拦住一辆的士往雇主家赶……

张秀霞的守信敬业赢得了客户的好评，客户纷纷把她推荐给亲朋好友。张秀霞的导奶生意越做越红火,月收入近 5000 元。但生意红火起来后,张秀霞一个人已经应付不过来了。

6 月 7 日,张秀霞正在导奶,另一名雇主打来电话,要她马上过去。张秀霞解说:"我正在给别家的孩子导奶,您能不能稍微等一会儿呢?"没想到,对方竟破口大骂:"我的孩子正饿得哭个不停,你让我等到什么时候?我让你来给孩子导奶是花了钱的,你怎么这么不讲信用呢?"张秀霞心里虽然很急,却又不能脱身。结果,那天,她迟到了 20 多分钟,被那名雇主骂得狗血淋头。后来,这样的事她又遇到很多次。她觉得,这样下去,生意肯定没法做大。

思来想去,张秀霞决定招聘几名帮手。于是,她注册了一家家政服务公司,招聘了 10 名已婚女性。在对这 10 名已婚女性进行了 1 个月的导奶培训后,张秀霞让她们代替自己出去开展业务,她自己做管理。

然而,由于经验不足,她派出去的员工很快就遇到了问题。9 月 27 日,一个名叫文丽的员工哭着跑回来说:"这工作太受气了,我不干了!"张秀霞详细询问后,才了解了事情的原委。

原来,文丽平时很不注意自己的着装打扮。那天她去腾容小区给一有钱人家的小孩导奶。对方一看到她衣着不洁,手还有点脏,生气地把她喝了出去,说:"你这哪里像是给孩子导奶的? 跟个乞丐差不多。"文丽倍觉受辱,一路哭着回来了。

听完文丽的哭诉,张秀霞觉得对方虽然言辞过激了一点,但人家也是为孩子考虑,孩子的健康在父母看来是多大的事情啊! 文丽这么"肮脏"地给孩子导奶,人家肯定不放心,更何况对方是有钱人!

张秀霞吸取了这个教训,派员工出去导奶前,都要严格检查员工的着装和个人卫生状况。只有达到要求,她才会让她们出去工作。

后来,为了提升自己的品牌形象,张秀霞还为员工统一制作了工作服,并且在工作服上印上自己公司的名称和电话。整洁的工作服让客户看起来更加放心,同时员工穿着工作服去工作,也是一种很好的宣传方式。

在开展导奶服务的过程中,张秀霞还接到许多新生儿父母的电话,要求她帮忙看护婴儿。原来,很多新生儿父母都是工作繁忙的白领,有时两人工作都很忙,很需要有人替他们暂时看护婴儿。张秀霞于是赶紧推出了看护婴儿业务,按小时收费,每看护一小时收费 10 元。

由于张秀霞不断克服困难、提高服务水平，她的导奶生意日益红火，服务范围也逐渐扩大。给婴儿导奶，张秀霞终于做成了事业。

> **财富启示**　照看婴儿是一门大学问，许多初为人母的女人，对此知之甚少。导奶师之所以有市场，是因为她帮母亲们排除危险，确保孩子的安全。因此，多从人性化的角度考虑人们的需求，你才会更加受人信赖。

12. 孕妇装到母子装，形变情不变

女人生下小孩后，孕妇装就成了鸡肋，穿又不能穿，丢掉又很可惜。一名打工妹独具慧眼地把孕妇装改制成母子装，实现了自己的财富梦。

张曼青的姐姐张曼雯怀孕时，姐夫给她买了5套高档孕妇装。张曼雯生下小孩后，这几套才穿了几个月的孕妇装就被她打入"冷宫"，不再问津。

2006年4月的一天，张曼雯清理衣柜看到那几套孕妇装时，想到它们既不能穿，又占用空间，便准备把它们卖给废品收购站。恰好到她家做客的张曼青阻止说："这几套衣服还那么新就被卖给废品收购站，太可惜了！"妹妹说得没错，可毕竟这几套衣服对自己已没有丝毫用处了，张曼雯便说："要不我送给你吧，将来你怀孕时可以穿。"张曼青毫不客气地收了下来。

看着这几套质地优良、做工精美的孕妇装，张曼青却想：我现在连男朋友都没有，等到我怀孕时，这些孕妇装说不定已经过时了。假如真是这样，这些衣服还是免不了成为废品。想到这里，张曼青倍觉惋惜。

4月20日，张曼青拿着一条上衣到一家裁缝店缝纽扣时，看到店主马女士正在剪裁一条新裤子。张曼青好奇地问她："这条裤子那么新，你为什么把它裁减掉？"马女士说："这条裤子的主人觉得裤子太宽松，想让我帮他改紧一点。"原来如此。转念，张曼青突然眼睛一亮，想："何不把姐姐送给我的几套孕妇装改小试试呢？"

她赶紧返回家中，拿来那几套孕妇装，让马女士根据她的身材标准，把衣服改小。马女士接下了这笔活，3天后，她终于把那几套十分宽松的孕妇

装改小成紧身的上衣。张曼青穿上,照着镜子仔细端详后,不禁喜上眉梢,改小后的衣服非常合身,款式也挺时尚。而且,每套孕妇装的改制费才25元,25元就能把价值几百元的衣服"救活",张曼青觉得很划算。

4月16日,当她穿着改小后的孕妇装去姐姐家做客时,姐姐上下打量了她一下,然后问道:"你什么时候买的新衣服?"张曼青告诉她这是孕妇装改成的,姐姐惊叹说:"没想到那孕妇装改小后竟然这么漂亮!"姐夫看了之后,也大加赞赏。

张曼青想:"女人生完小孩后,孕妇装就不能穿了。如果帮她们把孕妇装改成适合她们身材的尺寸,孕妇装就可以继续使用,不会造成浪费了。"一直有创业念头的她,把自己的想法告诉家人后,家人的意见不一。父母劝她继续工作,不要耽误了前途,姐姐和姐夫则大力支持。

经过一番权衡后,张曼青终于辞掉工作开始创业。她盘下了一个小店面,注册了一家工作室,然后招聘了一名服装设计师,专门设计孕妇装的改制款式。接着,她又找到为自己改制孕妇装的那个马女士,与对方商定:款式设计好后,由她来完成改制这道最后的工序。因双方签订的是长期合作协议,马女士同意把改制孕妇装的价格降到22元一套。

做生意,知名度很重要。为此,张曼青花钱在报纸上做了个小广告。广告费不低,可效果却不理想。两个星期过去了,张曼青才接到两笔活,设计改制了6套孕妇装,每套收费50元,总共赚了160多元,如果去除店面租金和工钱,她实际上是亏本了。做广告是找死,不做广告就等死,张曼青体会到了这句话的含义。

后来,她还是找到了原因。改孕妇装,服务的对象只是刚生完小孩的年轻妈妈,而自己在报纸上做广告,有多少年轻妈妈能看到呢?投放广告要针对消费群体和服务对象,张曼青似乎明白了广告的真谛。年轻妈妈肯定经常到婴儿用品店买东西,张曼青于是印刷了一大沓传单,雇人到各个婴儿用品店门口散发。

这次目标瞄得很准。传单散发出去没多久,她的电话就响个不停,找她改制孕妇装的人络绎不绝。那个月,除去成本,她赚了2000多元。改孕妇装终于能赚钱了,张曼青自然很高兴。然而,接下来的日子里,利润一直徘徊在2000元左右。张曼青脑海里经常盘旋着这样一个问题:为什么改孕妇装的生意很难做大呢?

一天，一名年轻妈妈问张曼青："我的孕妇装改小后，剩下的布料你能帮我缝制一套婴儿装吗？"张曼青告诉她："完全可以！"几天后，当该年轻妈妈拿到由她的孕妇装改制成的一套母子装后，异常兴奋地说："原以为这套孕妇装要浪费了，没想到还能改制成适合我们母子俩穿的两套衣服，真是太好了！"

看到这个年轻妈妈高兴的样子，张曼青想：孕妇装见证了胎儿的发育过程，是母爱的象征。母亲都会把孩子当成宝贝，如果把孕妇装改成母子装，肯定更受年轻妈妈的欢迎。

下定决心后，张曼青把广告宣传内容改为，帮年轻妈妈把孕妇装改成母子装。为了使自己的服务更加吸引年轻妈妈们的注意，张曼青还用孕妇装设计制作了几套款式新颖的母子装，然后拍成图片印刷在传单上面。

果然不出张曼青所料，孕妇装改成母子装的传单散发出去后，来改孕妇装的年轻妈妈比以往多了好几倍。在学校当老师的符女士刚生完小孩不久，接到张曼青雇人散发的传单后，原本打算去买婴儿装的她改变了主意，把自己的6套孕妇装交张曼青，让她制成母子装。张曼青让设计师设计好款式，符女士认可后，才交给裁缝加工。

一个星期后，当拿到6套做工精良的母子装时，符女士激动地说："这些孕妇装记载了我怀孕的历程，记载了我对孩子的爱，现在孩子生下来了，孕妇装改成母子装，不仅避免了浪费，还把我们母子的感情永远联系在一起。"

由于孕妇装改成母子装大做感情文章，满足了爱子心切的天下母亲的需求，张曼青的生意日益红火，月收入迅速增加到6000多元。

然而，当她接的活越来越多之后，设计师却经常"生病"，今天说头疼，明天喊发烧，三天两头请假。后来，细心的张曼青才观察到，他不是真的生病，而是嫌工资低。用他的说法就是，干多也是这些钱，干少也是这些钱，一点都没劲儿。他的抱怨不无道理，张曼青于是与他重新商定了工资待遇：基本工资加提成，每月基本工资500元，每设计一套母子装提成20%。

待遇问题解决后，设计师工作非常积极，设计的母子装大受顾客的欢迎。可此时，由于活越来越多，设计师一个人已经忙不过来了，张曼青只好又请了一名设计师，同时也招聘了两名裁缝师傅，购置了必要的裁缝机器。

有了稳定的设计加工后方，张曼青的孕妇装改母子装的生意做得风生

水起,收入不断增加。

8月的一天,张曼青在某商场看到一家卖平安符的小店生意很红火,人们挤在店里选购自己喜欢的平安符,其中不乏一些腆着大肚子的准妈妈。平安符到底有什么魅力呢?张曼青走进去一看,只见各式各样的平安符上写着不同的祝福语。原来平安符承载了人们对亲友的美好祝福,张曼青想,如果母子装绣上祝福语,会不会更受年轻妈妈们的欢迎呢?

于是,每当有年轻妈妈来改母子装时,张曼青都要问她们要不要在衣服上绣一些祝福语。当妈妈的哪个不爱自己的孩子?年轻妈妈们都很乐意把对孩子的祝福绣在母子装上。

一位姓冯的年轻妈妈在孕妇装改制成的母子装上绣上了这样一句话:孩子,妈妈希望你健康成长,永远活泼可爱!妈妈永远爱着你!在外企工作的年轻妈妈彭女士,除了在母子装上绣上对女儿的祝福,还绣上了她和丈夫结婚的日子和女儿出生的日子,她说:"这套衣服对我来说非常具有纪念意义,我将永远保存着它。"

在母子装上绣字的收费标准是绣一个字一元钱。绣字服务推出后受到了广大年轻妈妈的欢迎,几乎每个来改孕妇装的年轻妈妈都要在母子装上绣字。因此,这项增值服务使张曼青的收入提高了不少。

几年过去了,张曼青凭借改制孕妇装已经挖到了人生的第一桶金——30万元。

 孩子是母亲身上掉下来的一块肉,是母亲的心头肉。改制孕妇装的魅力在于,它把鸡肋变成了鸡肉,而转变的途径就是"改制"。因此,鸡肋是愚者的借口。智者脑海里中永远没有"鸡肋"这两个字。

 ## 化相亲妆　让有情人终成眷属

许多青年男女迟迟没有收获爱情不是因为他们不优秀,而是因为他们不懂得打扮自己。事实证明,初次见面的良好印象可以为今后的继续交往打下坚实的基础。善于打扮的张可妮抓住机会,实现了财富梦。

2005年12月,一个寒风料峭的夜晚,李才能向对张可妮说:"我觉得我们合不来，我们到此为止吧。"张可妮捂着脸，泪流满面地冲出咖啡店。3年的感情说没就没了，之前没有任何征兆，两人也没有争吵，为何他说变就变了呢？

张可妮发了条短信问他："为什么？"李才能说："我喜欢上了一个女孩，在第一眼看到她时。"张可妮不相信，3年感情敌不过那一眼，她要看看她到底有多迷人。

几天后，李才能牵着一个女孩的手，在大街上漫步。女孩白色的紧身裤，淡黄色的上衣，搭配得如此和谐，显得如此飘逸清秀，连张可妮都怔住了，她瞬间明白自己输在哪里了。女孩的相貌并不出众，但她的打扮水平却是一流的。并不高档的衣服被她搭配在一起，配合她的淡妆，气质马上就提高了。

张可妮不轻易服输，她要找到一个更优秀的男人，让李才能知道，自己不是平庸的女孩。为了达到目的，她恶补装扮技巧，忘我地大量阅读美容知识、色彩搭配知识、服装与体型搭配知识等的书。晚上，她拒绝了朋友的邀请，一个人在房间里穿着不同的衣服，对着镜子，反复观看揣摩。

3个月后，当张可妮身着一袭薄似蝉翼的裙子出现在办公室时，同事都惊得目瞪口呆。女同事围上来七嘴八舌地问起来："可妮，你穿这裙子真好看，很合你的身材。""可妮，看不出来哦，原来那么土，现在可时髦多了。""可妮，这是谁为你化的妆呢？"男同事则目光久久地在张可妮的身上徘徊。张可妮感到无比自豪。

张可妮很快在朋友圈中红起来，成为朋友们议论的焦点，丘比特之箭也正在向她射来。那天，参加大学同学的生日舞会，高大英俊的大伟频频邀请可妮跳舞。缠绵的音乐中，大伟俯下头，轻声对可妮说："你是我看到过的最美丽的天使。"

几个月后，当李才能看到妩媚动人的可妮牵着大伟的手在夕阳下漫步时，他的眼睛里闪过一道亮光。他第一次发现，可妮如此美丽。

张可妮的打扮本领得到了朋友们的认可，他们纷纷找到她，让她帮忙参谋。一天下午，好友王丽急急忙忙找到张可妮说："你赶紧帮我化个妆。穿什么衣服，怎么涂口红、画眉毛全由你决定，只要你认为好看就行。""你这是要去干吗？这么着急。"张可妮不解地问。"我今晚要去相亲。"王丽说。

相亲？这可是大事啊。张可妮二话不说，认真地张罗起来。王丽的身材中等，为了使她看起来更苗条些，张可妮让她穿淡红色、带有竖条纹的上衣。王丽的皮肤很白嫩，为了使她看起来更性感，张可妮为她选择领口较低的衣服。王丽脸蛋白里透红根本不用施粉，张可妮只是把她的眉毛画得长些、细些。

忙了大半天，终于收工了。王丽往镜子里一看，自己竟变了个人似的，好看了许多。约会的时间到了，王丽满心高兴地赴约。几天后，王丽高兴地告诉张可妮，她钓到金龟婿了。对方是外企的经理。"第一次见面，他就夸我漂亮、有气质。"王丽说，"多亏你帮忙，真的很感谢你。"说完，王丽硬塞了200元钱给张可妮。

帮人化妆也能赚钱？张可妮惊喜万分，社会上有那么多人相亲，如果能为他们化妆，不是可以赚很多钱吗？她把想法和男友说了。男友很支持，他说："你大胆去干吧，失败了还有我呢。"

张可妮辞掉工作，租了个店面，办齐手续，满怀信心地开始了她的化相亲妆的生意。可开业了一个月，张可妮才做成两笔生意，赚了300多元。这样下去没多久就会关门的，张可妮急得团团转。

开摄影店的叔叔给她指点迷津："你的生意刚开始，没有客源生意肯定不好。你不妨做点广告宣传。"

叔叔的话很有道理。张可妮马上花钱在当地的电视台做了一个月的广告。张可妮的生意很快红火起来。次月，张可妮做成了20笔生意，赚了4000多元。

一天，张可妮接到一个名叫赵兰的女孩的电话，让她上门为她化妆。赵兰说："你一定要帮我把这个妆化好，我今晚相亲的对象是个留洋回来的'海归'。"

张可妮想，对方是"海龟"，肯定很时尚，必须给赵兰化个时尚妆。可张可妮翻看了赵兰的衣柜，竟没有发现一件时尚衣服。时间很急，这可怎么办呢？无奈之下，张可妮只好打车到商场买回了一套。当晚，赵兰虽然终于穿上时尚衣服去相亲，但由于时间太急，那个妆化得并不完美。

这件事让张可妮意识到，要做好化相亲妆生意，必须早有准备，临时抱佛脚很危险。张可妮于是购买了许多套高档漂亮的衣服，为化相亲妆做准备。万一去相亲的人没有合适的衣服，就把购买的衣服租给他们。这样张可妮多了一笔收入，她的化相亲妆生意也越做越专业。

生意多了难免会出现问题。一次，一名女孩满肚子怨气地找到张可妮说："你化的什么妆？对方昨晚和我相亲后对介绍人说，我妖艳得像个狐狸精。"张可妮很吃惊，该女孩相亲的对象是个酒店老板。张可妮考虑到，女孩打扮得妩媚才容易打动对方，没想到对方是个保守的人。张可妮赶紧安慰女孩说："你不要着急，我今晚再免费为你化个学生妆，你再去试试。"

当晚，张可妮把女孩打扮成清纯的学生模样，为了显得有气质，还让女孩戴上一副无度数的眼镜。

第二天一大早，女孩就赶来报喜说："对方答应和我继续交往了，多谢你啦。"说完，还坚持给了张可妮 200 元。

有了这次教训，张可妮在化相亲妆前，不敢贸然主观地根据自己的想法去化。她总是问清相亲对象的喜好后，才有针对性地化，做到万无一失。

由于认真努力，张可妮的相亲妆化得越来越有水准，营业额日日攀升，每月能赚 6000 多元。

此时，张可妮一个人已经忙不过来。她只好让男友大伟辞掉工作，做她的助手。

一天，大伟的好友吴猛向他诉苦说："我相了 5 次亲，竟没有一次成功。对方都说，我看起来很普通。兄弟，你能不能帮我个忙，下次我去相亲前，你让可妮也为我化个妆，看看有没有效果。"

大伟爽快地答应了下来。1 个月后，有人给吴猛介绍对象。吴猛赶紧跑来找大伟。大伟让张可妮为吴猛化妆。

张可妮结合吴猛的脸型特点，给他做了个四六开的发型。为了使吴猛更具魅力，张可妮把他的眉毛画得很粗。吴猛的体型中等，穿休闲服装最好看。张可妮让吴猛从裤子、衬衫到鞋子，都穿休闲的。

两个小时过去了，当吴猛走出来时，竟变成了一个文质彬彬的儒雅青年，在场的人莫不赞叹不已。那天晚上，吴猛相亲回来后，马上打电话告诉大伟："今晚的相亲感觉很棒，那女孩对我一直含情脉脉。谢谢你了，哥们儿。"

大伟于是跟张可妮商量："干脆，我们把业务扩大到为男士化相亲妆吧。要知道，与女人相比，男人更不懂得打扮自己，相亲时更需要别人为他们化妆。"张可妮说："你分析得很正确，这个任务就交给你了。"

大伟爽快地答应了下来。他买了很多书籍,研究男人体型与服装搭配关系、技巧、方法等。几个月后,大伟已经掌握了不同相貌、体型的男人的打扮技巧。

为了迅速扩大为男性化相亲妆的业务,大伟找到几家大型婚姻中介公司,与它们进行合作。只要婚姻中介公司介绍来一名顾客,大伟就付给它们50元的中介费。

由于婚姻中介公司掌握大量单身男人的资料,它们很快就介绍了不少即将相亲的男性顾客给大伟。张可妮的生意再度火爆。

> **财富启示**　不倒翁的哲理在于,一旦被打倒,它能很快地站立起来。张可妮失恋后,并不是消沉,而是反省自己的缺点,然后有针对性地改正。她给我们的启示是,失败并不可怕,剖析自己、勇敢面对失败才是成功者的姿态。

14. 馋女子 "吃" 出大笔财富

唐云是个好吃的人,看到美食就想尝一尝。但唐云那点微薄的工资根本没法满足她对美食的嗜好。唐云于是约别人一起去拼饭吃,大伙每人出一点钱即可到饭店吃大餐。唐云拼饭是出了名的,拼饭多了,她对美食了如指掌。她的很多朋友外出吃饭都向她咨询。饭店为了拉到顾客也对唐云巴结得紧。唐云于是开了一家美食中介,没想到生意非常红火,她把"吃"当成了自己的事业,"吃"出了一片天地。

唐云从小就非常好吃,家里有什么好吃的东西,她都会一扫而光。因为吃得多,她的身体有点臃肿。师大毕业后,唐云应聘到一家公司当秘书。

第一个月拿到工资,唐云就揣着那2000多元,找了一家稍微高档点的饭店准备美美地吃一顿。这家饭店生意异常火爆,大厅里几乎座无虚席。落座后,唐云突然感到很难堪,因为偌大的饭店只有她是独自来吃饭的。菜上来后,服务员问唐云:"小姐,多少人来吃饭?"唐云说:"就我一个人。"服务员惊讶得睁大了眼睛,因为很少有人独自来这里吃饭,而且唐云一个人竟点了3个菜。这家饭店经营的是川菜,做得非常地道,菜上齐后,唐云大口地嚼着，吃得很开心。偶尔抬头，唐云才发现周围好多人在用好奇的眼光看着自己。唐云顿时脸颊发烫，只好草率结束战斗，逃离那家饭店。

唐云心疼不已，因为那顿饭花了她80多元，而她吃了不到一半。自那以后，唐云不敢独自出去吃饭了，毕竟一个人出去吃太贵不划算，而且还被人像看怪物似的盯着，浑身不自在。但好吃的她每每走过饭店就不由自主地放慢脚步，口水直流。

一天，唐云在报纸上看到一家新开业饭店的广告，那家饭店是内蒙一家饭店的连锁店，主要经营草原小肥羊。广告上写着，草原小肥羊，肉嫩多汁，味美养颜。看了广告，唐云不断地吞口水，从小到大，她吃过不少美食，但还没有尝过草原小肥羊是什么滋味。唐云很想去尝尝，但一看到价格是238元一桌，她就打起了退堂鼓。自己一个人怎么可能去吃238元的一桌饭？

下午上班，跟同事聊天时，唐云说起了那家饭店。公司的女同事听说草原小肥羊吃了可以养颜，都很想去尝尝。唐云于是向大家提议说："要不，咱们凑钱一起去吃一顿吧？"许多同事的胃口早被唐云吊起，都同意一起去拼饭。晚上，唐云和10多名同事到那家饭店美美地吃了一顿。果然，草原肥羊味道非常的鲜美。大家秋风扫落叶般吃得很开心，唐云更是吃得肚子鼓鼓的。结账时一算，每人才花了20多元，同事都说："真是太划算了！"

有了这次经历后，唐云喜欢上了拼饭，因为只有和多人一起拼饭，她才得以少花钱、吃好菜。

8月3日的下午，唐云看到一家饭店在门口做促销，门口挂的标语上写着：本店招牌菜"江山一片红"特价50元。"江山一片红"是什么菜？唐云忍不住好奇地问了站在门口的服务员。服务员告诉唐云，这是剁椒鱼头。听了服务员的解释，唐云嘴巴痒痒的，她一直都很喜欢吃剁椒鱼头，只是不知道这家饭店的剁椒鱼头味道如何。

第二天上班时，唐云又鼓动同事一起去拼饭，但回应的人寥寥无几。眼看计划要泡汤了，唐云郁闷得只好在网上溜达。在某网站浏览时，唐云看到论坛上，有人发帖团购商品。唐云突然眼睛一亮，为何不在网上发帖试试，说不定能召集一帮人去拼饭呢？唐云于是在论坛上发了帖。很快，许多网友跟帖，争着要去拼饭，唐云惊喜不已。结果那天晚上，唐云带着

20多人浩浩荡荡奔赴那家饭店大吃了一顿,算下来每人才花了10多元。有个网友满足地说:"才花10多元就能品尝到如此美味的大餐,太值了!"

因唐云是拼饭的发起人,网友都把她尊为老大,都希望唐云能经常组织大伙儿拼饭。有人支持,好吃的唐云当然乐意,她每周都要组织网友出去拼两次饭。半年多过去了,唐云几乎吃遍了每一家饭店,哪里有美食,唐云都一清二楚。她也和很多饭店的老板、经理混得很熟了。

2005年3月初,由于与公司领导发生了矛盾,唐云被解雇了。拿着自荐书到人才市场转了几个星期,唐云都没有找到工作。

5月1日劳动节,唐云带着一帮网友到美食一条街的一家饭店吃饭。吃完饭后,10多名网友把钱交给唐云付账。唐云刚走到柜台,饭店的经理就把唐云叫进办公室,然后递给唐云一个红包说:"你多次带客人来我们饭店吃饭,我们老板给你一点意思,表示感谢。"唐云拒绝了对方的好意。

回来的路上,唐云一直在想,既然自己那么熟悉的饭店、熟悉的美食分布,干脆开个美食中介,专门介绍人们去吃好菜。

说干就干,唐云拿出自己的积蓄在美食一条街附近租了一间写字楼作为办公室,然后拉了一部电话,印了一盒名片就出去联系业务。唐云首先与各个饭店联系,与对方谈好合作事宜。唐云每介绍来一桌客人,饭店就给唐云30元的介绍费。接着,唐云在论坛上发布了自己的美食中介开业的消息。

6月13日,唐云的美食中介开张的这一天,很多相识的网友都打来电话表示祝贺。一个网友让唐云介绍吃火锅的饭店,唐云告诉她在三东路有一家饭店做的火锅味美价廉。那位网友当天中午就带着一帮朋友到那家饭店吃饭。饭店老板听说是唐云介绍来的,就履约给了唐云30元。这是唐云的第一笔生意。

接下来的日子里,唐云每天在网上发帖,介绍自己的美食中介服务。每天,唐云都接到很多网友的咨询电话,都要唐云给他们介绍美食。但一天下来,唐云只能做成两三笔生意。唐云很不解,那么多人打电话让她推荐饭店,为何每天才做成两三笔生意?经过调查,唐云明白了个中原因。

原来,很多网友让唐云推荐饭店后,去吃饭时总是忘了告诉饭店是唐云介绍他们来的,这样唐云就白忙活了。另外,也有个别饭店不讲信用,即使有人告诉饭店是唐云推荐她们来的,饭店也隐瞒不认,唐云的生意自然就不好了。怎样才能解决这个问题呢? 唐云为此伤透了脑筋。

8月份的一天,唐云去一家饭店吃饭时,饭店经理告诉唐云:"我们店最近做了一批打折卡,只要持此卡吃饭,就可以打折。"顿时,唐云想到了个好方法。唐云与合作的每一家饭店联系,要求对方做一些打折卡送给她,顾客如果持此卡去吃饭可打折。而饭店如果看到此卡就知道是唐云介绍过来的。为了吸引顾客,很多饭店都同意了唐云的要求。

有了手里的这一大把打折卡,唐云的生意顿时红火起来。9月20日这天,唐云的电话响个不停,很多人找上门来索要打折卡。一天下来,唐云成功介绍了10多批客人到饭店吃饭,赚了几百块钱。

10月9日,唐云接到一个自称是某家具店张老板的电话。张老板问唐云:"你知道哪里有正宗的韩国菜吗?"唐云向张老板介绍了一家口味正宗的韩国餐厅。下午3点多,唐云正在上班,一名中年男子走了进来,热情地与她握手。男子告诉唐云,他就是张老板,然后连声对唐云说谢谢。原来,该老板听了唐云的建议,在那家餐厅招待了几名韩国客户。那几名韩国客户吃得很满意,当场与张老板签订了200万元的合同。张老板为了表示感谢,硬塞给唐云2000元,并表示以后会经常让唐云介绍吃饭的地方。

2006年4月的一天,唐云接到一名男子的电话,男子自我介绍姓欧。欧先生问唐云:"你知道哪里可以吃到正宗的扬州拉面吗?"唐云告诉他:"在滨海大道有一家。"欧先生说:"那家我去吃过,一点都不正宗。"接着欧先生抱怨说:"我父亲从扬州过来,我想带他去尝尝正宗的扬州拉面,却一直都找不到。"这下,唐云也犯难了,因为这么多饭店中,就那家饭店的扬州拉面做得算是正宗了。唐云只好说:"你如果方便,留下个电话,我有消息再告诉你。"欧先生给唐云留了个电话号码。

为了解决客人的问题,唐云到论坛上发帖寻求网友的帮助。很快,一名为"甲达"的网友告诉唐云,她伯伯以前是厨师,做的扬州拉面非常正宗,如果欧先生愿意,她伯伯可以上门为他做扬州拉面,但欧先生得付劳务费。唐云把消息告诉了欧先生,欧先生很高兴地把那位网友的伯伯请回家。尝了网友伯伯的手艺后,欧先生和他的父亲非常满意,欧先生当场给了网友的伯伯200元的劳务费。

回来后,网友的伯伯留了个电话给唐云并告诉她:"以后如果有人想吃扬州拉面,可以跟我联系。你介绍成一笔生意,我给你20元介绍费。"网友伯伯的话使唐云想到了一个商机。唐云想,有很多人有着精湛的厨艺,如果把他们的资料集中起来,为他们介绍客户,这可是个不小的市场。

第二天,唐云在报纸上登出一则广告,内容是:"如果你有好的厨艺,如果你想用你的厨艺挣些外快,请跟我们联系。"广告登出后,唐云接到了不少电话,都是报名让唐云为他们拉活的。唐云把他们擅长做的菜和联系方式一一记录下来。

接着,唐云又在报纸上打广告,推出了"私家菜"业务。即,你想吃什么样的美食,只要打个电话,立刻就有高水平的厨师上门为你制作。一时间,唐云的电话响个不停,来寻找美食的人络绎不绝,唐云做成了很多笔生意。

一天,唐云接到一个老外的电话,老外的英语说得很快,唐云听不懂对方在说什么。后来,老外叫了她的翻译来跟唐云说话。翻译告诉唐云,这名老外会做正宗的西餐,以后如果有人想品尝正宗的西餐可以跟他联系。接着,翻译留下了老外的电话。

12月底,农产品国际贸易会召开,有很多外宾参加了交易会。在招待外宾时,主办方找了很多家饭店都没找到会做正宗的西餐的厨师。后来,主办方找到唐云,唐云向对方推荐了那名老外。结果,那名老外做的西餐深受参加交易会的外宾的喜欢。唐云的名气越来越大。

此时,由于客户增多,唐云一个人已经忙不过来了。唐云打电话,把远在广州的姐姐叫过来帮忙。有了姐姐的帮助,唐云的业务迅速扩大,平均每天能做成上百单生意,一个月下来能赚到2万多元。

2007年3月初,唐云策划了一次美食品尝活动,许多饭店为了提高自己的知名度,都拿出各自的绝活,做出色香味俱全的各种美食供市民品尝。由于宣传工作做得好,活动举办得很成功,唐云赚了一大笔钱,个人财富已经接近百万了。

财富启示	唐云成功的前提是充分利用了自己的爱好。而善于总结经验加上辛勤努力是她成功的秘诀。她给我们的启示是,成功有时是从自身的某一闪光点开始的。

黎族姑娘织黎锦赚来百万财富

黎族织锦是黎族同胞千百年传承下来的民族工艺。一次偶然的机会，一名黎族姑娘发现了黎族织锦隐藏的商机，于是她毅然辞掉工作，回到家乡带领黎族乡亲织黎锦，闯出了一片广阔的天地。

小符大学毕业后在找到一份秘书工作，主要负责撰写一些公文、报告、演讲稿，处理老总安排下来的一些日常事务。工作很轻松，但薪水不高，每月 1500 元。

拿着微薄的薪水，握着一些空余时间，小符一直想找些事来做，增加收入。在接触了一段时间的网上购物后，小符决定开网店。她拿出积蓄购买了一台电脑和一部数码相机并在出租屋拉了宽带。在逛了几天后，小符决定在网上卖工艺品。几经周折，她找到了一家价格相对合理的工艺品厂。谈好合作事宜后，小符花 1000 元进了一批贝壳粘贴工艺品和椰雕工艺品，接着，拍照、修改照片效果，上传图片，写产品描述，小符忙得不亦乐乎。

但网店并不像她预料中那么好，开张一周都没人光顾。小符于是到各个论坛灌水，发广告。慢慢地，网店这才有了浏览量，也做成了一些生意。

此后，小符的网店每个月的成交量大约在 20 笔左右。每个月能赚 100 多元。

一次，回乐东农村老家，小符看到几个摄影爱好者在采风。摄影爱好者看到黎族同胞身上穿的民族服饰赞叹不已，他们纷纷举起手中的相机照个不停，还不断地问："这些黎族织锦卖不卖？"小符感到很惊讶，这些在她看来极普通的黎锦竟然有人如此感兴趣并愿意购买。小符想，为何不在自己的网店卖呢？

回去时，小符顺便捎上几件织锦。拍照、上传图片后，小符在网上卖起了黎族织锦。但埋没在成千上万件商品中，加上网上购买还没有成为购物主流，小符的黎族织锦少有人问津，在她的网店里几乎成了装饰品，几个月才卖出一件。

小符最大的爱好是旅游，五一长假，小符随团到云南旅游。饱览完秀丽山水后，在购买纪念品时，当地的许多特色工艺品让小符赞叹不已。手袋是布做的,上面绣有各种图案;梳子是动物骨头雕成的,光滑无比;还有玉雕、骨雕,游人争相购买,热销的场面久久定格在小符的脑海里。相比之下,她的工艺品逊色多了。云南也是旅游大省,要是开发出这样的特色工艺品必定受欢迎,小符想。

一天,小符在报纸上看到一则报道,一位对黎族织锦感兴趣的老外不远千里从美国来参观黎族妇女的织锦过程并购买了许多黎族织锦带回美国。该报道还表示了对黎族织锦的担忧,因为目前懂得织锦的黎族人越来越少,很多黎族人都不愿意去学织锦。

黎族织锦是黎族人民几千年传承下来的民族工艺。在家乡,确实只有老一辈的黎族女性才会织锦,黎族姑娘宁愿到外面打工也不愿学织锦。老外竟然不远千里来找寻黎锦,说明黎锦是有市场的,而且现在懂得织锦的黎族人越来越少,黎族织锦的价格会看涨。小符顿时激动不已,她有了回家织锦的想法。

但想到自己在网上卖黎族织锦鲜有人问津,小符有点犹豫不决。为了证实自己的想法是否可行,小符对黎族织锦做了调查,结果让她兴奋不已,目前市场上根本没有黎族织锦出售,黎族织锦只出现在拍卖会上,好的黎族织锦竟然能卖到几万元。一些礼品公司也有采购黎族织锦的意向。而且,自从那则报道出来后,黎族织锦的价格上涨了一些,小符的网店也卖出了几件黎锦,还接到不少网友的咨询,这更加坚定了小符的决心。

小符毅然辞职回到农村老家。父母听了小符的想法后大为吃惊:"放着好好的工作不做,回来织锦,你的大学不是白读了?"父母坚决反对。早有准备的小符把自己收集到的有关报道、资料一一拿出给父亲看,详细介绍了自己的计划,并保证如果一年后没有成功就回去工作。父亲这才勉强同意。接下来,小符把村里的乡亲召集在一起,详谈了自己的构思,表示要开黎锦加工厂,带领乡亲致富。乡亲们半信半疑。为了打消他们的疑虑,小符向他们承诺,织一件黎锦,她付 20 元劳务费。工资按件计算,织得越多赚得越多。

有了钱的承诺,村里懂织锦的妇女来了兴趣,她们集中到村里的空地上忙开了。为了鼓励村里的年轻姑娘学织锦,小符带头向村里的织锦高手学习织锦。就这样,小符的织锦事业简单而忙碌地开始了。

两个月后,经过村里 10 多名织锦高手的日夜操劳,第一批黎族织锦终于问世。小符履行诺言从银行里取出自己打工积攒下来的 2 万多元发给了乡亲。

拿到黎锦后，小符第一个想法是得赶紧卖出去，否则，自己刚开始的事业会夭折。说来也凑巧，第一批黎锦织出来不久，小符获悉旅游商品交易会马上要召开。经多方打探，她找到会议的主办方推销自己的产品。交易会主办方正在为采购什么礼品送给参加会议的嘉宾发愁。看到小符手上的黎族织锦做工精巧而且又具有民族特色，该负责人当场决定购买小符的这批黎族织锦。以 60 多元一件的价格售出，扣除 30 元成本，这笔生意，小符赚了 4 万多元。

之后，小符又做成几笔生意，赚了十几万元。方圆几十里懂得织锦的黎族同胞得知织锦可以赚钱后都找到小符，要求加入到织锦队伍中来。尝到一点甜头的小符以为她的织锦事业会继续这样红红火火地发展下去。可事情的发展出乎她的意料之外。

在做了一些政府部门和个别礼品公司的单后，小符的黎锦开始处处碰壁。政府部门的市场有限，不可能经常采购黎族织锦。很多礼品公司都以价格高为由拒绝进货。小符找到各个旅游景点的代销商让他们代销。货是铺了不少，可一个月才卖出那么几件。小符想到了互联网，说不定互联网上能够做成一些生意。接下来的几个星期里，小符整天泡在网上到一些知名的论坛发帖子，宣传自己，介绍黎族织锦。忙碌了两周，来询问的人不少，但只卖出去一件。看着积压的黎族织锦，小符心里直发慌。

前方市场没打开，后院还起了火。工人们看到小符赚钱后，个别人开始眼红，她们煽动工人向小符提出加工资，否则罢工。许多人被鼓动后，经常找小符要求提高计件工资。个别人甚至动真格的，不再织锦。小符顿时陷入困境，为此她茶饭不思，苦恼不已。

看到女儿的事业困难重重，小符的父亲劝小符马上收手，这样至少还赚了一些钱，如果继续干下去恐怕要赔本了。小符在政府部门工作的表哥此时也要求小符放弃创业，他向小符保证可以在政府部门为她找一份临时工，等小符考上公务员就马上可以转正。小符陷入了两难选择之中。

小符是个倔强的女孩，她不甘受挫。但产品没有市场，只能是死路一条。冥思苦想中，一个画面突然出现在小符的脑海中，她想起了在云南看到的工艺品热销场面，霎时，她明白了自己黎族织锦的问题所在。

黎族织锦是有悠久历史的民族传统工艺,虽然做工精巧、色彩鲜艳、图案新颖、款式多样,但根本就没有实用性。在这个重物质的时代,有多少人会去购买纯民族特色的产品呢?如能把民族特色和实用性相结合,必定受欢迎。小符有了大胆的想法。

首先,为了稳住后院,小符把工人的计件标准提高了一些,同时揪出个别兴风作浪者,把她们打发走。

接下来,小符突出黎锦的实用性,设计增加了钱包织锦、帽子织锦、手提袋织锦、背袋织锦、护膝织锦、枕套织锦、腰带织锦等。但种类增加后,新的问题也出来了。原有的黎锦是大件,均是手工完成;新增的种类是小件,手工完成费时,工人们的工作效率下降。为了解决这个问题,小符把赚来的钱购进一批缝纫机,专门用来缝边,这样大大提高了工人们的工作效率。

由于注重实用性,加上浓郁的民族特色,第一批用黎族织锦加工成的钱包、帽子、手提袋、背袋、护膝、枕套、腰带等一上市就被各个礼品公司抢购一空。第二批投放到各个旅游景点代销点的产品也大受游客青睐,短短几天就告罄。

为了满足市场需求,小符只得不断招工,扩大生产规模。短短两年多的时间,小符的工人增加到了近百人,其加工、生产黎族织锦的能力大大提高。生意持续火爆,小符赚到了她人生的第一桶金——100多万元。

财富启示　　　小符的成功在于,她不畏阻力,不顾家人的反对,大胆地迈开了第一步。无论做什么事,我们都会遇到阻力,只有勇于冲破重重阻力的人才有成功的可能。

 绝望到希望,娘娘腔终结者走上了致富路

华红军生在四川宜宾一个农民家庭。因家庭贫困,小时候父母舍不得花钱给他买新衣服,总是把姐姐们穿过的衣服给他穿。加上姐姐们常带着他在女孩子堆里玩,慢慢地,他变得像个女人,走路扭扭捏捏,说话嗲声嗲气。上初中时,同学们都喊他娘娘腔,为此,他多次和同学发生过冲突。

中专毕业后,华红军应聘到一家农资公司当业务员。由于勤奋努力,几年之后，他成了业务高手，业绩每月都排第一，老总每次开会都表扬他。

然而，他却得不到应有的尊重，在同事中没有一点威信。原因很简单，他的言行太女性化，同事都瞧不起他。3月，华红军谈了个在小学当老师的女友。可才不到半年，女友就提出了分手。华红军问她为什么，女友生气地说："谁叫你说话走路男不男女不女的，我的朋友和家人都讨厌你，都反对我和你在一起！"女友的话像一把剑深深地刺进他的心中。努力挽救无效之后，他只好含着泪水与女友分了手。

不久，公司销售经理的位置出现空缺，老总准备从业务员中提拔。凭借自己的经验和业绩，华红军想这个位置非他莫属。他甚至告诉身边的好朋友，他马上要被提拔为经理了。然而，人事任命结果出来后，他落选了。人事经理告诉他："老总一度考虑提拔你为经理，可是你举止言谈太像女人了，怕别人说三道四。"原来如此，华红军想：既然得不到尊重、得不到重用，我待在这里还有什么价值呢？一气之下，他辞掉了工作。

接连的打击使华红军伤心到了极点，他一个人躲在出租屋里偷偷流泪，不断地问自己："为什么会这样？难道我一辈子都要被人嘲笑，被人瞧不起吗？"

擦干泪水后，不甘向命运低头的华红军决定改变自己，做个真正的男子汉。每天一大早，他坚持起来跑5公里的步，下午还到健身中心做健美体操。两个月后，他的身体变得强壮起来，一扫过去弱不禁风的样子。

一天，他正走在路上，突然听到背后有人在议论自己。其中一个说："前面那个人走路扭捏摇摆的样子真像个女人。"听了他们的议论，华红军又羞又怒，可是有什么办法能改变自己走路的姿势呢？他苦恼到了极点。

4月12日，华红军在观看一部军人题材的影片时，看到影片中军人走路的姿态非常稳健、威风。他高兴地想，如果我每天都像军人那样练习正步走，时间久了走路的姿势肯定会有所改变。

从那以后，华红军每天的训练增加了一项内容：像军人那样正步走一个小时。1个月后，华红军的走路姿势改变了许多。为了彻底矫正自己走路的姿势，华红军买来一面大镜子，对着镜子观看自己走路的姿势，把女性化的地方记下来，早上锻炼时有针对性地进行克服训练。

又是1个月过去了，华红军走路的姿势已经完全改变了过来，女性化特点没了，走起路来虎虎生威，充满阳刚之气。一天，好友贺刚来找他玩，发现他的变化后非常惊讶。当他得知华红军立志要克服女性化特征后，同情地说："你把自己改造得很好，只是你说话音调还是没变，仍然带着娘娘腔。"

送走贺刚后，华红军郁闷到了极点，原以为自己已经成了个十足的男子汉，没想到女性化特点还是没有完全克服。体形和走路的姿势可以通过锻炼来克服，娘娘腔怎样才能改变呢？华红军没了辙。

11月8日，华红军观看一档娱乐电视节目时看到明星李玉刚反串京剧，唱得非常像女人。可当他用正常腔调说话时，却是铿锵有力，十足的男人味。华红军想，也许自己的娘娘腔通过锻炼是可以改变的。他找到某学校教声乐的王老师，王老师告诉他，说话带有娘娘腔的人声调偏高，如果有针对性地进行中低音发声训练是可以改变的。王老师表示，自己愿意免费教他。

此后，华红军每天都跟着王老师练习中低音发声。为了使他的练习更有效，王老师甚至把他带到琴房，边弹钢琴边让他跟着钢琴的调子练习。3个月后，华红军终于克服了娘娘腔。

走出娘娘腔的阴影后，华红军想，社会上有许多像我一样因言行女性化而屡遭打击的人，为何不帮助他们克服女性化特点呢？说干就干，华红军着手准备起来。

他在报纸上做了广告，还印刷了一叠传单雇人散发。由于这是个空白市场，华红军很快就招到了20名学员。

每天早上，他带领学员跑步，之后进行压腿、打拳、正步走、大踏步走等训练。最初，学员训练很认真，不管多苦都咬牙坚持着。后来，不少学员觉得这样的训练没什么特色，变得散漫起来，训练时注意力不集中、偷懒。华红军想："如果继续这样下去，他们肯定没法改变女性化特点，自己的培训将失败。"

为了严格纪律，使男子汉培训更加专业，华红军请了一名退伍军人，对学员进行军事化训练。此举果然吸引了学员，他们训练起来非常认真，不管多苦多累都坚持着。

一次，教官正在带领学员打拳，一名学员不小心被一块石头绊倒，大腿被划破一道长长的口子，鲜血喷涌而出。华红军准备送他到医院。可该学员坚持留下来训练，说："让我坚持训练吧，这次我如果不改掉自己的女性特点，我是不会罢休的。"简单包扎后，该学员毅然咬牙坚持到训练结束。

在训练的过程中，华红军时刻守在他们身边，观察他们的举止，一发现有女性化的地方就马上指出，让学员改正，直到满意为止。体形改造取得成功后，华红军以每节课80元的价格，请王老师给学员讲授中低音发声技巧，帮助学员改变娘娘腔。

3个月过去了，第一批学员改造得很成功，不论举止还是言谈，他们都成了十足的男子汉。除去各种成本，这期培训华红军赚了7000多元。2007年3月，华红军开始招收第二批学员。由于第一批成员改造得很成功，来报名的人非常多。一位母亲甚至带着他正上高中的儿子来报名。她说："我儿子女性特点很明显，班里同学都笑话他、欺负他。我这次特意让他休学来训练，改掉他的女性化特点，这样有利于他以后的人生发展。"

有了第一批培训学员的经验，华红军以为培训第二批学员会轻车熟路，不会那么操心了。然而，刚培训了几天就出现问题了。一些较年轻的学员嫌体形训练太辛苦，才训练了1个星期就提出停止训练，教官严厉批评也没有效果。华红军只好向他们讲述自己因娘娘腔而饱受屈辱的经历，学员才转变态度，表示会坚持到底。

为了使男子汉训练不显得枯燥，华红军别出心裁地在训练过程中增加了一些有趣的项目。比如，在进行体能训练时，他让教官不时地开展摔跤、拳击比赛，激起学员的兴趣和斗志。在进行发声训练时，他让王老师教学员一些军歌，在学员们训练感到疲倦时开展拉歌比赛。学员都说，每天的训练使他们感到很充实、快乐。从此，再也没有人想提前退出培训了。

华红军的好友刘魁得知他正在开展男子汉业务培后，建议说："你应该增加喝酒应酬方面的培训，现在的社会，不会喝酒应酬的男人不算真正的男人。"华红军觉得他说得很有道理，毕竟一个男人在社会上闯荡，喝酒应酬是免不了的。

华红军把自己的想法告诉学员后，学员非常赞成，表示愿意另外支付学费。一个名叫阿伟的学员说："以前我曾应聘家大型企业的经理职位，经过层层考核后我进入了复试，谁知最终因为不懂得喝酒应酬被刷下来了。不会喝酒应酬不算真正的男子汉。"

增加喝酒应酬培训要请擅长喝酒应酬的人，华红军想到的第一个人就是刘魁。刘魁是一名保险推销员。由于工作的关系，他经常请客户喝酒娱

乐,每天的应酬非常多,在这方面有着丰富的经验。华红军把自己的想法告诉刘魁后,刘魁爽快地答应了下来。

此后,刘魁每天晚上都给学员讲解喝酒的注意事项以及技巧,比如,向上司敬酒时,要双手捧杯子,并且酒杯举得比上司低,以表示对上司的尊敬。又比如,向上司敬酒时,要一个一个地敬,不能同时向多人敬酒等。每隔3天,华红军还买来好酒,让学员一起聚餐,进行喝酒应酬实战训练。学员学得很认真,都说收获很大,对以后的工作肯定有帮助。

通过第二期男子汉培训班华红军赚了1万多元。由于前两期男子汉培训班很成功,第三期报名的人急剧增多,华红军便把学员分成5个小班进行培训。然而,生意扩大后,难免会遇到麻烦。

一天晚上,10多名学员聚餐进行喝酒应酬培训时,一名学员喝酒过多,发起酒疯,将另一名学员打伤了。华红军只好自掏腰包送那名学员到医院救治。这次事件之后,华红军在对学员进行喝酒应酬培训时,严格控制学员喝酒的量,绝不让他们喝醉,以免再发生意外。

因为学员大都是利用课余、业余时间来培训的,为了不影响学员的学习和工作,华红军把培训时间定在早晨、晚上和周末。个别学员如果有事不能参加,华红军就单独给他们补上。学员培训结束后,如果女性化特点改变效果不明显,华红军则免费让他们跟着下一期继续培训,直到完全克服女性化特点为止。

9月20日,华红军到一家美容美发院理发。在该院华红军看到许多年轻女子在学习女子的礼仪。他的眼睛一亮,心想,自己的男子汉培训已经做出规模了,如果增加男士礼仪培训不是可以多赚些钱吗?说干就干,他印刷了一叠有关男士社交礼仪的传单散发给学员。大多数学员都很感兴趣,纷纷报名参加。自此,华红军的男子汉培训又增加了男士社交礼仪这项内容。

由于华红军处处为学员着想,不断改进培训的方式,增加培训的内容,男子汉培训事业做得红红火火,他也从一个打工仔变成了小老板。

财富启示　　人无完人,任何事物、任何人或多或少都有不足之处。克服不足之处,一个人才会变得更加有魅力。因此,找到事物或人的不足之处,或许你就破译了财富的密码。

陪人相亲，"15瓦灯泡"点亮财富之灯

很多人相亲时，由于不善言辞、羞怯表现很差，导致相亲失败。有一名小伙子多次当"灯泡"，陪朋友相亲。由于他能说会道，朋友们相亲屡屡成功。后来，他干脆做起了陪人相亲的生意，别人都笑他是傻瓜，他却迎难而上。1年多过去了，他的陪人相亲生意做得红红火火。

2005年6月16日晚上7点钟，王瑞峡陪在政府机关工作的好友张先生去相亲。在一家西餐厅，张先生和女方互相简单介绍之后，竟拘束得不知道该说什么好。女方看到张先生沉默不语，埋怨道："你怎么坐着一句话都不说呢？"张先生更加紧张了，涨红了脸，张张嘴巴，还是憋不出一句话来。王瑞峡赶紧对女方说："张先生有个习惯，他一见到漂亮的女孩子就会紧张得说不出话来。"女孩子扑哧一声笑了起来，气氛顿时活跃了起来。张先生不再感到紧张，和那个女孩越聊越投机。

接下来的几天，王瑞峡都陪张先生去相亲，每次他都瞄准时机，提一些两人感兴趣的话题，让两人聊得投机，并且不时地夸张先生。两个星期后，张先生终于相亲成功，和那个女孩出双入对了。

后来，经张先生的介绍，王瑞峡又陆续陪了好几个人去相亲并取得成功，对方竟慷慨地塞给他红包。王瑞峡想，婚姻是人生的大事，如今社会上大龄青年越来越多，很多人都希望通过相亲来找到另一半。然而，很多人相亲时，由于不善言辞、羞怯，表现很差，导致相亲的失败。如果我专门做陪人相亲的生意不是有赚头吗？

说干就干，他毅然辞掉了工作，当起了职业"灯泡"。为了尽快揽到生意，王瑞峡给所有自己认识的朋友都发了短信，告诉他们自己专职从事陪人相亲的工作。朋友们得知王瑞峡专门从事陪人相亲的职业都很感兴趣，并为他介绍生意。

10月10日，经朋友的推荐，王瑞峡陪在学校当老师的高先生去相亲。与高先生相亲的女方是一名护士，家庭条件较优越。晚上7点钟，几个人一起吃饭。点菜时，女孩问高先生："你爱吃什么菜呢？"高先生说："随便吧，你吃什么，我吃什么。"吃完饭后，服务员说："我们饭店有水果赠送，不

知道几位想吃什么水果?"女孩看看高先生,高先生对女孩说:"你来决定吧。"

女孩忍不住说:"我不喜欢没主见的男人。"高先生的脸刷地红了,气氛顿时很尴尬。女孩都把话说到这个份上了,眼看这次相亲要失败了。急中生智,王瑞峡忙说:"这还要怪你呢!"女孩不解地问:"为什么怪我?"王瑞峡说:"因为他一见到你就六神无主了啊。"女孩抿着嘴,脸上露出了笑容。接着,王瑞峡挽起高先生的衣袖,指着他手上的伤疤问女孩:"你知道他这个伤疤是怎么来的吗?"女孩问:"怎么来的?"王瑞峡向高先生使了个眼色,高先生便把他在紧急情况下救学生的事详细告诉了女孩。女孩对高先生的看法才改变了过来。最终,女孩和高先生聊得很开心,两人也走到了一起。

事成之后,高先生把王瑞峡介绍给一个开单身俱乐部的学生家长。该单身俱乐部经常为单身男女牵线搭桥,因此有很多相亲的活动。该家长给王瑞峡介绍了多笔生意。10月份,王瑞峡几乎每天晚上都陪人去相亲,每次相亲的收费是100元。一个月下来,王瑞峡赚了2000多元。

11月5日,一名老太打电话问王瑞峡:"你能陪我女儿去相亲吗?"王瑞峡说:"我是男的,只能陪男的去相亲,你女儿最好找个女孩陪她去相亲。"老太听了叹气道:"我是没找到,无奈之下才找你的。我这女儿啊,胆子特小,见到陌生人就脸红,相亲好多次了都没有成功。看着她年纪越来越大,还没有个婆家,我真为她担心。"

听了老太的话,王瑞峡也为她感到难过,但有什么办法呢? 自己是个男的,如果陪一个女孩去相亲,不把男方吓跑才怪。转念,王瑞峡想,在相亲中,其实女方更需要人陪伴,因为女孩子大都胆小羞怯。在相亲中,如果有一个嘴巴厉害的女孩陪她,成功的机会更高。王瑞峡于是决定招聘一些口才伶俐的人,把陪人相亲的生意做大。

11月18日,王瑞峡注册了一家相亲工作室,主要业务就是陪人相亲。接着,他在报纸上打广告,招聘了口才好的年轻男女各3名。但因为陪人相亲大都在晚上,因此他招聘的都是兼职,工资待遇是按工作量来计算,每次陪人相亲收费100元,员工得到60元的报酬。王瑞峡则赚40元。人员招聘齐后,生意很快就送上门来了——在商场当文员的刘小姐在王瑞峡的相亲工作室选了一个名叫丘蕾的员工陪她去相亲。可生意刚开张,问题就出现了。

一般来说，陪人相亲至少要陪3次以上才能成功。丘蕾只陪刘小姐相了第一次亲，刘小姐就气呼呼地向王瑞峡抱怨道："你的员工一点素质都没有。"原来，丘蕾的口才很好，在陪伴刘小姐相亲的过程中，没有把握好尺度，说得太多，刘小姐不仅没有表现的机会，反倒被冷落在一旁了。对这种"太亮的灯泡"，刘小姐不生气才怪！

了解了原因后，王瑞峡赶紧把员工召集到一起，向他们声明两点：第一，陪人相亲时，打扮不可太过显眼；第二，陪人相亲时，不能说得太多，应该创造机会让相亲的双方交流。为了防止出意外，王瑞峡还特别强调，如果有违反，将扣工资。

为了挽回自己的声誉，王瑞峡真诚地向刘小姐道了歉，推荐另一名员工给刘小姐，并向她保证绝对不会出现类似的事情。刘小姐才欣然答应。1个星期后，刘小姐高兴地告诉王瑞峡，她已相亲成功了，并对那名员工的表现赞叹不已。

为了感谢王瑞峡，刘小姐让在报社工作的哥哥给王瑞峡的相亲工作室写了一篇报道。报道出来后，王瑞峡办公室的电话响个不停，来找人陪伴相亲的人络绎不绝，王瑞峡的月收入有6000多元。

然而，王瑞峡并没有满足。如今，他手下有兼职陪人相亲的员工20人。他思考着如何把生意做得更大。2008年5月的一天，王瑞峡在报纸上看到一则消息：北京一家公司举办白领相亲大会，吸引了成千上万的白领参加，即使进场费每人50元，单身男女还是蜂拥而至。王瑞峡眼睛一亮，还没有人举办过相亲大会，我为什么不试试呢？

王瑞峡马上租了一块空旷的场地，接着在报纸上做了广告。与北京的相亲大会不同，王瑞峡的相亲大会不用交门票。任何未婚男女都可以免费进场，把自己的资料贴在布告栏供别人选择，同时也可以观看他人的资料，如果觉得对方的条件符合自己的要求，则可以找王瑞峡要联系电话，王瑞峡再派员工陪他们相亲。

5月18日早上9点钟，相亲大会开始了。几千人蜂拥而入，把整个会场挤得水泄不通。他们都忙着看别人的资料，有中意的就记下来，再跟王瑞峡联系，要人陪去相亲。

一位姓郭的小姐一口气记下了12位男子的资料，详细对比之后，她最

终确定张先生最适合她。接着,她打电话与张先生约定见面的时间和地点,然后交钱给王瑞峡,要他派人陪她相亲。在王瑞峡的帮忙下,郭小姐和张先生结成了连理。他俩结婚那天还硬把王瑞峡拉去喝喜酒呢。

由于相亲会办得很成功,王瑞峡陪人相亲的生意顿时火爆起来。他的20名员工每天都接到陪人相亲的业务,忙得不可开交。那个月,王瑞峡的收入竟然有18000多元。他的陪人相亲工作室名声大噪。

7月10日,在一家外贸公司工作的张先生,急匆匆地找到王瑞峡说:"你能找一个熟悉瑞士礼仪和风土人情的人陪我去相亲吗?"原来,由于业务上的往来,张先生在网上和瑞士的一个姑娘谈起了恋爱。过几天,瑞士姑娘就要不远万里来和他相亲。张先生非常渴望和那姑娘的爱情能修成正果。可是,他又不懂得瑞士的社交礼仪和风土人情,怕这次相亲的失败,因此找到王瑞峡,要他想想办法。

可王瑞峡也很为难,因为他的员工中根本没有这样的人才。王瑞峡让那张先生留下电话,有消息再联系他。7月15日,王瑞峡了解到,在一所高校任教的姚教授,曾在瑞士留学多年,对瑞士各方面的情况很了解。王瑞峡于是找到姚教授,表明来意。姚教授爽快地答应了下来。3天后,瑞士姑娘来到中国,在姚教授的帮助下,张先生和瑞士姑娘聊得很开心。瑞士姑娘对这次的相亲很满意。不久,两人定下了终身。张先生对王瑞峡非常感激。

两年多过去了,王瑞峡做陪人相亲生意,积累了很多经验,陪人相亲的成功率越来越高。这份事业,他越做越顺手。

 初次相亲对善于交际的人来说是小菜一碟。但对于内向害羞的人来说,无疑是个艰巨的任务。所以一些事对你来说或许是小事,对别人来说则是件大事。做好小事也是一种成功。

 把水果当装饰品摆放,摆出滚滚财源

尹红妹非常喜欢吃水果。她说,多吃水果不但可以减肥,还可以使肌肤充满活力。后来,在吃水果的过程中,她发现把水果摆成各种造型也很好玩,于是沉迷于其中。朋友都笑她幼稚，像个小孩。谁能想到，她摆水果造型竟能摆出一片天地。

2006年，尹红妹跳槽到海口一家房地产公司当策划。刚到海口的第一天，她就被水果摊上各种各样的水果迷住了。芒果、波萝蜜、阳桃、黄皮……看得她晕头转向。询问价格后，她兴奋不已，这些水果的价格最贵的才2元钱。于是，她一下子买了50多元钱的芒果、阳桃、番石榴。那天，她把水果当午饭，一口气吃了5斤多的水果。结果，下午在公司开会时，她闹起了肚子，每隔10分钟就要上一次厕所。

由于工作的需要，尹红妹经常陪客户吃饭。饭店高营养的饭菜很快使她的身体变得臃肿起来。再这样下去，自己要变成水桶了，尹红妹紧张了起来，减肥成了当务之急。

查阅了大量的减肥书籍后，尹红妹决定采取水果疗法，即通过多吃水果来减肥。她到市场买回几十斤水果塞进冰箱里，每天早上吃过早餐后，她都要吃半斤左右的水果。晚上如果没有饭局，她就把水果当成晚饭，吃2斤左右。同事得知她的做法后，都戏称她为水果西施。

几个月后，水果西施的体重终于减下来了，肌肤也变得更加有弹性。然而，这时她却患上了胃溃疡，胃病发作时，她疼得在床上打滚。医生警告她，不能再这样吃水果了。看着满冰箱的水果，自己却不能吃，尹红妹干脆拿出来摆成各种造型，打发时间。

10月11日是尹红妹的生日。她在家举办生日晚会，邀请了许多同事和客户参加。晚上7点多，人们走进尹红妹家的客厅后全被客厅里的水果造型迷住了。各种各样的水果有的被堆成小山，有的被镶嵌成小狗，有的被摆放成人脸形。原来，尹红妹觉得往年生日过得千篇一律，没什么意思，恰好这段时间她的胃溃疡已经痊愈，于是别出心裁地设计了许多水果造型，举办个水果生日晚会。那晚，大家一起吃水果、做游戏，玩得很开心。

一个星期后，好友阿芳邀请尹红妹到她店里摆放水果造型。阿芳开了一家果汁店，上次参加了尹红妹的生日晚会后，被那些漂亮的水果造型所吸引，想请尹红妹到店里摆放些水果造型以吸引顾客。尹红妹欣然答应了下来。

10月25日，尹红妹在阿芳的果汁店设计摆放了10多种水果造型：有的圈成心形，有的堆成小轿车，有的摆放成飞翔的小鸟，最妙的是尹红妹用橘子和黑皮西瓜做了一个 QQ 企鹅造型。水果造型摆好后顿时吸引了顾客的目光，人们边喝果汁，边仔细端详尹红妹的杰作，一边还不停地赞叹着。看到水果造型受到顾客的称赞，阿芳喜上眉梢，硬塞给尹红妹300元作为报酬。

摆放水果造型也能赚钱？尹红妹想，要是每天能有这样的收入，那可比上班强多了。令她感到意外的是，几天后又有人找上门来，请她去摆水果造型。原来，一些商家在阿芳店里看到那些活灵活现的水果造型后，也想请她在自己的店里摆放水果造型。

既然水果造型有需求，我干脆辞职专门摆水果造型算了，尹红妹心想。好友阿霞得知她的想法后，劝说道："你太幼稚了，水果是用来吃的，谁会那么傻，把水果当装饰品摆放？"远在河南的父母在电话中听到她的想法后也强烈反对。然而，倔强的尹红妹还是辞掉工作，开始了自己的创业路程。

她把自己关在家冥思苦想，设计了 30 多种水果造型。接着，她把这些水果造型打印在传单上，然后外出联系业务，在街上挨个问人家需不需要摆放水果造型。由于人们对水果造型还不是很了解，尹红妹遇到的大都是冷言冷语。11 月的一天，她去一家服装店联系业务时，还没等她把话说清，对方就毫不留情地把她推出去，说："你脑子有问题吗？别来这里影响我的生意！"那一刻，尹红妹的眼泪都快流出来了。

功夫不负有心人，在尹红妹的不懈努力下，终于有一家鞋店与她签订了摆放水果的协议。尹红妹在该鞋店内用红苹果摆放了一只一米多高的大皮鞋。摆放这个水果造型，尹红妹用去 30 多斤苹果。买苹果的钱加上工钱总共花掉了该鞋店老板 400 多元。但其效果非常明显，行人看到该鞋店里面的水果大鞋都非常好奇地拥了进来，店里很快挤满了人，而附近几家鞋店则冷冷清清。

看到摆放水果造型竟有这样的效果，其他商家改变了主意，也请尹红妹到他们店里摆放水果造型，尹红妹的生意终于做开了。每摆放一次水果造型，视难易程度，她的收费从 100 元到 300 元不等。那个月尹红妹接到了 12 笔活，赚了近 3000 元。

小试成功后，尹红妹对摆放水果造型充满了信心，她在报纸上做了广告，准备大干一场，然而情况却出乎她的意料。广告做出去后，问津者寥寥无几。两个星期过去了，她才接到一笔活。为什么会这样呢？尹红妹百思不得其解。后来，好友阿金的话使她茅塞顿开："摆放几个水果造型谁都会，人家何必浪费钱请你摆放呢？"阿金的话很有道理，难道摆放水果造型真的没有前途吗？尹红妹开始动摇了。

就在她将要放弃时，一幅画改变了她的决定。那是一幅朋友送给她的迎客松，画上挺拔的松树象征着不屈不挠。尹红妹想，简单摆放水果造型确实谁都会，但如果把人文精神加进去，就不是任何人都能做到的。尹红妹再次把自己关在家里，一心设计具有象征意义的水果造型。

一个月后，几十种象征吉利、财源广进的水果造型设计出来了。这些水果造型一推出，立刻受到商家的欢迎。一家即将开业的珠宝店找尹红妹摆放水果造型。尹红妹在该店门口用橘子摆放了两个2米多高的大元宝，象征大吉大利、财源滚滚。结果，开业当天两个水果造型的金元宝成了焦点，行人聚集在店门口，只为观看这两个特殊的元宝。由于看的人多，珠宝店开业当天人气很旺，老板非常满意，多付给尹红妹100元报酬。

具有象征意义的水果造型设计出来后，尹红妹的电话整天响个不停，找她摆放水果造型的人非常多。她一个人已经忙不过来了。2007年4月，尹红妹注册了一家水果造型设计工作室，招了两名员工，一名负责接待；一名负责设计和摆放水果造型。

然而，此时尹红妹发现，市场上从事摆放水果造型业务的人多了起来。原来，别人看到她摆水果造型赚钱也插进来，想捞一把。可他们自己不设计水果造型，而是把尹红妹设计好的造型直接抄袭过来。愤怒之余，尹红妹赶紧把自己设计的水果造型申请了专利，同时举报那些抄袭者。在她的严厉打击下，那些仿冒者纷纷退出市场。

最初，找尹红妹摆水果造型的都是一些想搞促销活动的商家。可这些商家毕竟不是很多，当市场慢慢饱和后，尹红妹的摆水果造型生意冷淡了下来。

5月的一天，尹红妹去参加朋友丽月的婚礼时，看到婚礼现场放有两个用面团捏成的小孩。不明就里的她问了别人后才了解其原因：主人放这两个小孩的目的是希望新人早生贵子。出于职业的敏感，尹红妹想，如果用水果来摆放小孩的造型，不是更吉利吗？

6月17日，尹红妹得知朋友的朋友阿兰要结婚便主动联系到阿兰，把

自己的想法告诉她。阿兰听了非常感兴趣,与未婚夫商量后,答应让尹红妹摆放小孩水果造型。为图吉利,尹红妹用龙眼摆放了两个非常逼真的小孩子造型,象征新人早生龙子。婚礼举行当天,人们都被这两个水果造型吸引住了,纷纷赞扬新人想得很周到。

尹红妹把小孩造型推向市场,结果很受欢迎。即将举行婚礼的新人纷纷找她摆放小孩水果造型。受这件事启发,尹红妹想,其实只要是喜庆的日子,都可以摆放水果造型。于是,她又推出了生日水果造型、周年纪念日水果造型、开业水果造型、乔迁新居水果造型等。这些具有喜庆意义的水果造型同样受人们的欢迎。尹红妹的水果造型事业于是越做越专业、越做越大,早就实现了房车梦。

> **财富启示** 　单单摆放几个水果造型是没有什么意义的。尹红妹的成功在于,她把文化内涵加入到水果造型中,使之有了更多的意义。她给我们的启示是:赋予一个物品文化意义,这个物品也许就是个畅销品,能给你带来滚滚财源。

19. 从业务员到500万身家的公司老总路有多远

他没读过大学,从普通的业务员做起,凭着自己的聪明才智与勤奋努力一步步地走向成功。

2000年7月,王勇师范毕业后到一所重点小学当语文教师,这一年,王勇刚好20岁。刚走上工作岗位,王勇对工作充满了激情,备课、上课、批改作业一丝不苟、认真负责,深受学校领导的赞许和学生的欢迎。王勇有很大的成就感,对这份工作颇满意,他把学生从三年级教到六年级,送走了第一批学生后,王勇的心里空落落的。下一个学期,根据学校的安排,王勇又要从三年级教起,重复以前的工作。王勇心里不由得感到郁闷,一下子看到了自己年老时的身影,看透了自己今后几十年的人生路,那就是不断地重复再重复。王勇忽然很讨厌这样的工作。2003年8月,王勇毅然辞掉了工作。

刚从学校出来,王勇不知道自己能够干什么。两个月过去了,王勇的工作依然没有着落。他投了许多自荐书均如石沉大海，没有任何回音。当老师时存下的钱已剩不多，王勇这时深感不安。

2003 年 11 月 12 日，王勇得知一家广告公司招聘业务员，决定去试试。虽然知道当业务员很苦，但总比在家待着耗时间好。面试的内容很简单，王勇顺利通过，成为电视台的一名广告业务员，基本工资为 500 元，拉到广告提成 10％。

经过几天的简短培训之后，王勇掌握了电视广告的基本知识和价格。接下来的日子里王勇每天都"扫大街"，挨家挨户撒名片，问人家要不要做广告。但除了个别商户礼貌性地招呼外，王勇遭到的要么是白眼，要么是冷漠。这样的事王勇遇到不少。一次，王勇到一家公司联系业务，该公司的企划经理接过王勇的名片后竟看都不看就扔到垃圾桶里了。王勇感到前所未有的屈辱，很想上去把那人狠揍一顿，但他拼命压住了心中的怒火。自己当老师时是多么受学生和家长的尊敬，可如今人家根本不把他放在眼里。

第一个月下来，其他的业务员或多或少都拉到了广告，只有王勇的成绩是零。开会时，广告部领导逐个表扬了其他业务员，对王勇则是毫不留情地批评道："你以前当过教师，教师应该很善于和别人打交道，但你的业绩却是最差的一个，书都读到哪里去了？"王勇心里又气又羞，简直是无地自容。他想马上辞职，可又不甘心失败，只好强忍着留了下来。

开完会后，王勇总结了原因，主要是自己对电视广告和客户情况的了解还不够，还很肤浅。于是他给自己放了几天假，每天看各个电视频道的广告，还收集了各种报纸广告并做了详细的记录。经过几天的分析，王勇发现一些大客户投放广告的量很大，几乎每种媒体都投放广告。而一些小的客户一般只投放一种媒体。还有一些新产品刚上市时商家大都会投放广告。王勇于是决定主攻大客户，同时留意市场上有哪些新产品上市。

功夫不负有心人，12 月 1 日，一家有 12 家分店的大型美容院老总在王勇锲而不舍的"骚扰"下最终与王勇签订合同，投了 7 万多元的广告。王勇拿到了第一笔提成 8000 多元。做一个广告就能拿到这么多的提成，王勇感到自己的汗水没有白流，同时也信心大增，对广告销售工作也开始喜欢起来。

在跑业务的过程中，王勇发现街上的店面往往只是产品的经销商或代理商。总经销商和总代理商大都"藏"在写字楼里,而广告投放大都是由总经销商或总代理商决定的。王勇于是主攻写字楼。他搜遍了写字楼,联系到了很多广告客户,做成了一个白酒和一个食用油的广告。但这两个广告都是以货物抵广告费,因此王勇拿到的提成是白酒和食用油。王勇把这些白酒和食用油赠送给自己以前接触过的老板和企划、销售经理,不管他们是否给自己投过广告。由于人情关系做得到位,这些老板和企划、销售经理很乐意与王勇打交道。他们均表示以后有广告会首先考虑给王勇做。

几个月很快过去了。王勇的业绩竟然从零跃居第一。广告部的全体同事均对他刮目相看。接下来的几个月里,王勇的业绩都很出色,在广告部名列前茅。

在跑电视广告的时候,经常有客户问王勇做不做报纸广告、车体广告。更有一些与王勇关系好的客户直接找王勇帮他们投报纸、车体广告。王勇想,既然有这么多人想做报纸、车体广告,为什么不兼职做车体、报纸广告呢?王勇找到某发行量大的报纸广告部,广告部主任答应王勇,如能拉到广告可以给他10%的提成。王勇又找到车体广告的总代理公司,公司老总给出中巴车、大巴车体广告的底价,答应王勇高出部分作为提成。这样,王勇同时兼做好几种广告,收入增加了不少。不久,某品牌电器公司一下子把100多万元的广告费交与王勇投放。单这一笔,王勇就赚了7万多元。王勇体会到了一个成功业务员的成就感。

6月13日,王勇经过建材一条街时,发现一家刚开业不久的建材店。店面200多平方米,是某品牌涂料的总代理,看样子很有实力。这是一个新登陆的品牌,为了打开市场,老板肯定会投放广告的。王勇走进店里找到老板,大谈涂料市场情况并提出一些营销策略,其中不乏独到之处。店老板看到王勇对这个行业的分析很透彻,很客气地请他坐下为他倒茶。老板对王勇说:"我代理的涂料刚刚上市,正愁怎么打出品牌、扩大销路。你能不能给我提些意见?"王勇告诉他,最好在公交车上做一些车体广告,另外还要找一些有经验的业务员跑家装公司和房地产开发商。涂料老板觉得王勇的分析很在行、合理,当场提出如果王勇愿意,可到他公司任销售经理,月薪5000元,外加各种补贴。王勇当时挺心动。虽然他现在做广告业务每月挣的钱不少于5000元,但跑业务毕竟很辛苦,还要经常请客户吃饭,花销也很大,一年下来也没有剩下什么钱。在这里当经理比在外面跑业务日晒雨淋可轻松多了。

王勇没有立即应允，要求考虑几天。回到家，王勇把这件事告诉了父亲。父亲是个保守的人，认为这是个好机会，要他赶快应允。王勇又把这件事跟女友商量。王勇在外面跑业务辛苦不用说，还整天陪客人吃喝玩乐，根本没时间陪女友。因此王勇的女友也强烈建议王勇去当销售经理。王勇听从了大家的意见，辞掉了业务员的工作，到那家涂料公司任销售经理。

上班一段时间以后，王勇发现自己根本不喜欢这工作。公司要求每天早上8点必须准时到公司，下午6点钟才能离开，中午几乎没有时间休息。公司里大多是老板的亲戚，工作态度很差，连打字、倒水给客人之类的小事都要王勇这个经理来做。而且老板的亲戚还经常到老板那里告状，说王勇的坏话。有意无意地，老板开始像防贼那样防着他，生怕王勇会抢了他的生意似的。

销售经理必须和客户搞好关系，王勇有次请客户吃饭，饭后王勇拿着发票找老板报销。没想到老板竟说："这是你们的私交，不能报销。"王勇感到自己快窒息了。他开始怀念当广告业务员时自在与轻松的日子，没有固定的上班时间，拉到广告就可以拿提成。而且当广告业员可以接触各行各业，能够熟悉市场动态。在这里，王勇感到好像有一张无形的网把自己罩住了，没有一点自由。

9月5日，王勇不顾家人的反对辞掉了销售经理的工作，重新做起广告业务。他没有回原来的单位，而是做一个自由广告人。他给自己安排了合理的工作时间，每天早上7点多起床后，跑步锻炼身体，然后吃早餐，查看各媒体上的广告信息。9点多开始打电话跟以前的客户聊天，约他们出来吃饭，搞好关系。下午，王勇在家看电视、报纸，收集广告客户信息。晚上约有广告投放计划的朋友出来唱歌、喝咖啡。由于混得很熟，王勇的朋友有广告都交给王勇投放。王勇拿了不少提成。

2005年3月20日，王勇用自己做广告赚来的钱加上借来的一部分钱注册了一家广告公司。自己当起了老总。

自己开公司压力很大，弄不好就破产了，自己得从零开始。为了节约费用，王勇在一栋低档的写字楼里租了间房办公。办公家具都是王勇到旧货店磨破了嘴皮以最低的价格买回来的。公司刚开始运转，王勇既当老总

又当业务员，每天外出联系业务。但几个月下来，王勇赚到的钱只够付公司的各种费用。自己手中有这么多的客户，为什么赚不了钱呢？王勇经常思考这个问题。经过调查之后，王勇才知道问题在于自己没有广告媒介。做其他广告媒介的代理拿的只是一小部分佣金，大部分利润都被广告媒介所有者鲸吞。一句话，人家吃肉，自己喝汤。

王勇开始留心观察，思考着怎样开发自己的媒介。2005年4月2日，王勇去车站寄包裹。车站候车大厅人来人往，客流量很大。候车大厅的柱子被一些乘客用笔画得面目全非。王勇心里一亮，这不是很好的广告媒介吗？他找到车站的主要领导，提出想租候车大厅里柱子上的广告发布权。车站领导正为柱子上的"污染问题"发愁呢，听了王勇的要求，立即应允。2005年5月10日，王勇与车站签订合同，王勇每年向公交车站交1800元即可拥有大厅内所有柱子的广告发布权。有了自己的广告载体，赚钱就容易多了。王勇找到一家矿泉水厂的李老板，说服他在候车厅的柱子上发布广告。李老板是王勇的老客户，与王勇的关系很好，他很爽快地投7万元的广告费，在车站候车大厅发布一年的广告。除去各种费用，这笔生意王勇赚了5万多元。王勇如法炮制，取得其他3个车站候车大厅柱子上的广告发布权并成功售出。短短两个月，王勇赚到了20多万元。

接着，王勇把公司的业务扩大到印刷、策划、咨询等方面，同时招聘了3名大学生和5名业务员。但正是因为业务员，王勇蒙受巨大损失差点破产。王勇找到5名业务员后并没有认真考察他们的人品，大胆地把收广告费的任务也交给了他们。

2005年7月，一名业务员拉到一笔30万元的广告。在收广告费时，他私刻王勇公司的公章，与对方签订合同，让对方把钱打到他指定的账户里，收到钱后他马上消失了。王勇没有收到广告费，以为客户反悔不做广告了，没有放在心上。两个月后，王勇接到传票，那家公司把他告上了法庭。对方称，王勇收了他的广告费却没有为他发布广告，还拿出合同和转账单作为证据。王勇这才知道那名业务员的阴谋，但为时已晚。王勇败诉，只好赔偿对方的损失，辛苦赚来的钱一分不剩，工人的工资都发不起，还有两个工人抢走了公司的电脑。还好，另外几名工人坚持留了下来，与王勇共进退，令王勇感动不已。

那段时间，王勇四处筹钱，终于挺了过来，公司逐渐恢复了元气。接下来,王勇开发了火车站、机场等人流量大的地方的广告载体。还通过拍卖得到了市里几个位置极佳的大型户外广告发布权,公司的业务蒸蒸日上。

　　真正让王勇名气大噪的是,2006年初王勇在某著名品牌饮料公司的广告招标中中标。为了打开市场,该公司准备投600万的广告费,要求各广告公司递交各自的策划方案。王勇和自己公司的员工连续几周日夜作战,精心准备好了方案递交上去。最终,王勇公司中标,这让其他大广告公司大跌眼镜,因为他们还没听说过王勇公司的名字。这次中标,王勇赚了100多万元。更重要的是,由于一炮打响,其他大商家主动找上门来,把广告交给王勇来做。这一年,王勇急招了10多人,光房地产广告就接了20多个,赚了500多百万元。王勇把公司搬到了高档写字楼里,在某高档小区买了一套50多万元的房子,还买了一辆50多万元的小轿车。

　　成功的路有千千万万条,成功的方式也千差万别。总结王勇的成功经验我们不难发现,其成功的秘诀是,认准了就大胆地去做并且不要动摇。

天价蟋蟀养育出千万子孙

　　鸡生蛋,蛋孵出鸡,鸡再生蛋……这是比较原始的致富模式。然而,有人花30万元买了一对蟋蟀,采用这种模式,繁殖出一万多只蟋蟀,带来了滚滚财源。

　　出生于湖北省襄樊的谌先生,2003年从部队转业后回到家乡做小生意维持生活。不甘平庸的他总想着找个好项目,闯出一片天地。为此,他经常看电视、报纸,留意各种信息。

　　2005年的一天,谌先生在回家的路上看到几个小孩正围在一起大声吆喝着什么。谌先生凑过去一看,原来他们在斗蟋蟀。他顿时童心大发,饶有兴致地和小孩一起喊加油,直到其中一只蟋蟀胜出。回家后跟妻子说起此事,妻子笑他说:"斗蟋蟀是小孩子玩的游戏,你一个大人去凑热闹,羞不羞啊?"谌先生却一脸认真地说:"斗蟋蟀可不只是小孩子的游戏,要知道在古代斗蟋蟀可是达官贵人的娱乐方式呢! 如今人们的生活水平越来越高,肯定会有越来越多的人迷上斗蟋蟀的。"说到这里,谌先生突然冒出了个想法：如果人们迷上斗蟋蟀，那养蟋蟀来卖不是可以赚大钱吗？对！养蟋蟀！谌先生激动得一夜都睡不着。

但为了稳妥起见，他决定先做个调查。第二天天刚亮，他就起程到武汉花鸟市场转了一圈，结果发现没什么人斗蟋蟀。他顿时像泄了气的皮球，失望极了。就在谌先生即将放弃的时候，11月23日，他在电视上看到一则报道称，在北京、上海、天津等地，很多人喜欢斗蟋蟀，蟋蟀在这几个城市非常走俏，他的激情又被点燃了。

2006年3月，春节刚过不久，谌先生来到上海考察蟋蟀市场。在上海虹桥花鸟市场，谌先生看到人头攒动，蟋蟀交易非常火爆。普通的蟋蟀都要几百元一只，上好的则要上万元甚至十几万元一只。了解了蟋蟀的行情后，谌先生欣喜不已，卖蟋蟀果然赚钱！但是，另一个问题又出现了，既然蟋蟀价格这么高，养的人多不多呢？如果养的人多，供过于求，价格必然走低，那样就很难赚到钱了。

谌先生于是连续两个星期在蟋蟀市场溜达，结识了不少资深蟋蟀玩家。从这些资深玩家的口中，谌先生终于了解到了"内幕"。原来，市场上绝大部分的蟋蟀都是从各地野外捉回来的，饲养的蟋蟀只占极少的一部分。谌先生心中暗喜，当即花了几千元买了3对蟋蟀，准备带回家饲养。

还没走出市场，一个名叫阿雄的蟋蟀玩家问他："这些蟋蟀并不出众，你买来干吗？"谌先生告诉他真相后，阿雄笑他说："蟋蟀如果真像你想象的那么好养，人家早就养了。你买的这些都是品种不好的蟋蟀。它们产的虫不会好到哪里去，肯定斗不过别的蟋蟀。这样的蟋蟀，你养得再多也没人要，只会白白浪费钱。要想养蟋蟀，你就必须买品种好的来繁殖。"

阿雄的一席话给谌先生泼了一盆冷水。阿雄说得没错，要养好的蟋蟀就得选好的品种。有人向他推荐一只名叫"将军"的斗蟀。"将军"参加过多次"斗蟀大赛"，每次都凯旋而归，战绩非常辉煌。然而，一问价格，谌先生吓了一大跳，"将军"和它的配偶总共要30万元。30万元，可以买一辆很不错的轿车了啊！谌先生犹豫了起来。

家人得知他的想法后强烈反对说："你是不是走火入魔了？30万元是个大数目，你什么时候才能赚回来？万一蟋蟀得病死了，那30万元不就打水漂了吗？"谌先生解释说："做任何事都有风险，只要繁殖出五六只能斗的蟋蟀，我就可以大赚一笔。"2006年7月，倔强的谌先生不顾亲朋好友的劝说，买回了那对天价蟋蟀。

谌先生把蟋蟀当心肝宝贝般呵护着。在火车上，除了睡觉、吃饭和上厕所，他一直紧紧地把装有蟋蟀的陶瓷罐抱在怀里，一刻也不放手。回到家后，谌先生找来一个箱子，装上沙土，给"将军"和它的"妻子"安了个舒适的家。蟋蟀爱吃肉末，谌先生每天都买来瘦肉，剁碎后再喂给蟋蟀吃。晚上，怕老鼠或其他昆虫吃掉蟋蟀，他便把箱子挂在半空中。

一天中午，谌先生正在厨房做菜，突然听到客厅里传来沙沙的声音。他停下手中的活赶过去一看，只见一只花猫掀开箱盖，舞着爪子想抓那两只蟋蟀。谌先生大吃一惊，冲过去，一脚把花猫踢出几米外，大喊道："畜生！你差点毁了我30万元啊！"说完，他操起扫把追打那只花猫。第二天，谌先生给窗户装了铁丝网，牢牢地把那两只极品蟋蟀保护了起来。

在谌先生的悉心照料下，3个月后，母蟋蟀终于产下了椭圆形的白色透明状卵，不久又孵出蚂蚁般大小的幼虫。谌先生粗略估计了一下，约有500只左右。一些蟋蟀玩家朋友得知消息后十分惊讶，纷纷打来电话祝贺。原来，人工饲养的母蟋蟀一次孵化出的幼虫一般在300只左右，谌先生的蟋蟀能孵出500只，是打破了纪录啊！30万元的蟋蟀果然与众不同，谌先生激动了好几天。

然而，此时，新的难题又出现了。谌先生从书上了解到，蟋蟀生长的环境温度在23℃～28℃，如果超过这个范围，蟋蟀就很难存活。10月底，湖北的温度已降到23℃以下。谌先生想给蟋蟀买个保温箱，可跑了很多地方都没买到。后来，他突然想起自己工作过的地方——那里一年四季气温很高，肯定适合蟋蟀的生长。

11月初，谌先生带着蟋蟀和妻子、儿子来到了海口。由于一路上颠簸，蟋蟀幼虫死了几十只，使他心痛不已。找到落脚点后，谌先生边打工，边细心照料着蟋蟀幼虫。功夫不负有心人，半年后，几百只幼虫长成了成虫。但要想卖个好价钱，还必须训练成虫蟋蟀成"打斗"高手。为此，谌先生挑选出一些强壮的雄性蟋蟀，每天都抽空挑逗它们，让它们"互斗"。一个多月后，谌先生终于训练出6只善斗的蟋蟀。这些蟋蟀很快被上海的蟋蟀商家以上万元甚至几万元一只的价格买走，谌先生的辛苦付出终于有了回报。

然而，人家买的只是善斗的蟋蟀，剩下的怎么办呢？卖又不能卖个好价钱,丢掉又可惜,谌先生苦恼不已。

一天,谌先生和朋友到一家餐厅吃饭时看到邻桌一个女孩反复地在一张纸上写几个字,又狠狠地把纸撕烂。在好奇心的促使下,谌先生走过去问她为什么这么做。女孩沉默了一会儿,然后告诉他原因。原来,该女子姓张,是某广告公司的员工。由于上司常常对她发脾气,她心情极其低落。下班后,她就在本子上写上上司的名字,再一边撕烂纸张,一边骂上司,以这样的方式来释放自己的委屈、缓解压力。

听了张小姐的诉说,谌先生就思考开了:如今社会竞争激烈,年轻人的工作压力很大,斗蟋蟀是一种能够调节人的情绪的娱乐方式,具有陶冶情操、怡情养性的作用,如果把蟋蟀卖给他们,让他们也喜欢上斗蟋蟀,不是可以缓解他们的工作压力吗?这样自己的蟋蟀就不愁没有地方卖了。

可是怎样才能使他们喜欢上斗蟋蟀呢?一番思考后,谌先生决定"普及"斗蟋蟀。周末空闲时,他就带着装有蟋蟀的陶瓷罐来到市人民公园等地方,现场斗蟋蟀给过往的行人观看,激发他们的兴趣。

这一招果然有效,人们纷纷驻足观看。当看到两只棕褐色的蟋蟀张牙舞爪激烈地"战斗"时,他们都忍不住发出喝彩声、加油声。一些人还当场购买了蟋蟀。谌先生卖的价格很低,有时甚至还免费送给一些喜欢蟋蟀的人。他这么做的目的是,这些人有了蟋蟀后,他们周围的朋友也肯定会受到影响,喜欢上蟋蟀。这样喜欢蟋蟀的人就越来越多,蟋蟀的市场潜力也就越大。

谌先生的目光瞄得很准,白领人士或多或少工作上都有压力,看到斗蟋蟀如此有趣,都大方地购买。在外企工作的刘小姐花 100 多元买了一对蟋蟀。每天下班后,她做的第一件事就是斗蟋蟀。她把其中的一只命名为她讨厌的人的名字,然后为另一只加油,以此方式来发泄不满、释放压力。每次斗完蟋蟀,她都觉得心情舒畅了许多。

找准目标、采取了恰当的营销策略后,谌先生的蟋蟀成了抢手货,找他买蟋蟀的人络绎不绝,他的收入不断增加。

与此同时,他那 30 万元买来的"龙种"蟋蟀不断地产卵,孵幼虫。截至2008 年,谌先生孵化出的蟋蟀已有 1 万多只,这 1 万多只蟋蟀中,只要能训练出 20 只"打架高手",他就可以狠狠地赚一笔。

2008 年 5 月,谌先生在网上查到,他是中国目前人工饲养蟋蟀最多的人。于是,他向吉尼斯上海办事处发去信函,申请人工饲养蟋蟀这一项目的吉尼斯世界纪录。吉尼斯上海办事处已经接受他的申请并审核,不久将给他寄来相关证书。

> **财富启示**　　斗蟋蟀古已有之,但是提到花几十万元去买一对蟋蟀来繁殖,多少人有这样的胆量呢? 特种养殖确实利润丰厚,但前提是你必须有足够的资金,有承担失败的心理素质,还要有远见卓识。

21. 爱书女孩,修书赚了100万

蓝小姐是个爱书的人,大学毕业后开了个旧书摊,当起了书摊公主。收购来的旧书难免有破损,爱书的她细心地修补好每一本破损的书。谁也没有想到,因为修书,她走出了一条非凡的路……

蓝小姐大学毕业后应聘了几家公司,都以失败告终。她干脆不再找工作,以8000多元的价格接手了一个旧书摊,卖起了旧书。

卖书最苦的莫过于收购旧书了。书摊前主人虽然传授了许多收购旧书的经验给她,比如收购旧书要按斤收购,每斤4~5角钱;又比如图书馆清理书库或每年7月份大学生毕业时,可以以特低价收购到大量好书等。

但蓝小姐一个文弱的女孩做起来非常吃力。第一次收购旧书的经历令她记忆犹新。那天,她到一所大学学生宿舍前面的公告栏贴了张收购旧书的广告。10多分钟后,她的手机响个不停,找她收购书的人排起了长队。蓝小姐只花了1000多元就收购到了堆成小山般的一大堆书。

看着这些心爱的宝贝,蓝小姐别提多高兴。可是书的搬运成了问题。她叫了一辆小货车来拉,司机却拒绝帮她搬书,除非她加钱。为了省钱,蓝小姐只好自己一个人把书搬上车。7月,太阳非常火辣,蓝小姐才搬了几分钟就累得气喘吁吁,浑身是汗。路过的几名大学生看不下去了,主动上来帮忙,蓝小姐这才有机会歇息一下。

蓝小姐的汗水没有白流。由于收购来的旧书成本非常低,平均一本才5角钱左右,她却卖到5元甚至更高,利润非常可观。第一个月,她赚了2000多元。

对她来说,卖书最大的乐趣就是,没有生意时,她可以捧着书痴痴地读,与主人公同欢乐共忧伤。旧书的内容很丰富,天文、地理、小说、散文等,什么都有。不足的是,这些旧书封面大都很破烂,犹如衣衫褴褛的乞丐,让人一看就不舒服。最初蓝小姐不大在乎,后来她想,如果把旧书修补好,应该更受到顾客的欢迎。

在这个想法的驱使下,蓝小姐买来牛皮纸、剪刀、胶水、针、线等工具和材料。空闲时,她耐心地修补破损的旧书。对撕破的封面、内页,她大都用针把撕开的两半缝起来。对缺损的封面、内页,她根据缺损的面积大小,剪出合适的牛皮纸,然后再贴上去。这些全都是细活,蓝小姐做得很认真、仔细。书修补好后,竟然比原来"新"了好多倍,粗略一看,很难看出修补的痕迹。

蓝小姐把修好的书摆放到书架上后,前来看书、买书的人多了起来。在某外企工作的张先生是个金庸迷,走近蓝小姐的书摊,他一眼就看中了蓝小姐刚修好的一套《射雕英雄传》,问清价格只10元钱后,他当即掏钱买了下来。他对蓝小姐说:"很多书摊都有这套书卖,我之所以在你这里买,是因为我看重你对书的珍爱。这套旧书被你修补得这么好,可见你的认真仔细。"

蓝小姐听了很是感动。自那以后,她修书的劲头更大,凡是收购来的书有破损的,她都专心致志地修补。有时因为修书,她熬到半夜才睡觉。因为修书,她的书摊生意总比别人好,她的收入也提高到3000多元。

11月的一天,一名姓刘的男子拿着一本泛黄的旧书,问蓝小姐:"你能帮我修好这本书吗?"蓝小姐接过书翻看后发现,这是一本古书,里面的字全是繁体字,而且是竖行排版的。出于对书的热爱和信奉顾客至上的服务宗旨,她爽快地答应了下来。

第二天,原本破损不堪的书被蓝小姐修补得非常整齐、美观。刘先生拿到书时非常满意并问修书费是多少。蓝小姐原本不打算向刘先生要修书费的,但由于修这本书耗费了她很多时间和精力,刘先生既然主动提出来了,她便说:"2元。"刘先生却硬塞给她5元钱,说:"我淘这本书花了不少钱,但书破损严重,我心里很不舒服,你能把书修补得这么好,可见你下了很大的工夫。"

几天后,刘先生带着几个人,抱着几大袋子的旧书,要蓝小姐为他们修书。蓝小姐这才了解到，刘先生和他的朋友都是古书收藏爱好者，经常到各地淘古书。由于古书大多有破损，他们不懂也没时间去修补，一直为此苦恼不已。蓝小姐为刘先生修的第一本书让刘先生很满意，于是约了这几个要好的古书淘友，把破损的古书扛来，让她修补。"价格就按5元一本，如果觉得低，还可以商量。"刘先生说。

蓝小姐接下了这笔生意。考虑到古书的价值，她修书时，只用线来缝，坚决不用胶水，怕时间久了其中的化学物质会损坏书。为了把书修得美观，她买了各种颜色的线和纸，针对书的颜色，用相应的线和纸。缝补的时候，她对自己要求非常严格，针线走得稍微有点不整齐，她马上拆了重新缝。

忙了20多天，她终于把200多本古书修好了。刘先生和他的朋友非常满意，如约付了1000多元修书费给她。修书竟然也能赚到1000多元！蓝小姐高兴之余，干脆在书摊前竖起一块牌子，上面写着：本书摊提供修书服务。她的想法是：城市这么大，肯定有许多爱书的人，他们收藏的书或多或少有破损，肯定有人愿意掏钱让她修书。最主要的是，提供修书服务可以使自己在所有的书摊中"脱颖而出"，提高自己的知名度。

牌子竖起来后，立即引起了人们的好奇心。人们都说："只见过修电器、修汽车，修书还是第一次听说过。"尽管如此，但找蓝小姐修书的人还是逐渐增多，有拿武打小说来的，也有拿漫画书来的。几名学生甚至拿着课本找蓝小姐修，说："这些课本见证了我的学生时代，我要好好地保存它们。"

几个月过去了，蓝小姐修书平均每月竟赚了500多元。钱不是很多，但修书服务的特殊性把路人都吸引了过来，这使得她的书摊每天都很热闹，旧书的营业额大大提高。她的收入竟翻了一番。

修书还使蓝小姐结识了许多爱书的朋友，他们有的是学生，有的是公司白领，甚至有的是老板。这些朋友除了找她修书，还向她提供一些旧书收购信息，哪里有旧书出售，他们都很热心地打来电话告诉蓝小姐。这一点让蓝小姐感动不已，作为回报，蓝小姐收购到好书，都留着卖给这些朋友。

2008年4月19日，一名顾客对蓝小姐说："你用纸做修书材料，想法很好。可是用纸来修补很容易弄脏，而且没过多久，书又被翻得破损不堪。

这样反复修下去，书会变得越来越破烂，最后只能丢掉。"

蓝小姐觉得客人说得很有道理，但有什么办法呢？书本来就是纸做，不用纸来修，用什么来修呢？蓝小姐为此苦恼不已。

一天，蓝小姐逛街时，看到有人用一种透明的黏性薄膜贴在手机上，这样可以防止划伤手机外表，使手机看起来什么时候都很新。蓝小姐的眼睛一亮，想：如果书修好后，再用一张薄膜贴在上面，不是可以防止书被损坏吗？

说干就干！蓝小姐到批发市场买回了厚厚的一叠薄膜。每次为顾客修好书后，她都一丝不苟地在修好的封面或书页上贴上薄膜，防止书再次被损坏。此举受到顾客的一致赞扬，蓝小姐的声誉越来越好。人们宁愿多走点路到她的书摊看书、购书，也不愿到别的书摊去。

一天，蓝小姐为在某学校任教的孙老师修书时，因孙老师的书封面、封底已被撕烂，她用一张厚厚的牛皮纸做了个封面和封底。牛皮纸贴上去后，蓝小姐觉得牛皮纸上一片空白，给人以枯燥、乏味的感觉。学美术出身的她便根据自己的构思，在上面画了一幅山水画，并在封面工工整整地写上该书的名字。孙老师取书时看到蓝小姐为书制作了如此美观的封面、封底，非常满意，大大地夸奖了蓝小姐一番。

受这件事的启发，蓝小姐推出换封面和封底服务，如果书的封面和封底破损严重，可以换手工制作的封面和封底，价格却不变。为了吸引顾客，蓝小姐还特意制作了几个漂亮的封面和封底样本，摆在书摊的显眼位置。

果然，服务推出后，顾客来修书时大都要求换封面和封底。蓝小姐便根据书的内容，制作不同艺术风格的封面和封底。比如，如果是爱情小说，她就在封面上画一对牵手的恋人；如果是散文集，她就画美丽的自然风光；有时，她甚至把书中描写的场景画到封面上……

这样一来，蓝小姐修书不只是简单的手工技术活，而成了艺术创作。她可以根据自己的灵感和构思制作不同的封面，把自己的思想、情感，把艺术之美传达给顾客，顾客拿到修好的书时都惊喜不已。

8月的一天，一名姓周的中学生来到蓝小姐的书摊前，问道："阿姨，您能给我的书换个封面和封底吗？"说着，他拿出一本崭新的《假如给我三天的光明》，递给蓝小姐。蓝小姐好奇地问他："这本书封面和封底都完好无损，你为什么要换掉呢？"周同学说："这本书的封面一点都不好看，我想你给我制作一个好看点的封面。"蓝小姐想，既然他这么相信自己，干脆就给他换吧，于是接下了这笔活。

这本书讲述的是一位盲人自强不息的故事。蓝小姐裁好封面和封底后，在封面画了一幅美丽的画，画中一位盲人面对着太阳和美丽的山水，面露微笑，脸上还挂着两滴喜悦的泪水，意为眼睛盲了心灵不盲。周同学对此封面非常满意，说一定好好珍藏这本书。

此时，蓝小姐冒出一个大胆的想法：很多书内容非常好，但封面却制作得一点艺术性都没有，假如推出换个性艺术封面服务，肯定会受到很多人的欢迎。于是，她在报纸上登了广告：撕烂你喜爱的书的封面，换张艺术的脸。

广告登出来后，找她换封面的人络绎不绝。蓝小姐认真对待每一本书，设计制作封面都是经过反复对比后才装订上去，深受顾客的好评。

蓝小姐换封面的业务已超越旧书的销售。她干脆把重点转移到封面的制作上来，招聘了几名助手，专门为爱书的人设计制作个性艺术封面。由于个性艺术封面制作越来越有水平，国内很多知名出版商找上门来要求与她合作。蓝小姐终于从"书"中挖到了"黄金屋"，赚了100多万元。

财
富
启
示
　　书也能修吗？蓝小姐的经历告诉我们，书是可以修的。只不过她把修书当作一门艺术、一种享受。娱乐自己的同时如能娱乐别人，说不定就是条好财路。

 ## 打大肚皮主意，在大肚皮上做广告的女孩赚了100万

张雨瑛是个漫画狂，自小就爱画漫画。墙壁上、书桌上、课本上，处处都留下了她的漫画杰作。大学毕业后，她竟不务正业，又画起了漫画。后来，甚至异想天开，竟在孕妇肚皮上画画。就在人们骂她脑子有问题的时候，她却无意中打开了一扇财富门。

1982年出生的张雨瑛是山东蓬莱人，父母都是高级知识分子。自从8岁那年，母亲给她买了一盒水彩笔并教会她画一些简单的画后，张雨瑛就迷上了画画。从此，她就成为麻烦制造者。家里凡是能画画的地方，都留下过她的杰作。高中毕业后，张雨瑛以优异的成绩考取了武汉一所大学的

美术系。2005年，张雨瑛大学毕业，应聘到海口某大型企业做内刊编辑。

2007年年初，张雨瑛的好友孙丽娜怀孕了。腆着一个大肚子的孙丽娜请假在家，倍感无聊。4月的一天，张雨瑛去看望她时，她说："你来得正好，你帮我在肚皮上画画，然后拍几张照片。我要保存下来，作为怀孕期间的纪念。"张雨瑛已经好久没画画了，手正痒呢，当即答应了。20多分钟后，张雨瑛在孙丽娜的大肚皮上画了一只十分可爱的卡通猪。当她用数码相机把卡通猪拍下来给孙丽娜看后，孙丽娜非常满意地说："肚子里的小家伙肯定也是这么胖嘟嘟的。"

孙丽娜的朋友周芳龄也是个准妈妈。她来孙丽娜家做客时，看到肚皮画的照片后不断地赞叹，并问孙丽娜这画是找谁画的。孙丽娜告诉她是张雨瑛画的之后，周芳龄向孙丽娜要了张雨瑛的电话号码并给张雨瑛打电话，让张雨瑛也帮她在肚皮上画画。

4月27日，张雨瑛到周芳龄家，在她的肚皮上画了一对鸳鸯。周芳龄和丈夫看了这对美丽的鸳鸯后相视一笑。周芳龄动情地对丈夫说："我们俩就是一对永远不分开的鸳鸯。"为了表示感谢，周芳龄让丈夫给张雨瑛100元的报酬，张雨瑛再三推辞不过，只好收下。

在肚皮上画画还能赚钱，这让张雨瑛感到很惊喜。后来，她想，第一次怀孕的经历对准妈妈来说是终生难忘的。如果在她们的肚皮上画画，然后拍成照片，给她们留着做纪念，她们肯定很乐意。张雨瑛于是有了辞职出来创业的想法。她把自己的想法告诉孙丽娜后，孙丽娜肯定了她的想法，说："怀孕期间，谁都想留点东西做纪念。你画画的水平很高，在肚皮上画画肯定有市场。"

6月初，张雨瑛终于辞掉待遇不错的工作，专门在孕妇肚皮上画画。父亲得知消息打来电话责备她说："你不好好工作，偏偏要在肚皮上画画，这简直就是不务正业，那玩意儿能赚到钱吗？别异想天开了！你要是嫌工作不好，爸托关系给你找一份好的工作就是了，别再瞎折腾了！"亲戚们也打来电话劝阻张雨瑛，有的甚至毫不留情地骂她脑子有问题。可倔强的张雨瑛不顾众人的反对，执意要在肚皮上画画。

孙丽娜深知创业的艰辛。为了帮助张雨瑛，她游说自己认识的孕妇朋友，让她们找张雨瑛在肚皮上画画。张雨瑛很快做成了几笔生意。每在肚皮上画一幅画，她收取的费用是20元。6月份，通过朋友的介绍，张雨瑛做成了 50 多笔生意，赚了 1000 多元。

光靠朋友介绍，显然很难把在肚皮上画画的生意继续维持下去。张雨瑛于是在天涯社区等知名网站论坛上发帖子，介绍肚皮画画，还花了 100 元在报纸的分类广告栏做了个小广告。这些小小的宣传方式，虽然花费不多，但效果挺不错，找张雨瑛在肚皮上画画的孕妇逐渐增多。

在外企上班的许女士在网上看到张雨瑛的帖子后，马上加了她的 QQ，和她聊了起来。当张雨瑛把自己给别的孕妇画画的照片传给她看后，她一下子就被迷住了，当即叫张雨瑛给她画画。第二天，张雨瑛在许女士的肚皮上画了两个可爱的婴儿。许女士的丈夫原本不赞成妻子在肚皮上画画，看到这两个可爱的婴儿后，他乐开了怀，笑眯眯地说："我老婆怀的肯定是双胞胎。"

徐女士是海口某学校的老师，她看到广告后叫丈夫开车把张雨瑛接到她家，让张雨瑛在她的大肚皮上画上她和丈夫的结婚照。这样的画难度显然很大，但张雨瑛还是十分认真地画了起来。忙了 3 个多小时，终于画好了。只见肚皮上的画非常逼真，跟结婚照简直一模一样。徐女士和丈夫非常满意，硬塞给了张雨瑛 300 元，说这幅肚皮画值这个价。

征得徐女士的同意后，张雨瑛把她的肚皮画照传到自己的博客上。上传没几天，这几张美丽的肚皮照点击率已上万。网友纷纷留言，赞叹这肚皮画很有创意，画得也很漂亮。一些准妈妈朋友还向张雨瑛要了联系方式，让张雨瑛也在她们的肚皮上画画。遗憾的是其中一些朋友是外省的，张雨瑛只能"望洋兴叹"了。

2007 年 7 月 13 日，一个自称刘先生的网友，在张雨瑛的博客上留言，说是要跟张雨瑛合作。张雨瑛跟他在 QQ 上聊了一会儿后才知道，刘先生是海口某广告公司的老总。他看了张雨瑛博客上的肚皮画后，觉得很有创意，想与她合作，推出肚皮广告。

张雨瑛顿时来了兴趣，毕竟在肚皮上画广告，比单纯画画市场要广阔得多。经过几次面谈后，张雨瑛和刘先生签订了合作协议。根据协议，张雨瑛负责联系孕妇和在肚皮上画广告，刘先生负责拉来客户，收入一人一半。

协议才签订没几天，刘先生的客户周先生就决定投放肚皮广告。周先生他们公司是生产童装的，他说："肚皮广告很新奇，在孕妇肚皮上画上童装广告,肯定能引起妈妈们的关注。"广告合同签订后,张雨瑛马上联系孕妇,着手准备起肚皮广告的事宜来。可联系孕妇并不像她想象中那么容易。在医院妇产科门口,她向前来检查身体的孕妇解释肚皮广告时,没有人理睬她。

一天,张雨瑛在医院妇产科门口见到一名腆着大肚皮的孕妇,她迎面走上前去,很有礼貌地说:"您好,我是广告公司的。我们公司新推出肚皮广告业务,想与您合作,在您肚皮上画广告……"还没等张雨瑛说完,孕妇就愤怒地骂道:"滚开!"张雨瑛忍着气,还想解释什么,孕妇的丈夫冲过来,将张雨瑛推了一个趔趄,喝道:"你再纠缠我老婆,我马上把你扭送到公安局。"从小到大从没受过委屈的张雨瑛,只好忍着泪水,默默地走开了。

后来,张雨瑛才了解到,孕妇之所以对肚皮广告很冷漠是因为她们感到不安全,怕对肚子里的孩子产生不良影响。为了解这个问题,张雨瑛咨询了海口某医院的张医生,张医生说,你画画用的颜料不含有毒物质,不会对皮肤有伤害。另外,你画画时用的是毛笔,笔尖非常柔软,不会刺伤皮肤。因此,在肚皮上画画不会对孕妇和胎儿构成威胁。为此,张医生还特地给张雨瑛开了一份说明书。

有了张医生的说明书,张雨瑛很快就招到了8名孕妇。这8名孕妇同意张雨瑛在她们肚皮上画广告。作为回报,每在肚皮上画一次广告,张雨瑛就给她们每人300元的报酬。

7月21日,张雨瑛终于在8名孕妇肚皮上画上了周先生他们公司的产品。接着,张雨瑛让摄影师拍摄下来,然后在电视上播放。广告一播出来,就引起了人们的关注,不少观众打电话给周先生他们公司,咨询了解他们的产品。这笔广告业务,张雨瑛拿到了2万元的分成。

接下来,张雨瑛又和刘先生合作了几笔广告业务,赚了不少钱。当然,在做肚皮广告的过程中,张雨瑛也不可避免地遇到过麻烦。

一次,一名姓余的准妈妈,没有告诉家人就擅自来做肚皮广告。余女士的丈夫和公公闻讯赶过来,将张雨瑛臭骂了一顿,然后不顾余女士的反对,强行将她拉了回去。

最危险的一次是给一家奶粉公司做肚皮广告。那天,就在张雨瑛十分认真地在一个姓柳的孕妇肚皮上画广告时,突然柳女士身体一阵抽搐。接着,她捂着肚子叫喊道:"痛死我了,我、我不行了!"张雨瑛吓得魂飞魄散,赶紧掏出手机拨打了"120"急救电话。10多分钟后，救护车呼啸着赶来，将柳女士送往医院。刚到医院不久，柳女士就产下了一名男婴。

事后，柳女士家人找到张雨瑛，将她臭骂了一顿，并威胁张雨瑛，要她赔偿1万元，否则将起诉她。张雨瑛告诉对方，柳女士是同意她在肚皮上画广告的，而且双方签订了协议。柳女士家人看到协议后才作罢。

经过这件事后，张雨瑛招聘孕妇时更加小心了。凡是肚子特别大，临近产期的孕妇，她一概不招。在孕妇肚皮上画广告前，她还先详细询问孕妇最近几天的身体状况。如孕妇最近几天身体有过不舒服的情况，她绝不会在对方肚皮上画广告。这些措施，使在肚皮上画广告发生意外的情况大大减少。

8月3日，张雨瑛给一家饮料厂做了肚皮广告。肚皮广告播放出来后，该厂厂长立即打来电话抱怨说："肚皮上的广告画得很漂亮，可是你们为什么不将孕妇打扮一下再拍摄呢？孕妇没有经过打扮就直接拍摄，整体形象就大打折扣了。"对方的抱怨很有道理。张雨瑛赶紧叫停广告，重新再画一次。这次，在孕妇肚皮上画完广告后，张雨瑛叫化妆师将孕妇打扮了一番，还让孕妇们穿上统一的美丽服装再拍摄。经过修改的肚皮广告播放出来后效果果然大不一样，艺术性大大提高。饮料厂厂长非常满意。

此后，每次做肚皮广告，张雨瑛都要十分认真地将孕妇们打扮漂亮才拍摄。由于肚皮广告不断改进，前来投放肚皮广告的客户越来越多，肚皮广告日益红火起来。

2008年9月的一天，一个姓方的老板问张雨瑛："能不能在孕妇肚皮上画广告，然后让她们到现场表演？"原来，方老板新开了一家舞厅，11日，舞厅将开业。他想让张雨瑛找来孕妇，在她们肚皮上画广告，在他的舞厅开业那天，让孕妇到现场表演。

张雨瑛没有当场接下这笔业务，因为她担心，孕妇在台上走动会影响到胎儿，这可是关系到生命安全的事，得慎重才行。事后，张雨瑛特地再次去咨询了张医生，张医生说："适当走动不但不会危及胎儿发育，反而有助于胎儿和孕妇的身体健康。"听了张医生的答复，张雨瑛这才打电话给方老板，大胆地接下了这笔生意。

11日，方老板的舞厅开业这天，张雨瑛带着10名肚皮上画有炫舞画的孕妇，在方老板舞厅前的舞台上，裸露着肚皮，缓慢地摆出各种造型。台下聚集了一大堆围观的人,人们都被这奇特的表演给吸引住了。一名报社记者见状还拍了照片。第二天,报纸刊登出孕妇广告的报道,方老板的舞厅相当于免费再次做了广告,效果非常好。

受这件事的启发,张雨瑛向刘先生提议成立一支孕妇表演队,专门为刚开业的商家做宣传。开业的那天在孕妇肚皮上画广告,然后让她们到现场表演。刘先生采纳了张雨瑛的建议。

孕妇表演队一推出就受到了广告客户的欢迎,前来咨询的客户很多。不少客户还当场签订了合同。

12月1日,张雨瑛组织了20名孕妇,为一家纸尿裤生产公司做宣传。早上9点多,当这20名孕妇,裸露着画有该纸尿裤广告的肚皮,在台上以时装表演的步伐走动时,立即吸引来大批观众。其中不少是刚生了小孩的新妈妈。她们在欣赏表演的同时,也购买了该公司的产品。该公司的企划经理感叹说:"以前做促销,绞尽脑汁采取了很多方法,效果都不大理想,问津者寥寥无几。想不到在孕妇肚皮上做广告竟有如此好的效果。"

随着肚皮广告越来越抢手,张雨瑛对孕妇的需求量也越来越大。接了广告却无法找到孕妇的情况时有发生。为了解决这个问题,她干脆在报纸上发布招聘孕妇的广告。由于张雨瑛给的报酬很高,孕妇看到广告后,纷纷打电话来报名,找孕妇难的问题一下子就解决了。

以前,在孕妇肚皮上画广告都是由张雨瑛一个人来完成。肚皮广告业务量增大后,她一个人根本忙不过来。于是,她到大学校园以时薪50元的报酬,招聘了5名美术专业的大学生,让他们在孕妇肚皮上画画。张雨瑛负责监督和润色修改。

为了使孕妇广告做出特色,张雨瑛还请来舞蹈老师,教孕妇表演各种优美的动作。有时,她甚至还应客户的要求让孕妇表演各种情景剧。

眼看肚皮广告越来越抢手,张雨瑛觉得自己的付出与得到不成比例,于是她果断地终止了与刘先生的合作,自己单干。然而,由于刘先生早已熟悉了肚皮广告的制作流程,加上刘先生公司实力较雄厚,很多顾客都选择与刘先生合作。张雨瑛单干后,业绩并不理想。张雨瑛苦苦思索着突围的方法。

一天,张雨瑛到商场买衣服时,看到一个腆着大肚皮的男人问售货员:"有没有特大号的衬衫?"看着那名男子像孕妇般的肚皮,张雨瑛感到好笑的同时突然来了灵感，一些胖男人的肚皮简直和孕妇一模一样，在他们肚皮上也可以做广告呀！而且，与在孕妇肚皮上做广告相比，在胖男人的大肚皮上做广告安全多了。

说干就干，张雨瑛赶紧打广告，招聘了 20 名有着孕妇般大肚皮的男人，与他们签订合作协议。此项业务一推出，立即吸引来了很多客户。

2009 年 1 月 5 日，张雨瑛给一家服装公司做肚皮广告。她在这 20 名胖子的大肚皮上画上广告后，带着他们到广场表演。只见这 20 名胖子裸露着画有那家服装公司广告的大肚子，扭动着肥胖的身子，表演各种滑稽的动作。他们的表演很快吸引来大批观众，人们都被他们的表演逗得哈哈大笑。随后，张雨瑛把他们的表演拍摄下来，再投放到电视等广告媒介上，收到了良好的效果。

增加了男人大肚皮广告后，张雨瑛很快将竞争对手刘先生甩开。截至 2009 年 3 月，张雨瑛在肚皮上做广告已经赚了 100 多万元，生意做得风生水起。

财富启示　　由孕妇肚皮到肥胖男人的大肚皮，张雨瑛剑走偏锋，从险要处走出了一条与众不同的道路。她的成功告诉我们，要善于从人们喜欢的人或事中发现商机。因为凡是人们喜欢的人或事，它们本身就有卖点。